TITUS KENNEDY

O VERDADEIRO JESUS

EVIDÊNCIAS ARQUEOLÓGICAS E HISTÓRICAS DE CRISTO E DOS EVANGELHOS

LVM
EDITORA

TITUS KENNEDY

O VERDADEIRO JESUS

EVIDÊNCIAS **ARQUEOLÓGICAS** E HISTÓRICAS DE **CRISTO** E DOS **EVANGELHOS**

SÃO PAULO | 2024

LVM
EDITORA

Título original: *Excavating the Evidence for Jesus: The Archaeology and History of Christ and the Gospels*
Copyright © 2022 Titus Kennedy. Published by Harvest House Publishers Eugene, Oregon 97408
www.harvesthousepublishers.com
Copyright© da edição brasileira 2023 – LVM Editora

Os direitos desta edição pertencem à LVM Editora, sediada na
Rua Leopoldo Couto de Magalhães Júnior, 1098, Cj. 46 - Itaim Bibi
04.542-001 • São Paulo, SP, Brasil
Telefax: 55 (11) 3704-3782
contato@lvmeditora.com.br

Editor-chefe | Marcos Torrigo
Editores assistentes | Felipe Saraiça e Geizy Novais
Tradução | Roberta Sartori
Preparação de texto | Marcio Scansani
Revisão ortográfica | Adriano Barros
Capa | Mariangela Ghizellini
Diagramação | Décio Lopes

Impresso no Brasil, 2024

Dados Internacionais de Catalogação na Publicação (CIP)
Angélica Ilacqua CRB-8/7057

K43v	Kennedy, Titus Michael
	O verdadeiro Jesus: evidências arqueológicas e históricas de Cristo e dos evangelhos / Titus Kennedy; tradução de Roberta Sartori. – São Paulo: LVM Editora, 2024. 304 p.
	ISBN 978-65-5052-230-8
	Título original: *Excavating the Evidence for Jesus: The Archaeology and History of Christ and the Gospels*
	1. Jesus Cristo – Historicidade 2. Jesus Cristo – Vida pública – História 3. Bíblia – Antiguidades I. Título
24-0117	CDD 232.908

Índices para catálogo sistemático:
1. Jesus Cristo – Historicidade

AGRADECIMENTOS

$\rightarrow \propto \text{\Large+} \infty \leftarrow$

Reconhecimento e agradecimento devem ser dados a todos os arqueólogos, exploradores, historiadores, linguistas e estudiosos da Bíblia que vieram antes, desde os tempos antigos até os tempos modernos. Suas incríveis descobertas, relatos detalhados, preservação do passado e pesquisas criteriosas aprimoraram o conhecimento e a compreensão que temos hoje e, em última instância, tornaram este livro possível. Sem a sua perseverança, dedicação, curiosidade e inteligência, o mundo de Jesus ainda estaria envolto em mistério.

Também merecem muita gratidão e agradecimento os arqueólogos e estudiosos que me ensinaram e treinaram, os amigos que fizeram explorações e trabalharam comigo, os indivíduos e as instituições que me apoiaram e encorajaram em minha pesquisa, os professores que aprimoraram minha escrita e a equipe e os editores da Harvest House Publishers. Toda glória e honra a Jesus Cristo.

> Visto que muitos já tentaram compor uma narração dos fatos que se cumpriram entre nós, conforme no-los transmitiram os que, desde o princípio, foram testemunhas oculares e ministros da Palavra, a mim também pareceu conveniente, após acurada investigação de tudo desde o princípio, escrever-te de modo ordenado, ilustre Teófilo, para que verifiques a solidez dos ensinamentos que recebeste. (Lucas 1,1-4).

SUMÁRIO

INTRODUÇÃO

Jesus de Nazaré é extensamente reconhecido como a figura mais importante e famosa da história, independentemente das crenças sobre Deus, a religião, a Bíblia, o cristianismo ou a Igreja. Mesmo antes de pesquisar, analisar e avaliar o prolífico material arqueológico e histórico ligado a Jesus e aos Evangelhos, é preciso perceber que o efeito que Jesus teve na história ao longo dos últimos 2 mil anos foi imenso. Desde o início da civilização até o presente, nenhuma outra pessoa teve um impacto mais significativo.

Olhando apenas para o efeito na história, começando pelo Império Romano, durante o século I, e chegando até a época atual, tudo indica a existência de uma pessoa histórica e de eventos que aconteceram em um tempo e lugar definidos. Embora Jesus tenha nascido em uma pequena aldeia chamada Belém, no reino cliente da Judeia, na fronteira oriental do Império Romano, o seu nome e a história de sua vida registrados nos quatro Evangelhos são conhecidos de algum modo por bilhões de pessoas ao redor do mundo. É claro que a vida de Jesus e a mensagem que trouxe tiveram influência global. Digitar "Jesus" nos sites de busca da internet pode gerar aproximadamente 665 bilhões de resultados, o que, de acordo com um estudo da Universidade Stony Brook, coloca "Jesus" na posição número um. Devido à influência de Jesus e de sua vida, disciplinas como arte, arquitetura, literatura, medicina, política, economia, sociedade, religião, ciência e história mudaram.

Todo o sistema de datas do calendário anual ainda usado hoje em grande parte do mundo é, inclusive, baseado no nascimento e na vida de Jesus – a. C. como "antes de Cristo" e AD como *anno Domini,* "no ano de nosso Senhor" (as designações AEC[1]/EC[2] são equivalentes). Esse sistema de anos foi originalmente colocado em uso por um monge chamado *Dionysius Exiguus* (Dionísio, *o Humilde* [c. 470-c. 544]), a quem o papa João I (470-[523-526]), em 525 d. C.,

---

1 Antes da Era Comum. (N. T.)
2 Era Comum. (N. T.)

pediu para elaborar uma nova tábua cronológica, principalmente para calcular as datas do Domingo de Páscoa. Antes disso, as cronologias ainda giravam em torno dos imperadores romanos, embora os primeiros estudiosos da Igreja, como Clemente de Alexandria (c. 150-c. 215) e Eusébio de Cesareia (c. 265-339), também tivessem contado os anos a partir do nascimento de Jesus.

Embora o ano 1 d. C. não se alinhe perfeitamente com o primeiro ano da vida de Jesus, em parte porque Dionísio não usou ou não conseguiu usar dados cronológicos de Josefo (37-100) ao compor o novo sistema, os resultados estavam incorretos em apenas alguns anos, e o método de datas anuais absolutas provou ser uma invenção extremamente útil. Cerca de duzentos anos depois, o monge inglês Beda (c. 673-735) adotou esse sistema de calendário *anno Domini*, Carlos Magno (742-814) endossou o sistema, o qual estava em uso na maior parte da Europa no século XI, que se tornou o padrão na Rússia por volta de 1700 e que hoje é a norma internacional para datas históricas.

E, ainda assim, nos nossos dias, Jesus de Nazaré é frequentemente considerado como um personagem mitológico ou como uma pessoa quase desconhecida, cuja lenda cresceu e aumentou ao longo do tempo. Os escritos antigos dos quatro Evangelhos e das cartas do Novo Testamento, que transmitem informações sobre a sua vida, são constantemente rejeitados como livros religiosos não confiáveis e com pouca base factual. Mas a arqueologia e os textos históricos antigos, que contribuem para o nosso conhecimento a respeito da vida de Jesus e para a credibilidade dos Evangelhos, pintam um quadro diferente.

A arqueologia, ao longo dos últimos 150 anos, não só contribuiu para a nossa compreensão do contexto histórico de Jesus, dos Evangelhos e do mundo do século I, mas muitas descobertas confirmaram diretamente a exatidão dos relatos dos Evangelhos sobre a sua vida e existência histórica – e novas descobertas continuam a ser reveladas e mistérios a serem desvendados.

Inicialmente, os únicos seguidores de Jesus eram alguns poucos discípulos, mas, no final do seu tempo na Terra, esse número parece ter sido de, pelo menos, vários milhares. Por volta do ano 100 d. C., existiam comunidades religiosas e seguidores de Jesus em mais de quarenta regiões diferentes. No século IV, o cristianismo havia se espalhado por grande parte do Oriente Médio, Ásia Menor, norte da África e sul e oeste da Europa. No reino da Armênia, o cristianismo foi adotado como religião oficial em 301 d. C. Logo depois, em 313, o imperador Constantino (272-337) emitiu o Édito de Milão, legalizando o cristianismo no Império Romano. A história de Jesus e a crença nele continuaram a se espalhar e, em 380, o imperador Teodósio I (347-395) emitiu o Édito de Tessalônica, tornando o cristianismo a religião oficial do Império Romano. Em pouco mais de trezentos anos, Jesus passou da relativa obscuridade, à margem de um império construído sobre o politeísmo que até perseguia o cristianismo, para a figura que muitos no Império, incluindo o imperador, seguiam e adoravam. Os efeitos dessa transformação no pensamento podem ser vistos ao longo dos séculos que se seguiram.

Parece estranho que Jesus, que viveu na extremidade oriental do Império Romano e nunca deixou a região, com apenas alguns milhares de seguidores quando morreu e foi evitado tanto pelo *establishment* religioso quanto pelo político da época, não seja simplesmente lembrado dois milênios depois, mas tenha se tornado a pessoa mais famosa e influente de toda a história da humanidade. Embora muitos possam desconsiderar seus ensinamentos, ou mesmo fazer a afirmação ultrajante de que ele nunca existiu, ninguém pode negar o impacto tremendo e sem paralelo que Jesus teve na história.

É digno de nota que os quatro relatos evangélicos de Mateus (?-c. 70), Marcos (12-68), Lucas (c. 1-16- c. 84-100) e João (c. 6-9-c. 98-117) – que são as fontes primárias que descrevem a vida de Jesus – tenham sido compostos durante o século I d. C. usando depoimentos de testemunhas oculares, de acordo com as afirmações de numerosos escritos antigos e apoiados por avaliações históricas e arqueológicas de muitos estudiosos ao longo dos séculos. A alfabetização no Império Romano foi estimada em até 30%, e, na comunidade cristã, sobretudo devido à importância dada à palavra escrita da Bíblia, a alfabetização era suficientemente elevada para que os relatos sobre Jesus pudessem ser amplamente lidos e ouvidos.

Os Evangelhos, que foram proliferados por meio de cópias meticulosamente manuscritas e, geralmente, na forma de um códice, também têm, de longe, a maior representação de cópias manuscritas antigas em comparação com outros escritos da antiguidade. Agora, quase 2 mil anos depois, aqueles [textos] que foram manuscritos pelos autores não existem mais. No entanto, devido às cópias meticulosas e cuidadosas ao longo dos séculos, os textos evangélicos disponíveis hoje são essencialmente os mesmos que foram escritos pela primeira vez há quase dois milênios.

Graças à preservação de textos antigos em bibliotecas, mosteiros e igrejas, e à descoberta de textos antigos adicionais devido à arqueologia, existem atualmente centenas de cópias manuscritas antigas dos Evangelhos. Pelo menos 43 papiros e 14 manuscritos em pergaminho dos Evangelhos são conhecidos do período que cobre apenas os três primeiros séculos após a escrita dos autógrafos[3]. Embora os manuscritos em pergaminho sejam em menor número, também são mais completos, incluindo dois códices que contêm quase todos os quatro Evangelhos. Se cada Evangelho for contado separadamente, então o número sobe para 63 manuscritos dos Evangelhos dos primeiros três séculos após terem sido escritos pela primeira vez.

Os mais numerosos desses manuscritos antigos dos Evangelhos são de Mateus (26) e João (23). O mais antigo desses manuscritos conhecidos é geralmente considerado o P52[4], que contém uma pequena seção de João cobrindo o julgamento de Jesus e, pela análise de alguns estudiosos, pode datar de 90 d. C. ou mais. No entanto, manuscritos de Mateus, Marcos e Lucas, do século II, também foram preservados. Além disso, existem traduções antigas dos Evangelhos para outras línguas, a saber, siríaco, latim, copta, eslavo, etíope e armênio.

À primeira vista, isso pode não parecer particularmente impressionante. No entanto, quando comparados com cópias manuscritas existentes de outras obras antigas, como a *Ilíada* de Homero, *As guerras da Gália* de César (100-44 a. C.), *Anais* de Tácito (c. 56-117), as peças de Eurípides (c. 480 a. C.-406 a. C.), Flávio Josefo e Fílon de Alexandria (20 a. C.-c. 50 d. C.), os quatro Evangelhos são muito melhor atestados do que qualquer outra coisa da antiguidade.

O gênero literário específico dos Evangelhos também foi detalhadamente examinado e debatido, com opiniões que vão desde biografias antigas a aretologias (feitos poderosos de um homem divino), a narrativas históricas e documentos teológicos. No mundo antigo, porém, todos os tipos de escritos históricos continham a visão de mundo do autor ou da cultura, e, pelo menos, uma pitada do sobrenatural ou teológico podia ser vista.

Sem dúvida, há um caráter único nos documentos evangélicos e uma mistura de vários elementos presentes nos textos, além de diferenças específicas entre os escritos de Mateus, Marcos, Lucas e João, razão pela qual até mesmo

---

3 Original escrito do punho do seu autor, sinônimo para "manuscrito". https://aulete.com.br/autógrafo. (N. T.)

4 Nome dado ao manuscrito em papiro, a saber, Papiro P52. https://bibliateca.com.br/site/os-papiros-e-os-pergaminhos/o-papiro-p52. (N. T.)

o gênero específico dos Evangelhos continua a ser estudado e debatido. Embora a arqueologia por si só não possa responder completamente à questão do gênero, uma análise arqueológica desses relatos sobre Jesus permite avaliar a sua credibilidade histórica no que diz respeito às informações sobre a vida, a época e a pessoa de Jesus. Todos esses fatores são importantes quando se avalia a precisão histórica e a transmissão das fontes primárias da vida de Jesus, e quando se analisa a probabilidade de erros flagrantes, ou a introdução de elementos míticos para um público que poderia ter tido acesso a uma testemunha ocular, a uma conexão de segundo grau ou a registros oficiais.

Como poderia a história de Jesus se espalhar tão longe e tão rapidamente, e o número de seus seguidores aumentar em um ritmo tão acelerado durante o período romano, se Jesus fosse apenas um personagem lendário ou apenas um professor obscuro cuja vida real estava envolta em mistério e mito? E se Jesus não fosse simplesmente uma pessoa histórica, mas alguém cujas ações, palavras e seguidores causaram uma onda tão intensa na história que o mundo mudou para sempre?

Uma infinidade de livros tem sido escrita sobre Jesus, incluindo volumes sobre o contexto histórico em que viveu e livros sobre a arqueologia associada a ele. Esses textos variam em perspectiva, desde Jesus sendo um personagem fictício, em um extremo, até os Evangelhos sendo absolutamente precisos, no outro lado, e um amplo espectro intermediário. Livros escritos para o público em geral e livros adaptados para especialistas acadêmicos surgiram sobre o assunto.

O Verdadeiro Jesus não pretende substituir todos os trabalhos anteriores, nem pretende ser um exame abrangente do mundo no qual Jesus viveu. Em vez disso, este livro centra-se nas descobertas arqueológicas e históricas que se relacionam direta e indiretamente com a vida de Jesus e com os relatos da sua vida nos Evangelhos. Embora não possa responder a todas as questões ligadas à arqueologia e à história de Jesus, procura oferecer uma fonte atualizada e suplementar a partir da perspectiva de um arqueólogo que estudou a arqueologia, a história, a literatura, a geografia e a Bíblia associada a Jesus, escavou em locais onde Jesus esteve, pesquisou e visitou quase todos os locais por onde Jesus andou e examinou os artefatos conhecidos relacionados com a vida de Jesus.

Espero que, com uma apresentação e análise minuciosas dos vestígios arqueológicos associados a Jesus, organizados numa tentativa de sequência cronológica, o leitor compreenda melhor o mundo de Jesus do século I, familiarize-se com as descobertas arqueológicas e os argumentos históricos, e reconheça a vasta e variada evidência que demonstra a existência histórica de Jesus e a confiabilidade dos relatos dos Evangelhos sobre a sua vida.

> Naquela época, havia um homem sábio chamado Jesus, e sua conduta era boa, e era conhecido por ser virtuoso. Muitas pessoas entre os judeus e outras nações tornaram-se seus discípulos. Pilatos o condenou a ser crucificado e a morrer. Mas aqueles que se tornaram seus discípulos não abandonaram o seu discipulado. Relataram que lhes apareceu três dias após sua crucificação e que estava vivo. Nesse sentido, ele talvez fosse o Messias, a respeito de quem os profetas relataram maravilhas. E a tribo dos cristãos, assim chamada em sua homenagem, não desapareceu até hoje. – Josefo, *Antiquities* 18, 63-64, c. 93 d. C. (versão de Agápio[5]).

---

5 Referência a Agápio de Hierápolis, um escritor cristão árabe do século X. (N. T.)

O NASCIMENTO DE JESUS, BELÉM E OS MAGOS

O mundo da Judeia e da Galileia dominado por romanos e herodianos, no qual Jesus de Nazaré viveu, remonta a 63 a. C., quando os romanos anexaram a área e expandiram a República. Anteriormente, a região tinha sido um reino sob o controle direto da dinastia dos asmoneus, mas, após o fim da Terceira Guerra Mitridática, em 63 a. C., o general romano Pompeu (106-48 a. C.) conquistou a área e subjugou Jerusalém. Depois de, inicialmente, ter sido autorizado a entrar em Jerusalém e ocupar a cidade, Pompeu sitiou o complexo do templo para derrotar os que estavam lá dentro, rompeu o muro norte, derrotou os judeus que continuaram a resistir e depois derrubou os muros de Jerusalém a fim de evitar futuras rebeliões.

Após a derrota dos asmoneus, os romanos diminuíram o tamanho do território asmoneu, devolvendo o controle de várias cidades conquistadas aos seus habitantes. A maioria dessas áreas libertadas é o que veio a ser conhecida como Decápolis, e muitas das suas moedas mostram a instituição de uma nova era, uma vez que Pompeu lhes deu relativa independência. Depois que Herodes, *o Grande* (c. 74/73-4 a. C.), foi apelidado de rei dos judeus pelo Senado romano em 40 a. C., e praticamente assumiu o poder com a conquista de Jerusalém em 37 a. C., seu reino começou a expandir as terras sob seu controle como Estado cliente de Roma.

O Império Romano propriamente dito começou oficialmente em 27 a. C., quando Otaviano (63 a. C.-14 d. C.) foi nomeado *princeps*, ou "primeiro cidadão", pelo Senado, e o poder de *imperium* e o título de Augusto, ou "venerado", foram concedidos a ele. Isso ocorreu depois que Otaviano vingou o assassinato de Júlio César em 42 a. C. e, posteriormente, derrotou os outros dois membros do Segundo Triunvirato, Marco Lépido (90-13 a. C.) e Marco Antônio (83-30 a. C.) em 31 a. C. Embora Júlio César (100-44 a. C.) tenha sido ditador por um curto período de tempo (c. 49-44 a. C.), essa posição era diferente do papel posterior de imperador, e seu exercício de poder e oposição no Senado acabou levando ao seu assassinato. Ao descobrir que o testamento de Júlio César nomeava Otaviano (Augusto) como herdeiro, este também adotou o nome de família César, o qual, após o fim da dinastia júlio-claudiana e o ano dos quatro imperadores, passou a ser um título que indicava o cargo de imperador em 69 d. C.

Augusto ofereceu-se para devolver o poder ao Senado em 27 a. C., mas este recusou e, com inteligência, Augusto nunca assumiu títulos como rei ou ditador, e até renunciou à sua posição de cônsul em 23 a. C. No entanto, o Senado concedeu-lhe, então, o poder de tribuno e censor, permitindo-lhe promulgar censos

Estátua romana de César Augusto.

e controlar efetivamente o Senado e as leis. Augusto também tinha o poder de comandar as forças militares em Roma, de impor a sua vontade aos governadores das províncias e de controlar diretamente as províncias imperiais recentemente reclassificadas.

A extensão do seu poder jamais tinha sido igualada na República romana e, no entanto, ele era tão confiável e amado que a sua eficácia como governante nunca foi superada pelos imperadores romanos que o sucederam. Embora, durante o seu reinado, a República romana legalmente ainda existisse, na prática, ela era agora o Império, já que Augusto essencialmente tinha o poder completo e o amor do povo, ainda que uma nova constituição fosse, por fim, acabar entrando em vigor assim que Tibério (42 a. C.-37 d. C.) se tornasse imperador. Como Augusto eliminou facções rivais e consolidou o poder, Roma entrou em um período de paz interna chamado *Pax Romana* ou "paz romana".

Durante o período dos Evangelhos, a vida era relativamente pacífica em todo o Império. Embora houvesse guerras de fronteira, dois dos períodos mais violentos dentro do Império durante a *Pax Romana* foram rebeliões na província da Judeia após a época de Jesus, em 66-73 d. C. e 132-136 d. C.

Refletindo uma época de paz, o número de legiões romanas foi reduzido de 50 para 28, o que exigiu o assentamento extensivo de dezenas de milhares de veteranos militares em colônias ao redor do Império. Isso colocou ex-soldados romanos em todas as províncias e romanizou, ainda mais, muitas áreas. A guarda pretoriana foi mantida em Roma para manter a ordem e garantir que uma rebelião contra o imperador não pudesse ocorrer, não obstante a guarda pretoriana, por fim, tenha acabado se tornando uma instituição perigosa para muitos imperadores.

Como Augusto controlava as finanças e pagava às legiões, elas lhe eram leais. Augusto era também dono pessoal da província de *Aegyptus* (Egito), que era o maior produtor de grãos e lhe permitia distribuir alimentos às massas e obter sua gratidão e favor. Augusto, da mesma forma, promulgou muitos projetos de construção significativos, incluindo aquedutos e o primeiro anfiteatro permanente em Roma. Foi registrado que Augusto disse que encontrou a cidade em tijolos e a deixou como uma cidade de mármore (Suetônio, *Augustus* 29.149).

As fontes históricas antigas sobre a vida e o reinado de Augusto são numerosas e, em muitos casos, esses escritos se sobrepõem ao contexto da vida de Jesus (*Res Gestae Divi Augustus* ["Os Feitos do Divino Augusto", em tradução livre]; Suetônio, *Augustus* ["Augusto", em tradução livre]; Tito Lívio, *History of Rome* ["História de Roma", em tradução livre]; Veleio, *History* ["História", em tradução livre]; Sêneca, *Controversiae e Suasoriae* ["Polêmicas e Persuasões", em tradução livre]; Tácito, *Annals* ["Anuais", em tradução livre]; Cássio Dio, *Roman History* ["História Romana", em tradução livre]; Josefo, *Antiquities* ["Antiguidades", em tradução livre]).

Durante o reinado de Augusto, um brilhante general chamado Tibério também ganhou destaque e, em 39 a. C., tornou-se seu enteado. No entanto, o imperador já tinha um filho, Agripa, e um sobrinho e genro, Marcelo, que deveriam ser seus herdeiros. Tibério recebeu certos privilégios, mas seu sucesso pessoal na política, na exploração e, especialmente, nas vitórias militares lhe valeu o respeito de muitos no Império. Em 23 a. C., Marcelo morreu; em 12 a. C., Agripa morreu; e, em 9 a. C., seu irmão Druso morreu, deixando Tibério como o claro candidato a herdeiro de Augusto.

É por volta dessa época que ocorrem os primeiros eventos nos Evangelhos – o aparecimento do anjo a Zacarias, a gravidez de sua esposa, Isabel, e o período de noivado de José e Maria (Lucas 1,5-38; Mateus 1,18). Enquanto isso, Herodes, *o Grande* (c. 40-44 a. C.) era um rei cliente de Roma, governando o reino da Judeia, enquanto Augusto (c. 27 a. C.-14 d. C.) estava no auge de seu poder, e Tibério estava emergindo para acabar o sucedendo. Combinados como uma única narrativa histórica, os quatro Evangelhos cobririam o período do domínio herodiano e romano na Judeia e na Galileia, começando com o anúncio a Zacarias e terminando com a ascensão de Jesus – talvez um período de cerca de

Moeda de Herodes, *o Grande*, onde se lê "Rei Herodes".

quatro décadas em que a história foi drasticamente afetada (Mateus 1,18-2,1; 27,45-28,20; Lucas 1,5-2,1; 23,44-24,52).

Durante o reinado de Herodes, *o Grande*, e posteriormente de seus filhos e prefeitos romanos, a Judeia era um reino, em última instância, sujeito a Roma, incluindo a Augusto e a Tibério – os dois primeiros imperadores do novo Império Romano que estavam entre os líderes políticos mais poderosos da antiguidade. As terras desses reis, tetrarcas e prefeitos compreendiam as áreas da Judeia, Samaria, Idumeia, Galileia, Pereia, Gaulantis, Itureia, Batanea, Trachonitis e Aurantis, que abrangem muito do que hoje compreende o moderno Israel, os territórios palestinos, o norte da Jordânia e o sudoeste da Síria. Foi nesse mundo que Jesus de Nazaré nasceu.

A ANUNCIAÇÃO EM NAZARÉ

A aldeia de Nazaré, na região da Galileia, onde Jesus passou a maior parte de sua vida, era tão pequena e insignificante que não há registros escritos recuperados mencionando-a antes dos Evangelhos de Mateus, Marcos, Lucas e João, no século I d. C. No entanto, como a casa de Jesus desde a infância até ao seu ministério público, e como a aldeia em que Maria e José viveram antes do nascimento de Jesus, caracteriza-se como um local essencial numa investigação arqueológica e histórica a respeito de Jesus (Lucas 1,26-2: 4; Mateus 2,23; 4,13; Marcos 1,24; João 1,45).

Dado que Nazaré está localizada em uma cordilheira a aproximadamente 350 metros acima do nível do mar, o nome, às vezes, tem sido associado a uma palavra hebraica para "vigia" ou "guarda". No entanto, "Nazaré" pode ser derivada de outra palavra hebraica usando as mesmas consoantes que se traduz como "ramo", o que é frequentemente conectado a uma passagem profética no Livro de Isaías sobre um "ramo" da raiz de Jessé, pai de Davi (Isaías 11, 1). Essa interpretação hebraica de Nazaré é apoiada por uma inscrição hebraica do século III ou IV d. C., encontrada na sinagoga de Cesareia Marítima, que se refere aos sacerdotes em Nazaré logo após a Revolta de Bar Kochba (s/d-135 d. C.) por volta de 135 d. C. Várias outras referências a Nazaré nos séculos II, III e IV são conhecidas, inclusive por Tertuliano (c. 160-c. 220), Orígenes (c. 185-253), Júlio Africano (c. 160-240), Eusébio (c. 265-339) e Epifânio (c. 310-403).

Devido à falta de documentação do século I, a respeito de Nazaré, que seja proveniente de fontes fora dos Evangelhos e Atos, alguns estudiosos afirmam que Nazaré não existia na época de Jesus, enquanto uma minoria aceitou uma Nazaré do século I, mas alterou a história propondo que Jesus nasceu em Nazaré, e não em Belém.

Embora, ao longo de muitos anos, nenhuma evidência arqueológica definitiva tenha sido recuperada da antiga Nazaré que demonstrasse a existência da aldeia durante o tempo de Jesus, escavações e pesquisas acabaram revelando materiais e estruturas que datam do século I, em Nazaré. Vestígios arqueológicos foram encontrados em Nazaré desde a Idade do Bronze e a Idade do Ferro; então, depois de um período de séculos de abandono, a aldeia parece ter sido reassentada no século II a. C., durante o período asmoneu, e tinha uma população principalmente judaica durante o tempo de Jesus e da Igreja Primitiva.

Estudos arqueológicos de Nazaré demonstraram, de modo claro, que uma aldeia de aproximadamente quatro hectares (cerca de dez acres) existiu no século I a. C. e no século I d. C., durante a vida de Jesus. A pequena dimensão e o carácter agrícola de Nazaré levaram a estimativas populacionais de cerca de

Nazaré antiga e o poço de Maria.

quatrocentas pessoas, mostrando por que é pouco provável que a aldeia aparecesse em textos históricos e como a pergunta "Pode sair alguma coisa boa de Nazaré?" provavelmente era um indicativo da insignificância da pequena vila agrícola (João 1,46).

Essas escavações revelaram vestígios especificamente significativos, aproximadamente do século I, como casas, lagares de azeite, lagares de vinho, cisternas de água, uma torre de vinha, um *micvê* (banho ritual), pedreiras, túmulos, cerâmica, moedas e vasos rituais de pedra. Uma inscrição em uma tumba também demonstra o uso do aramaico em Nazaré. O local da sinagoga em Nazaré, porém, permanece desconhecido (Lucas 4,16).

Nazaré foi o local de um dos primeiros eventos registrados sobre a vida de Jesus Cristo – o anúncio de seu nascimento ocorrido perto do final do século I a. C. De acordo com o Evangelho de Lucas, o anjo Gabriel foi enviado por Deus para dizer a Maria que, por meio do poder do Espírito Santo, ela conceberia e daria à luz Jesus, o Filho de Deus (Lucas 1,26-38). Para comemorar esse acontecimento importante, uma antiga igreja foi construída no local que se pensava ser a casa onde Maria viveu antes de se casar com José.

Fontes escritas antigas e a arqueologia sugerem que a Igreja Bizantina da Anunciação foi construída no século V d. C., após o reinado de Constantino, *o Grande*, mas que um edifício cristão anterior existia no local no século IV d. C. ou antes. Debaixo da moderna Basílica da Anunciação e da igreja do período das Cruzadas do século XI, foram encontrados os vestígios de uma igreja bizantina do século V d. C., medindo aproximadamente 20 metros por 8 metros. Um piso de mosaico dessa igreja do período bizantino tinha uma dedicatória que dizia, em grego, "para Konon, diácono de Jerusalém", e uma cruz decorativa. Abaixo do edifício foram descobertas uma pia batismal, pisos de mosaico com cruzes decorativas, paredes rebocadas com vários grafites e degraus que conduzem a uma caverna. Os grafites traziam expressões como "Senhor, Cristo, ajuda tua serva Valéria [...] e dá a palma da mão à dor [...]. Amém" e "Senhor Jesus Cristo, Filho de Deus, ajuda Geno e Elpisius, Achille, Elpidius, Paul, Antonis [...] servos de Jesus".

A base de uma coluna também tem o nome Maria gravado em grego, ligando ainda mais o local à tradição de Maria e à anunciação, embora a inscrição venha de uma época posterior à implantação da igreja. A peregrina Egéria, escrevendo em c. 383 d. C., menciona a "caverna em que Maria viveu" e o altar colocado perto da entrada, que aparentemente estava associado a uma Igreja Primitiva ali (Egéria, *Itinerarium Egeriae* ["Itinerário de Egéria", em tradução livre]). No entanto, não menciona uma igreja formal ou basílica, o que sugere que Constantino não tinha uma igreja comemorativa, como as de Jerusalém e Belém, construída ali durante o seu reinado.

Ruínas arqueológicas na Igreja da Anunciação em Nazaré.

Uma moeda cunhada em meados do século IV d. C. foi encontrada no reboco, demonstrando que os cristãos usavam o local, pelo menos, já no século IV, e que esse edifício poderia ser a igreja que José de Tiberíades (c. 285-c. 356) planejou construir em Nazaré durante o início do século IV. Há sugestões de que no século III pode ter existido ali um edifício onde os cristãos se reuniam.

Escavações arqueológicas também revelaram vestígios de várias partes da aldeia de Nazaré do século I d. C., debaixo dessa igreja, nas proximidades, e em locais espalhados pela área, confirmando que Nazaré era de fato ocupada durante o tempo de Jesus.

Quando estavam morando em Nazaré antes do nascimento de Jesus, José e Maria tinham um contrato matrimonial, mas ainda não tinham se casado formalmente, razão pela qual José estava preocupado em evitar um escândalo (Mateus 1,19). Semelhante a muitas sociedades antigas, os pais israelitas estavam frequentemente envolvidos na escolha de um marido ou esposa, mas o filho ou a filha geralmente tinha uma palavra significativa sobre com quem se casaria e, em muitos casos, a decisão cabia inteiramente aos noivos em potencial (Gênesis 21,21; 24,1-9; 26,34-35; 28,1-5; 34,4; 38,6; Juízes 14,1-3; Rute 3,1-13; 1 Samuel 18,20-21). No período romano e na época de Jesus, homens e mulheres podiam arranjar o casamento sozinhos, usar um intermediário ou recorrer aos pais.

O contrato matrimonial era a prática mais comum no século I, seme-lhante a um contrato legal e mais vinculativo do que o noivado (Mateus 1,18; 2 Coríntios 11,2). Aos olhos da comunidade, o casal estava casado legal ou contratualmente, embora não estivesse casado na prática. Durante a época do Império Romano, a lei exigia que os cônjuges se casassem dentro de dois anos após o contrato matrimonial e, portanto, "noivados" longos e prolongados eram provavelmente raros (Cassius Dio, *Roman History*). Segundo as tradições do judaísmo dos períodos helenístico e romano, que iluminam os costumes típicos dos que viviam na Judeia e na Galileia na época de Jesus, os casais costumavam se casar um ano após o contrato matrimonial. Uma vez arranjado o casamento em potencial, o futuro noivo e o pai da noiva assinariam o acordo de casamento, que era um contrato real, e, em alguns casos, celebrariam essa ocasião com vinho ou uma refeição (Tobias 7,11-14; Talmude Babilônico).

A idade dos noivos normalmente estaria entre o final da adolescência, para as mulheres, e o início dos vinte e os trinta anos, para os homens, se bem que o homem era quase sempre mais velho, muitas vezes, vários anos. Geralmente, a idade média dos casais nos períodos helenístico e romano parece ter sido o final da adolescência, e, da mesma forma, as mulheres seriam um pouco mais jovens e os homens, um pouco mais velhos. Durante o Império Romano, uma elevada porcentagem de meninas se casava no final da adolescência, e as leis do governo até permitiam que ficassem noivas aos dez anos e casassem aos doze, embora isso pareça ter acontecido muito raramente. Na literatura do judaísmo, o casamento precoce era defendido para propagar a família e proteger o casal contra a tentação, e dezoito a vinte anos era a idade recomendada para os homens (Pseudo-Focilides, *Sentences*, 175-76; *Rule of Congregation* 1QSa). Portanto, é provável que Maria estivesse no final da adolescência no momento em que ela e José estavam noivos e aguardavam o casamento.

Então, por volta de 8 a. C., Augusto emitiu um decreto para um censo do Império, eventualmente alcançando o reino cliente de Herodes e as regiões da Galileia e da Judeia, que estavam ligadas administrativamente à Província da Síria (*Res Gestae Divi Augustus* 8; Lucas 2,1-3).

O CENSO DE QUIRINO E O NASCIMENTO DE JESUS

De acordo com o Evangelho de Lucas, pouco antes do nascimento de Jesus, foi realizado um censo em todo o Império Romano (Lucas 2,1). Esse censo usa uma palavra que significa "a terra habitada" ou, no contexto da Roma Antiga, o Império Romano. Esse censo também parece estar arrolado em registros oficiais romanos, especificamente em *Res Gestae Divi Augustus*, que mencionavam censos de aproximadamente 4 a 5 milhões de cidadãos, indicando que o escopo desses censos era de fato em todo o Império, e não meramente local (*Res Gestae Divi Augustus* 8). Esses três censos registraram o número de cidadãos romanos do sexo masculino como 4.063.000 em 28 a. C., 4.233.000 em 8 a. C. e 4.937.000 em 14 d. C., demonstrando o crescimento populacional geral no Império. O censo ocorrido pouco antes da morte de Herodes, *o Grande*, em 4 a. C., só poderia ter sido o censo de Augusto iniciado em 8 a. C. Como Lucas mencionou que o censo abrangia o Império Romano, apenas um censo massivo como os registrados por Augusto atenderia aos requisitos; um registro de censo local, e possivelmente não preservado, não pode ser o censo mencionado no Evangelho de Lucas.

Se um censo também fosse imposto à Judeia como parte de um império maior, José poderia ter sido obrigado a participar. Depois de ficar sabendo do censo, ele viajou de volta para Belém, porque, aparentemente, era o lugar em que a casa de sua família estava localizada –, e não em Nazaré, onde morava

Inscrição de *Res Gestae Divi Augustus*.

naquele momento (Lucas 2,4). Embora nenhum dos Evangelhos indique que José era originalmente de Nazaré, é possível que Maria fosse, ou, pelo menos, que vivesse lá, e os três eventualmente retornaram para Nazaré, na Galileia, em vez de viver na Judeia durante o reinado brutal do etnarca Arquelau (Mateus 2,19-23).

Essa transição do controle de Herodes, *o Grande*, presidindo toda a região, para seus filhos Arquelau, Antipas e Filipe, atuando como etnarcas e tetrarcas, também situa o censo e o nascimento de Jesus pouco antes da morte de Herodes, *o Grande*. Os registros do Império Romano relativos aos censos demonstram que estes envolviam todos os que residiam fora dos seus próprios distritos, não apenas cidadãos romanos, e convocar as pessoas às suas casas para o registro do censo era o protocolo normal. Por exemplo, um decreto do censo da província do Egito c. 104 d. C. (Papiro 904 do Museu Britânico) fornece informações sobre essa prática:

> Gaius Vibius Maximus, prefeito do Egito: vendo que chegou a hora do censo casa a casa, é necessário obrigar todos aqueles que, por qualquer causa, residem fora de suas províncias a retornarem para suas próprias casas, para que possam realizar ambas as tarefas, cumprir a ordem regular do censo e também cuidar diligentemente do cultivo de seus lotes.

Outro documento do censo romano de cerca de 48 d. C. (o Papiro Oxyrhynchus 255), relativo a um censo feito durante a época do imperador Cláudio (10 a. C.-54 d. C.), registra o testemunho de um homem chamado Thermoutharion e afirma que as pessoas que viviam com ele, provavelmente uma referência a membros específicos da família mencionados anteriormente no documento, voltaram para a casa de Thermoutharion para o censo. Muitos outros papiros de censo semelhantes a esse são conhecidos, incluindo aqueles que indicam que as respostas do censo ocasionalmente chegavam no ano seguinte à ordem original do censo do imperador (cf. P. Mich. 176-180). Assim, não só um censo de todo o Império é consistente com os dados históricos, mas o censo imposto na Judeia e a ida de José e Maria a Belém para se registrarem também são ações consistentes com os registros romanos do período. Além disso, os registros sugerem que, por vezes, as pessoas não respondiam ou não podiam responder ao censo até o ano seguinte à data de emissão inicial, o que significa que José pode não ter chegado a Belém para o censo até o ano seguinte, quando foi ordenado por Augusto.

O oficial romano que administrou o censo próximo ao nascimento de Jesus foi registrado como Quirino, governante designado da província da Síria na época (Lucas 2,2). Públio Sulpício Quirino (c. 51 a. C.)-21 d. C.) foi um aristocrata romano que viveu de c. 51 a. C. a 21 d. C., alcançando o posto de cônsul em 12 a. C. pela nomeação de César Augusto (Tácito, *Annals*; Cássio Dio, *Roman History*).

No entanto, Caio Sêncio Saturnino, um consular, serviu como legado imperial da província da Síria desde c. 9-6 a. C., quando o mencionado censo de Augusto de 8 a. C. teria ocorrido. Tertuliano, por volta de 200 d. C., observou que Sêncio Saturnino realizou um censo de acordo com as ordens de Augusto, que também ocorreu na Judeia e foi relevante para o nascimento de Jesus (Tertuliano, *Adversus Marcionem* ["Contra Marcião", em tradução livre] 4.19).

No entanto, as questões, muitas vezes, são ainda mais confusas, porque, no final do século I d. C., Josefo (c. 37-c. 100 d. C.) mencionou Quirino juntamente com Copônio na Judeia por volta de 6 d. C., levando em conta a riqueza da província, tributando e gastando o dinheiro deixado por Arquelau após seu exílio, e isso é, com frequência, assumido incorretamente como sendo o censo mencionado por Lucas (Josefo, *Antiquities* 18.1-3). Não só esse evento foi registrado em Josefo, um tipo de censo de apuração localizado, ligado à transição de governo na Judeia, mas o censo de Quirino, em Lucas, e a tributação de Quirino, em Josefo, parecem estar separados por vários anos.

Embora, com frequência, se presuma que Lucas afirme que Quirino era o legado romano da Síria nessa época, o termo usado pode ter um significado geral de governar, comandar ou liderar. A palavra usada poderia referir-se ao legado de uma província, como uma província imperial como a Síria, mas é também o termo usado em Lucas 3,1 para descrever a posição de Pôncio Pilatos, que obviamente não era um legado, como um prefeito da Judeia. Portanto, o relato evangélico observa apenas que Quirino era um governante na província da Síria que administrou um censo romano na época do nascimento de Jesus.

Embora Quirino fosse o legado da província da Síria em 6 d. C., também esteve anteriormente na região atuando como comandante militar. De acordo com os registros romanos, Quirino ocupou um comando militar que o colocou na província e ao redor da Cilícia, incluindo a área da província da Síria, e foi o líder de várias legiões na área antes de, por fim, ser nomeado *legatus propraetor* da província da Síria como um ex-cônsul (Tácito, *Annals* 3.22-48; cf. Floro, *Epitome of Roman History* ["Epítome da História Romana", em tradução livre] 2.31; Suetônio, *Tiberius* 49). Enquanto comandava legiões na Galácia, Cilícia e Síria, Quirino teria ocupado uma posição de alta autoridade no Império Romano. Sua presença nessas regiões ocorreu em algum momento entre 12 a. C. e 1 d. C., mas não temos certeza dos detalhes de tempo e posição devido à falta de informações cronológicas detalhadas.

Inscrição do censo de Quirino "Lapis Venetus".

No entanto, isso coloca Quirino na área da Síria por volta da época em que Jesus de Nazaré nasceu, e também pode ser significativo que, quando Saturnino era legado da província da Síria, havia vários governadores – sugerindo que Quirino, como afirma Lucas, poderia ter sido um governante da Síria c. 8 a. C. ou 7 a. C. (Josefo, *Antiquities* 16.280, 285, 357, 361). Portanto, um cenário possível é que Saturnino fosse o legado e Quirino o comandante militar de mais alta patente na Síria (Josefo, *Antiquities* 17.89). O motivo pelo qual o Evangelho de Lucas menciona Quirino em conexão com o censo, em vez de Saturnino, se deve à função do governo romano. Os registros romanos demonstram que os oficiais militares supervisionavam e administravam os censos, e Quirino é até mencionado como legado no contexto de um censo na província da Síria durante o reinado de Augusto.

O *Lapis Venetus* é uma inscrição funerária latina dedicada ao oficial romano Q. Aemilius Secundus e encontrada em Beirute, que, na época romana, fazia parte da Província da Síria (*Lapis Venetus, Corpus Inscriptionum Latinarum* vol. III, nº 6687). Ela afirma que, por ordem de P. Sulpício Quirino, chamado legado de César, na Síria, Secundus conduziu um censo da cidade-estado de Apamea, na Síria. Essa inscrição também indica que Quirino ordenou a Secundus que lutasse contra os iturianos no Monte Líbano, uma área ao norte do Mar da Galileia, que fazia parte do reino de Herodes, *o Grande* e, mais tarde, da tetrarquia de Filipe.

Por vezes, a inscrição é erroneamente ligada a uma autuação tributária regional e aquisição do dinheiro do deposto Herodes Arquelau na Síria e na Judeia realizada por Quirino e Copônio (Josefo, *Antiquities* 17.354, 18.1-102). No entanto, o censo nessa inscrição, que não era uma autuação tributária local, liga-se mais logicamente ao censo do Império documentado em *Res Gestae Divi Augustus* e iniciado por volta de 8 a. C. A inscrição demonstra que o censo era um assunto militar, ordenado por um legado e executado por oficiais locais. Quirino pode ter ocupado a posição de *legatus legionis* na província da Síria, comandando pelo menos três legiões na área nessa época, o que está de acordo com a sua representação como legado e comandante militar no epitáfio. Como era prática romana que um oficial militar, como Quirino, administrasse o censo, é lógico que o Evangelho de Lucas associasse Quirino, o comandante militar, ao censo, em vez de Saturnino, o governador.

Assim, o censo mencionado nessa inscrição pode ter sido realizado por volta de 8 a. C. e seguido como parte do censo do Império que Augusto ordenou e que Lucas registou em relação ao nascimento de Jesus. Como Quirino ocupava um comando militar na província e nos arredores da Cilícia e era o líder de várias legiões na área antes de, por fim, ser nomeado *legatus propretor* da Síria como ex-cônsul, é plausível que Augusto possa ter nomeado Quirino para outro cargo de alta autoridade enquanto lutava na Guerra Homanadensiana na Cilícia, que era uma província que fazia fronteira com a Síria (Tácito, *Anals*; Floro, *Epitome of Roman History*).

Outra inscrição que ocasionalmente tem sido ligada a Quirino é a *Lapis Tiburtinus*, encontrada perto da antiga *villa* de Quintilius Varus (46 a. C.-9 d. C.), em Tivoli, a leste de Roma. A inscrição registra a carreira de um ilustre romano, mas infelizmente a inscrição está danificada e o nome está ilegível. O texto afirma que essa pessoa se tornou procônsul da província da Ásia; também parece mencionar ser o procônsul da Síria e que foi homenageado com duas celebrações de vitória. Foi sugerida uma explicação segundo a qual a inscrição implica que essa pessoa desconhecida foi o procônsul da Síria duas vezes, e combinando isso com a suposição de que Quirino foi governador da Síria duas vezes, tanto durante o nascimento de Jesus, em Lucas, quanto na época de Copônio, em Josefo. No entanto, a inscrição afirma que esse oficial já foi procônsul da Ásia e depois da Síria, o que não corresponde ao que se sabe sobre Quirino.

Tendo em vista que a redação é ambígua, e o estado da inscrição é fragmentário, isso a torna ainda mais difícil; o *Lapis Tiburtinus* só deveria ser atribuído a um cônsul romano com base na comparação da carreira e do contexto arqueológico em que foi encontrado. Como a inscrição foi encontrada muito perto da *villa* de Quintilius Varus, mas também pode descrever uma carreira semelhante à de L. Calpurnius Piso, pode ser atribuída a qualquer um deles.

Combinando as fontes de Lucas, Josefo, Justino Mártir (c. 100-165), Tertuliano e o *Lapis Venetus*, a ordem do censo pode ter sido retransmitida por Saturnino, o legado da Síria de c. 9 a 6 a. C., enquanto Quirino, como líder militar, pode ter administrado o censo. Se Quirino era um líder militar na Síria nessa época, o protocolo romano demonstra por que Lucas mencionaria Quirino, o líder militar que administrava o censo, em vez de Saturnino, o legado.

Esse cenário também poderia ser complementado por duas inscrições encontradas em Antioquia da Pisídia que mencionam Públio Sulpício Quirino como um *duumvir*, um título que descreve um par de magistrados conjuntos. Talvez Quirino fosse um procurador temporário da subprovíncia da Judeia, ou Quirino poderia ter sido o legado militar durante a condução do censo, compartilhando poderes com Saturnino.

Os dados do censo romano provenientes dos escritos de Augusto e dos papiros contemporâneos demonstram que houve um censo ordenado em 8 a. C. para o Império, e que as pessoas foram chamadas às suas cidades natais para se registrarem no censo. A inscrição funerária de Secundus menciona um censo administrado por um oficial militar na província da Síria, o legado Quirino e o imperador Augusto. Documentos que descrevem a vida de Quirino demonstram que era um oficial romano ocupando cargos de alta autoridade militar e civil antes, durante e depois do nascimento de Jesus de Nazaré, e as informações o colocam na Síria por volta dessa época.

Uma análise das informações disponíveis sugere que Quirino não era o governador da província da Síria na época do nascimento de Jesus de Nazaré, mas que, como comandante militar, teria administrado o censo ordenado pelo imperador Augusto, possivelmente em conjunto com Saturnino. Nesse cenário, depois que o censo de Augusto foi inicialmente ordenado em 8 a. C. e que José e Maria finalmente receberam notícias na Galileia, viajaram para Belém, instalaram-se em suas acomodações improvisadas e, por fim, Jesus nasceu, situando o nascimento por volta de 8 a. C. ou talvez, mais provavelmente, em 7 a. C.

BELÉM

A cidade de Belém, em Judá, a poucos quilômetros ao sul da antiga Jerusalém, existe há milhares de anos. Até a época de Jesus, porém, era relativamente obscura. Belém ("casa do pão"), também chamada de Efrata, foi ocupada, pelo menos, desde a época de Jacó, até a época de Josué, dos juízes, da monarquia israelita e de Jesus (Gênesis 35,19; Josué 15,59 LXX; Juízes 17,7; Rute 1,1-2; 1 Samuel 17,12; Miqueias 5,2; Mateus 2,1; Lucas 2,4).

Descobertas arqueológicas também demonstraram que Belém era uma cidade nessa época, com materiais encontrados no local desde a época dos patriarcas, na Idade do Bronze Médio; uma possível menção nas Cartas de Amarna, da Idade do Bronze Final; da época de David, na Idade do Ferro II; e da época de Jesus, no período romano. Nos tempos antigos, a agricultura e o pastoreio eram atividades econômicas comuns na região. Durante séculos, foi uma pequena aldeia de pouca importância, mas, devido aos Evangelhos e à história de Jesus, Belém tornou-se uma cidade conhecida em todo o mundo.

Local tradicional do nascimento de Jesus em uma caverna embaixo da Igreja da Natividade.

Mateus e Lucas registram o nascimento de Jesus em Belém, ao mesmo tempo que pessoas não identificadas no Evangelho de João fazem referência a essa ideia (Mateus 2,1-6; Lucas 2,4-7; João 7,41-42). Como José era da linhagem de Davi, e a casa de sua família ficava em Belém, foi obrigado a ir até lá para o registro do censo (Lucas 2,4-5). Em razão da profecia encontrada no Livro de Miqueias, da ligação com o rei Davi e do nascimento de Jesus nesse local, Belém rapidamente se tornou um lugar crucial na história do Evangelho (1 Samuel 17,12; Miqueias 5,2). Devido à sua importância, o local do nascimento de Jesus ficou na lembrança e, logo após a época de Jesus, cristãos visitaram o local regularmente.

De acordo com os escritores da Igreja Primitiva dos séculos II e III, Jesus nasceu em uma caverna em Belém, que era aparentemente conhecida na antiguidade, e Orígenes relatou que os pagãos espalharam a notícia sobre Jesus ter nascido em uma caverna específica de Belém (Justino Mártir, *Dialogue with Trypho* ["Diálogo com Trifão", em tradução livre] 78; Orígenes, *Contra Celsum* ["Contra Celso", em tradução livre] 1.51). Tomando como base a presença da manjedoura, a caverna talvez fosse um abrigo de animais ligado a uma casa. Durante o tempo de Adriano, quando ele estava reconstruindo Jerusalém como Aelia Capitolina e encobrindo os principais locais associados a Jesus, mandou colocar um santuário para Adônis no local do nascimento de Jesus em Belém, por volta de 135 d. C. (Jerônimo, *Letter 58 to Paulinus* ["Carta 58 a Paulino", em tradução livre]). Portanto, até mesmo as autoridades romanas pagãs reconheceram o significado e a importância de Belém como o lugar onde Jesus Cristo nasceu. Por fim, o imperador Constantino ordenou a construção da Igreja da Natividade para comemorar o local em 327 d. C.

O NASCIMENTO DE JESUS E A IGREJA DA NATIVIDADE

A história do nascimento de Jesus em Belém remonta a 2 mil anos, à época da *Pax Romana*, quando César Augusto governou o extenso e poderoso Império Romano. Os Evangelhos de Mateus e Lucas, que afirmam que Jesus nasceu em Belém, são as fontes primárias desse relato. Como as evidências manuscritas e textuais indicam que Mateus e Lucas foram compostos em meados do século I d. C., vários escritos do século II d. C. apoiam a existência e aceitação desses relatos evangélicos, e cópias e fragmentos antigos ainda existem, essas narrativas não devem estar muito distantes da vida de Jesus.

Além das histórias do nascimento encontradas em Mateus e Lucas, fontes secundárias da antiguidade também fazem referência ao nascimento de Jesus e corroboram detalhes das narrativas bíblicas, além disso a investigação arqueológica descobriu vestígios da vila de Belém, do século I, e de uma igreja do século IV, que foi supostamente construída sobre a caverna onde Jesus nasceu.

Os relatos evangélicos do nascimento começam mencionando o compromisso matrimonial de Maria e José e a concepção de Jesus pelo Espírito Santo (Mateus 1,18-21; Lucas 1,26-45). Tudo isso ocorreu no final do reinado de Herodes, *o Grande* (c. 40-4 a. C.), um construtor prolífico, mas rei paranoico, que parece ter morrido por volta de março de 4 a. C. (Josefo, *Antiquities* 17.167-191; Mateus 2,1; Lucas 1,5). Durante a gravidez de Maria, um decreto para um censo de todo o Império Romano foi emitido por César Augusto. Como o reino herodiano era um Estado cliente de Roma, e os administradores da província da Síria eram responsáveis pelos assuntos romanos oficiais, o censo foi dirigido por um comandante militar chamado Quirino, de acordo com o protocolo romano (Lucas 2,1-2). O imperador Augusto (que reinou entre 27 a. C. e 14 d. C.) ordenou seu segundo censo conhecido do Império Romano em c. 8 a. C., que parece ser o censo associado ao nascimento de Jesus (Augusto, *Res Gestae Divi Augustus*). Enquanto isso, Quirino era comandante de legiões na Cilícia e na Síria ao norte, aparentemente como um dos dois governantes da província da Síria na época (Tertuliano, *Adversus Marcionem*; Tácito, *Annals*; Josefo, *Antiquities*).

José e Maria viajaram a Belém para se registrarem no censo, porque aquela era a cidade natal da família de José, que era da linhagem de Davi (Lucas 2,3-5). Quando José e Maria chegaram a Belém, não havia lugar no quarto de hóspedes (*kataluma*) da casa, talvez porque outros parentes estivessem ocupando o espaço disponível durante o censo. Embora essa palavra seja frequentemente traduzida como "hospedaria", Lucas a usa em outros lugares claramente como um quarto de hóspedes ou quarto extra de uma casa, enquanto uma palavra separada (*pandoxeion*) é usada para uma hospedaria real (Lucas 22,11; Lucas 10,34). Também é improvável que Belém tivesse uma hospedaria, já que, naquela

Antiga manjedoura de pedra encontrada em Nazaré.

época, era apenas uma pequena vila da Judeia, e as hospedarias eram mais comuns em áreas helenísticas, nas principais rodovias e nas cidades maiores.

Desse modo, em vez disso, foram para onde os animais eram mantidos à noite, que provavelmente era uma caverna abaixo ou adjacente à casa, de acordo com fontes antigas. Jesus, então, nasceu e foi colocado numa manjedoura em Belém (Lucas 2,6-7). A manjedoura teria sido de pedra, um tipo típico de manjedoura usado na região de Belém nos tempos antigos. A pedra é abundante e encontrada em quase todos os lugares, enquanto a madeira, que pode ser usada na construção, é relativamente escassa.

Cavernas próximas, embaixo ou integradas à casa eram frequentemente usadas como áreas de armazenamento para residências no século I. Os animais poderiam ter sido mantidos em uma caverna ou em um cercado de pedra perto da casa, já o pátio da casa normalmente não seria usado para os animais. Registros que afirmam que Jesus nasceu em uma caverna, e não em um curral, ao ar livre ou em um pátio, remontam a escritos do século II d. C. Escavações nas cavernas sob a Igreja da Natividade em Belém encontraram evidências de que foram usadas durante o período romano no século I, demonstrando que as pessoas em Belém, na época de Jesus, realmente usavam as cavernas.

Seção do piso de mosaico original da Igreja da Natividade do século IV.

Como seria de se esperar de um acontecimento tão significativo para o cristianismo, ao longo das gerações, muitas pessoas guardaram e transmitiram o conhecimento do local de nascimento, e especificamente da gruta onde Jesus nasceu, embora inicialmente não existisse ali nenhum edifício público ou estrutura memorial. Antes do século II d. C., muitos sabiam que o nascimento de Jesus ocorreu em Belém, e o imperador Adriano (que reinou entre 117 e 138 d. C.) até tentou apagar, contaminar e sincretizar a memória desse acontecimento, construindo um santuário ao deus Adônis sobre a caverna (Justino Mártir, *Dialogue with Trypho*; Orígenes, *Contra Celsum*; Jerônimo, *Letter 58 to Paulinus*; Anônimo, *Protoevangelium of James* ["Protoevangelho de Tiago", em tradução livre]).

No entanto, a memória do local de nascimento de Jesus persistiu apesar das tentativas de Adriano, o que pode ter realmente ajudado a preservar o local. Após a conversão de Constantino, o imperador ordenou que uma igreja fosse erguida sobre a caverna por volta de 327 d. C., algo que sua mãe, Helena, supervisionou (Eusébio, *Life of Constantine* ["Vida de Constantino", em tradução livre]; Sulpício Severo, *Sacred History* ["História Sacra", em tradução livre]; Sozomeno, *Ecclesiastical History* ["História Eclesiástica", em tradução livre]). A Igreja da Natividade, ainda em construção em 333 d.C., e finalizada em 339 d.C., foi uma das quatro principais igrejas comemorativas que Constantino construiu na Terra Santa.

Essa igreja tinha um elaborado piso de mosaico, colunas coríntias, cinco corredores, uma nave no extremo leste e escadas ao lado da nave que desciam para a caverna onde se pensava que Jesus havia nascido. Embora essa versão original da igreja tenha sido incendiada no século VI, durante a revolta samaritana, ela foi reconstruída logo depois pelo imperador Justiniano. Ruínas da igreja original sobreviveram, incluindo seções do piso de mosaico, fundações, colunas e a caverna.

Tal como acontece com muitos locais e eventos associados a Jesus, foram feitas alegações de que essa caverna em particular era originalmente um local de culto a Adônis, e os cristãos simplesmente tomaram conta desse local e construíram uma igreja lá. No entanto, vários escritores no século II d. C. atestaram que o nascimento de Jesus ocorreu nessa caverna, e fontes um pouco posteriores da antiguidade relatam que o imperador Adriano construiu um santuário para Adônis no local como parte de sua campanha mais ampla para obscurecer a memória histórica de Jesus na esperança de que o cristianismo pudesse ser eliminado do Império (por exemplo, o templo romano construído sobre o túmulo de Jesus em Jerusalém). Surpreendentemente, detalhes como o nascimento de Jesus numa aldeia da Judeia (Belém) eram reconhecidos e recontados no século II d. C. por um filósofo romano pagão chamado Celso, que escreveu uma controvérsia contra o cristianismo (Celso, *The True Word* ["A Palavra Verdadeira", em tradução livre] em Orígenes, *Contra Celsum*).

Celso também escreveu sobre Maria e até mencionou a história do nascimento virginal de Jesus. O registro da concepção virginal e do nascimento de Jesus é encontrado nos Evangelhos de Mateus e Lucas (Mateus 1,16-25; Lucas 1,26-38). Alguns outros escritos do Novo Testamento sugerem o conhecimento do nascimento virginal no cristianismo primitivo (João 8,39-41; Gálatas 4,4-5; Romanos 1,1-4; Filipenses 2,6-8; Hebreus 7,3). De acordo com escritores da Igreja Primitiva, como Tertuliano, Irineu, Justino Mártir, Inácio (c. 30/35-c. 107) e Aristides (s/d-c. 134), a crença no nascimento virginal de Jesus era amplamente aceita no início do século II, em vez de ser inventada por volta dessa época ou mais tarde.

Nos escritos de Celso, que estão parcialmente preservados por citações referenciadas por Orígenes e provavelmente foram compostos por volta de 175 d. C., o reconhecimento da crença no nascimento virginal de Jesus pelos cristãos é mostrado como sendo conhecido até mesmo nos círculos pagãos do século II. Celso, no entanto, afirmou que essa era simplesmente uma história inventada e, em vez disso, ofereceu a sua própria versão – a de que Jesus, que nasceu numa aldeia da Judeia, filho de uma mulher pobre do país, inventou o seu nascimento de uma virgem porque a sua mãe havia sido mandada embora por seu marido carpinteiro depois que foi condenada por adultério, e que o pai biológico era, na verdade, um soldado romano chamado Pantera (Orígenes citando Celso, *The True Word*, *Contra Celsum* 1.28).

Pantera (às vezes, traduzido como Panthera ou Pandera, que em latim significa "pantera") era um nome masculino comum em uso durante o período romano e representativo de um típico legionário romano. A descoberta de uma lápide do século I d. C. de um soldado romano chamado Tibério Julius Abdes Pantera, que serviu na época de Jesus e provavelmente tinha cerca de dez anos quando Jesus nasceu, demonstra o uso do nome, mas não teria nenhuma conexão com tal alegação (CIL XIII 7514). Essa lápide foi descoberta no cemitério romano de Bingerbrück, e o soldado era de Sidom, mas era apenas um pouco mais velho que Jesus e ainda não teria sido soldado. Em vez de refutar a história do nascimento virginal de Jesus, Celso demonstrou que a crença era conhecida em todo o mundo romano por volta do século II d. C., mesmo por aqueles que estavam fora da comunidade cristã. Jesus como filho de Pantera ou Pandera também é relatado pelo Talmude de Jerusalém por volta de 200 d. C. e pela Toseftá[6], no século II d. C., com a implicação de que Jesus foi concebido fora do casamento. Tanto Celso quanto o Talmude provavelmente receberam informações de uma história comum que circulava no Império Romano no século II.

No entanto, o fato de tanto Celso quanto fontes como a Toseftá relatarem e recontarem as circunstâncias únicas que rodearam o nascimento de Jesus demonstra que o conhecimento da história da natividade era generalizado. É também importante notar que as fontes pagãs e judaicas não contestam o nascimento de Jesus numa aldeia da Judeia sob o que poderia ter sido tipicamente considerado uma situação escandalosa, com Maria grávida antes do casamento.

Claramente, os relatos antigos, incluindo aqueles fora dos Evangelhos, afirmam que Jesus nasceu especificamente em Belém ou numa aldeia da Judeia. No entanto, alguns estudiosos chegaram a afirmar que Jesus não nasceu em Belém da Judeia. Essas hipóteses são apenas especulações injustificadas, completamente contrárias a todas as evidências.

Muitos também afirmaram que não há evidências arqueológicas de que Belém tenha sido ocupada no século I a. C. e no século I d. C. e, portanto, a história do nascimento deve ser a-histórica. No entanto, escavações arqueológicas recentes dentro e ao redor da Igreja da Natividade confirmaram que a aldeia era, de fato, ocupada durante o período romano e na época de Jesus. Em vez de os relatos de Mateus e Lucas serem historicamente imprecisos ou serem as únicas fontes relacionadas ao nascimento de Jesus, o nascimento em si e vários detalhes são iluminados e corroborados por descobertas arqueológicas e vários escritos da antiguidade. Um exame aprofundado das evidências demonstra que Jesus de Nazaré nasceu no final do século I a. C. em Belém, provavelmente numa caverna que fazia parte de uma casa, e que agora está debaixo da Igreja da Natividade.

---

6 Toseftá (do hebraico אתפסות, suplemento) é uma segunda compilação da lei oral no período da redação da Mishná (cerca de 200 d. C.) https://pt.wikipedia.org/wiki/Tosefta. (N. T.)

A DATA DO NASCIMENTO

Tradicionalmente, o nascimento de Jesus Cristo é celebrado em 25 de dezembro, embora tenham sido feitas objeções de que essa data seja um resultado impreciso de sincretismo religioso (combinando crenças e práticas) ou de especulação. As críticas mais comuns de 25 de dezembro ser uma data plausível para o nascimento de Jesus incluem alegações de que o dia era originalmente um dia de festival pagão, que acabou sendo escolhido como um substituto algum tempo depois que o cristianismo foi legalizado no Império Romano, ou que o clima durante dezembro em Belém não corresponde com os detalhes da narrativa do nascimento do Evangelho de Lucas.

O festival romano da Saturnália, em homenagem ao deus Saturno, é frequentemente citado como a inspiração por trás da data sancionada pela Igreja para o Natal, mas a Saturnália era celebrada de 17 a 23 de dezembro, não em 25 de dezembro, e, portanto, não era um festival substituto ou dia santo. De acordo com o Evangelho de Lucas, quando Jesus nasceu, pastores cuidavam das suas ovelhas à noite, na área fora de Belém (Lucas 2,8). Alguns sugerem que, se Jesus tivesse nascido em dezembro, os pastores não estariam nos campos à noite, porque estaria muito frio e, portanto, Jesus deve ter nascido durante um mês mais quente.

No entanto, essa afirmação tem dois problemas principais. Primeiro, de acordo com dados meteorológicos, em Belém, em dezembro, não faz frio o suficiente para proibir o pastoreio ou a permanência com o rebanho à noite. A máxima média em Belém, em dezembro, é de $57°F$ ($14°C$), a mínima média é de $45°F$ ($7°C$) e, normalmente, há cerca de um dia de neve por mês. Os antigos pastores de outras regiões desempenhavam rotineiramente as suas funções em temperaturas muito mais frias, como nas estepes da Eurásia, na Mongólia, na região dos Himalaias e em muitas outras áreas. Embora as mudanças nos tempos modernos tenham sido drásticas, praticamente eliminando os antigos costumes dos pastores nômades, ainda hoje é possível testemunhar o pastoreio no Levante durante o mês de dezembro. Esses pastores atuais, no entanto, geralmente têm algum tipo de estrutura ou local permanente onde vivem, em vez de estabelecerem estruturas temporárias à medida que movimentam os seus rebanhos pela região.

Em segundo lugar, ficar com o rebanho à noite, dormindo à porta do curral, era uma prática comum dos pastores na sociedade pré-industrializada e sobrevive até hoje em algumas áreas. A narrativa do nascimento no Evangelho de Lucas mencionando os pastores é plausível com o que teria acontecido durante a antiguidade em torno de Belém, em dezembro.

Segundo informações das narrativas evangélicas, sincronizadas com as datas das festas da Lei de Moisés, outro argumento pode ser apresentado a favor do nascimento de Jesus no final de dezembro. No Evangelho de Lucas, Zacarias estava cumprindo seus deveres sacerdotais, possivelmente em conexão com o Dia da Expiação (Yom Kippur), que ocorre no décimo dia do mês de Tishri (setembro-outubro) quando lhe foi dito que sua esposa Isabel teria um filho (Lucas 1,8-13; Levítico 23,26-28). Logo após o período de serviço sacerdotal de Zacarias em conexão com o dia santo, Isabel engravidou durante a segunda metade do mês de setembro (Lucas 1,23-24). Seis meses depois, aproximadamente no final de março do ano seguinte, Maria engravidou (Lucas 1,26-45). Após uma gravidez de nove meses, Jesus teria nascido no final de dezembro.

Para aqueles que possam colocar alguma objeção à ideia de que Zacarias participava de deveres relacionados ao Dia da Expiação ou a uma das outras festividades ou dias santos do mês de Tishri, as evidências dos primeiros escritos cristãos sugerem que Jesus nasceu no dia 25 de dezembro. Alguns desses relatos situam a concepção de Jesus especificamente no final de março, como o Evangelho de Lucas parece indicar. O padre da igreja Irineu (c. 130-202), escrevendo no final do século II, situou a concepção de Jesus em 25 de março e o nascimento de Jesus nove meses depois, em 25 de dezembro (Irineu, *Contra as Heresias*). O historiador Sexto Júlio Africano (c. 160/70-240), do final do século II e início do século III, registrou que 25 de março foi o dia da concepção de Jesus Cristo, o que extrapola para um nascimento aproximado em 25 de dezembro (Sexto Júlio Africano, *Chronographiae*). Um comentário do início do século III também pode atestar a ideia de que Jesus nasceu em 25 de dezembro (Hipólito de Roma, *Commentary on Daniel*).

Outro padre da igreja escrevendo na mesma época, c. 200 d. C., conta que alguns calcularam o nascimento de Jesus como sendo o dia 25 do mês egípcio de Pachon (Clemente de Alexandria, *Stromata*). Embora tenha sido proposto que isso equivaleria a 20 de maio no nosso calendário atual, o antigo calendário egípcio era originalmente um calendário irregular antes da reforma do calendário copta. Isso significa que os meses egípcios antigos não se correlacionariam de modo consistente com nenhuma das datas atuais do calendário, e o ano exato deve ser conhecido.

Além disso, Clemente (c. 150-215) apenas menciona que ouviu falar de fontes que fizeram esse cálculo, e não que essa era a data aceita. Finalmente, no século IV, uma obra cronológica declara 25 de dezembro como o dia em que Jesus Cristo nasceu em Belém, e outro sermão sobre 25 de dezembro comemorou o dia como o nascimento de Cristo (Valentino, *O Cronógrafo* de 354; Gregório de Nazianzo, *Oration*).

Curiosamente, esses relatos não se preocupam com a celebração do Natal, mas apenas com o registro das datas da concepção e nascimento de Jesus Cristo. Portanto, a evidência é forte, pelo menos para uma tradição muito antiga, de que Jesus nasceu no dia 25 de dezembro. Esses escritos também demonstram que a data foi estabelecida antes de o imperador Constantino se tornar cristão e legalizar o cristianismo em todo o Império Romano.

Assim, a data de 25 de dezembro não teve nada a ver com sincretismo religioso ou com a tentativa de substituir feriados pagãos por feriados cristãos após a legalização do cristianismo. Na verdade, não há nenhuma sugestão em nenhum dos primeiros escritos de que a data do Natal tenha sido escolhida para suplantar uma celebração pagã, e essa ideia só apareceu no século XII e finalmente se tornou popularizada em estudos comparativos de religião do século XIX. Pelo contrário, os primeiros cristãos não eram apenas excluídos da sociedade, mas também procuravam separar claramente as suas crenças e práticas daquelas do culto imperial ou de outros sistemas pagãos. Numerosos manuscritos antigos sugerem que o nascimento de Jesus provavelmente ocorreu por volta de 25 de dezembro, e isso continua sendo uma possibilidade.

OS MAGOS

Após o nascimento em Belém e uma vez completados os quarenta dias de purificação, José e Maria levaram Jesus a Jerusalém para oferecer um sacrifício segundo a Lei mosaica (Lucas 2,22-24; Levítico 12,1-4). Lá no templo, o casal ofereceu dois pássaros, porque não tinha condições financeiras para comprar um cordeiro (Lucas 2,23-24; Levítico 12,8).

Escavações nas ruínas adjacentes ao canto sudoeste do Monte do Templo, em Jerusalém, encontraram um fragmento de vaso de pedra com a inscrição aramaica QRBN ("oferta de sacrifício") juntamente com um desenho de dois pássaros de cabeça para baixo datado do século I, ilustrando essa prática de oferecer duas pombas ou pombos como sacrifício na época de Jesus. Após um período indefinido, mas curto, em Jerusalém, mantendo os requisitos da Lei, os três retornaram à pequena aldeia de Nazaré, onde José e Maria viviam antes do censo (Lucas 2,39). Foi lá em Nazaré que os magos parecem ter encontrado Jesus quando era uma criança com cerca de dois anos ou menos, enquanto Belém continua a ser um local menos provável devido a questões cronológicas e narrativas (Mateus 2,16).

Perto do final do século I a. C., José, Maria e Jesus foram finalmente visitados pelos enigmáticos e incompreendidos "magos" do Oriente (Mateus 2,1-16). Popularmente, esses magos são, com frequência, chamados de "três reis", mas muito pouco se sabe sobre quem eram esses homens, quantos eram ou exatamente de onde vieram. O Evangelho de Mateus é o registro mais antigo sobrevivente desses magos misteriosos que visitaram Jesus quando criança – os outros três Evangelhos não mencionam essa ocorrência, e nenhuma referência é feita à sua visita em qualquer outro livro do Novo Testamento.

A ideia de que eram três magos está ligada aos três presentes dados a Jesus conforme registrados por Mateus – ouro, incenso e mirra. Embora a cunhagem fosse padrão no século I, o ouro ainda era usado para negociar e fazer compras, mas a sua ampla circulação não dá nenhuma pista sobre a origem ou percurso dos magos. A mirra, uma especiaria usada para unção e embalsamamento; e o olíbano, uma resina valiosa usada em perfumes, remédios, embalsamamento e incenso, foram adquiridos e comercializados pelos nabateus, cujo reino estava situado em Petra e se estendia para o leste em direção ao rio Eufrates, com rotas comerciais que vão até o Golfo Pérsico (Diodoro Sículo, *Biblioteca Histórica*).

Esses três presentes de ouro, incenso e mirra também foram dados por Seleuco II Calínico Pogon (c. 265-226 a. C.), em 243 a. C., como parte de uma oferenda a Apolo, em Mileto. As oferendas e suas fontes indicam que os magos vieram do Oriente e que suas dádivas, durante aquele período, eram apropriadas como uma oferenda à divindade.

O fato de que José e Maria tiveram que oferecer dois pássaros no templo em Jerusalém, porque não tinham dinheiro para comprar um cordeiro para o sacrifício, é outro indicador de que os magos não os visitaram nem lhes deram os presentes em Belém, incluindo o ouro, antes de partirem para Jerusalém fazer o sacrifício (Lucas 2,23-24).

Pelo menos duas fontes apócrifas provavelmente compostas no século II d. C. também discutem a visita dos magos, e vários pais da Igreja Primitiva também incluem essa visita em escritos sobre o nascimento e o início da vida de Jesus. O *Protoevangelho de Tiago*, e sua discussão sobre os magos, é conhecido há séculos, e um manuscrito dessa obra do século III ou IV d. C. ainda existe (*Papiro de Bodmer* 5).

Outro manuscrito antigo, porém, foi redescoberto na Biblioteca do Vaticano e afirma ser um relato em primeira pessoa dos magos que visitaram Jesus. Chamado de *Revelation of the Magi* ["Revelação dos Magos", em tradução livre], a cópia existente é um manuscrito siríaco do século VIII d. C., mas o relato original pode ter sido composto já no século II d. C. Esse documento, infelizmente, não nos dá todas as respostas sobre os magos, nem é completamente consistente com as narrativas do nascimento em Mateus e em Lucas ou com a visita dos magos em Mateus. Também é considerado pseudepígrafo, pois não foi escrito pelos próprios magos que visitaram Jesus, embora reflita a ciência desses magos no século II d. C.

A história afirma que os magos que visitaram Jesus eram um grande grupo – de, pelo menos, doze homens, em vez de três – de místicos semelhantes a monges de uma terra distante chamada Shir, na costa do Grande Oceano, e descendentes de Sete, que estavam aguardando uma profecia secular de que, um dia, uma estrela brilhante apareceria para anunciar o nascimento de Deus em forma humana. Essa profecia foi sugerida como uma possível referência à estrela mencionada por Balaão e pode haver uma referência velada a ela em Isaías (Números 24,17; Isaías 60,3). Embora a localização exata de Shir seja desconhecida, existem locais na Pérsia nomeados ou contendo o componente

Magos visitando o menino Jesus, do túmulo de Severa c. 250 d. C.

"shir", e o "Grande Oceano" pode se referir a corpos de água como o Golfo Pérsico ou o Mar Arábico que se conectam ao Oceano Índico, indicando que se pensava que a Pérsia era a região de onde vieram.

Essa "estrela do Oriente", estrela de Jesus, ou estrela de Belém, como, às vezes, é incorretamente chamada, só está registrada no relato de Mateus – o único Evangelho que também cita a profecia do Antigo Testamento sobre Belém, contida no Livro de Miqueias e o único livro do Novo Testamento que menciona os magos. Como essa estrela, tal como é descrita em Mateus, não se enquadra nas propriedades de uma estrela comum, ela tem levado a muitas investigações e especulações e a sua identificação tem sido frequentemente debatida.

A palavra grega para "estrela" (*aster*) usada no Novo Testamento tinha uma série de significados na literatura antiga, incluindo planeta, cometa, anjo ou luz, incluindo uma luz divina (cf. Mateus 2,1-10; Apocalipse 1,20). A palavra hebraica *kokav*, que é comumente traduzida como "estrela", também é frequentemente usada para fazer referência a anjos e equiparada a "os filhos de Deus", ou seres angélicos (cf. Jó 38,7; Daniel 8,10). Luzes divinas também foram usadas para guiar os israelitas, e uma delas apareceu diante de Paulo na estrada para Damasco (Êxodo 13,21; Atos 9,3). Portanto, é linguisticamente possível que a "estrela" possa significar um anjo ou uma luz enviada divinamente, e não apenas uma estrela, cometa ou planeta.

Se a "estrela" fosse um planeta ou um cometa, apenas certas datas para o aparecimento da estrela seriam possíveis. Foi proposta uma conjunção com Júpiter e Saturno datada de 7 a. C., ou alternativamente com Júpiter e Vênus na conjunção de Leão, em 2 a. C. As conjunções, entretanto, são ocorrências astronômicas regulares, e não eventos únicos. Cometas também foram sugeridos, mas o cometa mais próximo conhecido data de 11 a. C., anos antes do nascimento de Jesus; eram frequentemente interpretados como maus presságios e se movem rapidamente pelo céu, em vez de permanecerem e reaparecerem por um longo período de tempo.

Além das restrições cronológicas – duas das quais de 11 a. C. e 2 a. C. não correspondem com as informações históricas conhecidas associadas ao nascimento de Jesus encontradas nos Evangelhos de Mateus e de Lucas –, a linguagem usada na narrativa de Mateus não acomoda planetas, cometas ou mesmo estrelas. O relato de Mateus afirma que era a "estrela" de Jesus e que essa "estrela" se moveu e passou diretamente sobre a casa específica onde Jesus e sua família residiam. "E eis que a estrela que tinham visto surgir no céu ia à frente deles até que parou sobre o lugar onde se encontrava o menino" (Mateus 2,9).

A "estrela" foi descrita em termos antropomórficos, como se fosse um ser angelical ou controlada por um agente inteligente. Mateus afirma apenas que apareceu uma estrela, como se antes não existisse ou não fosse visível. A estrela então desapareceu quando os magos chegaram a Jerusalém e estiveram com Herodes, que estava a aproximadamente três semanas de viagem da área da Babilônia. Finalmente, assim que os magos foram informados a respeito da profecia sobre Belém e saíram da presença de Herodes em Jerusalém, a estrela reapareceu no momento perfeito, conduzindo-os à casa exata e parando onde o menino Jesus estava com sua família em Nazaré (Mateus 2,9; cf. Lucas 2,21-39).

A maneira como essa "estrela" e suas ações são descritas torna impossível a interpretação de uma estrela, cometa ou planeta. Estrelas, cometas e planetas não conseguem identificar uma localização exata, como uma casa na pequena aldeia de Nazaré. As estrelas não desaparecem e reaparecem, não se movem pela atmosfera da Terra e não param sobre uma casa. O fato de a estrela estar "liderando" os magos é uma linguagem que aponta para um agente senciente, como um anjo ou uma luz divinamente controlada.

Significativamente, todas as fontes mais antigas fora dos Evangelhos e a descrição em Mateus concordam com um único entendimento para a estrela, aumentando a probabilidade de uma interpretação correta. O *Protoevangelho de Tiago*, composto por volta de 140-170 d. C., com um manuscrito existente do século III d. C., descreve a "estrela de Belém" como um anjo que guiou os magos. Esse é o manuscrito mais antigo conhecido que descreve a estrela associada a Jesus.

A recente redescoberta *Revelation of the Magi* relata uma compreensão semelhante da estrela que os magos seguiram. A história registra que a estrela era uma criança luminosa que os direcionava para a Judeia, o que parece ser a representação de um anjo pelo autor. Essa interpretação geral é encontrada em vários escritos, já que os anjos são frequentemente associados a luzes brilhantes e a guias na literatura antiga (Enoque 18,13-16; Diodoro Sículo, *Biblioteca Histórica* 16). Portanto, o uso de "estrela" no contexto da natividade de Jesus provavelmente se referia a um anjo, talvez projetando uma luz que guiou os magos do leste para encontrar e adorar Jesus.

Embora *Revelation of the Magi* e o *Protoevangelho de Tiago* contenham memória histórica e informações relevantes da antiguidade, essas histórias foram escritas mais de cem anos depois da época de Jesus e podem não ter usado depoimentos de testemunhas oculares. Mesmo que se encontre consistência em certos detalhes, como a menção da caverna de Belém associada ao nascimento de Jesus, à visita dos magos ou à identificação da estrela, outros componentes parecem entrar em conflito entre as fontes, como José e Maria vivendo numa casa de Belém ou os magos que visitam Jesus imediatamente após o seu nascimento (Anônimo, *Revelation of the Magi*). Vários detalhes podem ter sido fabricados ou baseados em especulação, portanto, deve-se ter cautela e empregar uma análise comparativa ao avaliar essas fontes.

Uma série de documentos antigos fornece uma imagem mais abrangente e precisa de quem eram esses magos. A palavra *magi* [magos] (plural) originalmente parece derivar do persa antigo *magush*, transmitido por meio do grego como *magos* (singular) e *magoi* (plural). Essa palavra persa é a origem da palavra *mage* [mago], que normalmente se refere a um praticante de magia. A referência mais antiga aos magos vem da antiga inscrição persa Behistun de Dario (c. 520 a. C.), mas não oferece nenhum significado ou descrição específica. Um texto grego de Heráclito (por volta do século VI a. C.) afirma que os magos participavam de rituais ímpios – provavelmente rituais contrários à prática grega.

Os textos posteriores são mais claros sobre quem são os magos e o que fazem. Heródoto (c. 485-c. 425 a. C.) registrou dois significados para os magos – um como uma tribo dos medos e outro como uma casta especial, cujos deveres incluíam a interpretação de presságios e sonhos (Heródoto, *Histórias*). Plínio, *o Velho* (23-79), escreveu que os magos praticavam algum tipo de magia e escreviam textos mágicos (Plínio, *o Velho, História Natural*). Estrabão (c. 63 a. C.-c. 24 d. C.) localizou-os na Média e observou que viviam uma vida sedentária, o que estaria de acordo com a sua posição de estudiosos, conselheiros e astrólogos (Estrabão, *Geografia*). Outros autores do período helenístico também associam os magos à astrologia, magia e interpretação de sonhos. Essa associação parece ter sido geralmente entendida durante a antiguidade, uma vez que o termo grego para magos é usado na versão Septuaginta (LXX) do Livro de Daniel em referência aos conselheiros de Nabucodonosor (c. 642-562 a. C.) que foram consultados para tomar decisões e interpretar sonhos (Daniel 1,20; 2,2; 4,7; 5,7).

No Novo Testamento, duas pessoas adicionais descritas como magos são registradas no Livro de Atos – Simão e Elimas (Atos 8,9; 13,8). Detalhes sobre o que especificamente esses dois homens fizeram não estão incluídos no texto, mas diz-se que Simão realizou incríveis atos "mágicos", e Elimas parece ser um conselheiro de confiança de Sérgio Paulo, o procônsul.

Josefo mencionou magos que eram conselheiros e intérpretes de sonhos de Nabucodonosor, e também contou uma história posterior sobre um homem que fingia ser um mago e parecia ter poderosas habilidades de persuasão trabalhando na corte de Félix (Josefo, *Antiquities* 20.142). Textos dos períodos helenístico e romano transmitem os mesmos significados para os magos. Todos esses textos sobre magos sugerem que aqueles que visitaram Jesus eram geralmente similares em sua formação e habilidades – homens educados e inteligentes que eram especialistas em astrologia, interpretavam sonhos e serviam como conselheiros de governantes. Os magos em Mateus seguiram uma "estrela" para encontrar Jesus, eram aparentemente uma classe de homens reverenciados como conhecedores e sábios, uma vez que foram solicitados a aconselhar Herodes e seus especialistas sobre o nascimento do Messias, foram "avisados em um sonho" para evitar Herodes e vieram originalmente do "Oriente" (Mateus 2,1-12).

Fragmento do manuscrito P52 do Evangelho de João de c. 90-175 d. C.

O lugar "no Leste" de onde os magos partiram em viagem parece ter sido a Pérsia, que abrangia a Média após o século VI a. C., ou mais ao sul, na Caldeia, onde a classe dos magos se originou e onde conselheiros astrológicos e intérpretes de sonhos chamados magos foram ativos durante séculos. A referência a "Shir" em *Revelation of the Magi* sugere a região da Pérsia. Independentemente disso, tanto a Pérsia quanto a Caldeia faziam parte do Império Parta no século I a. C., e, na época em que os magos partiram para visitar Jesus, Fraates IV era rei (c. 37-2 a. C.). Obras de arte antigas que ilustram os magos que visitaram Jesus também mostram sua origem no Império Parta por meio de suas roupas e chapéus distintos. A maneira como esses magos são retratados na cena da visitação de Jesus, no túmulo de Severa, por volta de 250 d. C., em Roma, coincide com imagens de homens partos na época do nascimento de Jesus, incluindo um denário de Augusto cunhado em 19 a. C. mostrando um homem parta ajoelhado em submissão e devolvendo os estandartes romanos capturados na Batalha de Carras.

Não deveria ser uma surpresa que os mestres da observação astronômica, da interpretação de sonhos, do aconselhamento e provavelmente da adivinhação viessem da região da antiga Mesopotâmia, visto que muitas dessas atividades já eram praticadas ali milhares de anos antes dos magos mencionados por Mateus. As informações gerais sobre os magos no Evangelho de Mateus correspondem ao que é conhecido sobre magos de outros textos antigos que vão do século VI a. C. até o século I d. C. Embora possamos nunca saber exatamente quantos magos visitaram Jesus, seus nomes ou a cidade específica de onde viajaram, os textos antigos existentes fornecem uma compreensão moderada de quem eram e demonstram que os detalhes sobre eles registrados no Evangelho de Mateus são historicamente consistentes.

Cópias manuscritas dos Evangelhos de Mateus e Lucas, contendo os relatos do nascimento de Jesus, sobreviveram por quase 2 mil anos. Prováveis manuscritos do século II d. C. de Mateus e Lucas, incluindo P4 [*Papiro* 4], P67, P75, P103 e P104, preservaram seções dos dois Evangelhos que incluem a narrativa da natividade em cópias que foram feitas apenas algumas décadas ou pouco mais de um século a partir dos escritos originais.

Além de Mateus e Lucas, fontes secundárias da antiguidade, inclusive aquelas hostis ao cristianismo, fazem referência ao nascimento de Jesus e corroboram detalhes encontrados nas narrativas. Uma análise arqueológica e histórica das narrativas do nascimento nos Evangelhos também demonstra que esses relatos são confiáveis em detalhes como localizações geográficas, nomes e cargos de funcionários, situações políticas da época, procedimentos do Império Romano, normas culturais na Galileia e na Judeia e que o conhecimento de eventos específicos em torno do nascimento de Jesus era difundido na antiguidade.

BIBLIOGRAFIA SELECIONADA
(CAPÍTULO 1)

ANDERSON, J. G. C. "The Position Held by Quirinius for the Homanadensian War". *The Cambridge Ancient History*, vol. X, ed. S.A. Cook et al. Cambridge: Cambridge University, 1989.

ARNDT, W., GINGRICH, F. W., DANKER, F. W. e BAUER, W. *A Greek-English Lexicon of the New Testament and Other Early Christian Literature*. Chicago: University of Chicago Press, 1996.

AUGUSTUS, *Res Gestae Divi Augusti*.

BAGATTI, Bellarmino. *The Church from the Circumcision*. Jerusalem: Franciscan, 1971.

_____. *Excavations in Nazareth*. Jerusalem: Franciscan, 1969.

_____. *Gli Antichi Edifici Sacri Di Betlemme in Seguito Agli Scave e Restauri Praticati Dalla Custodia Di Terra Santa* (1948-51). PSBF 9. Jerusalem: Franciscan, 1952.

BIRLEY, Anthony, ed., "The Titulus Tiburtinus". *Roman Papers*, vol. 3., 1984.

BLAIKLOCK, E. M. *The Archaeology of the New Testament*. Grand Rapids: Zondervan, 1974.

BLOMBERG, Craig. *Jesus and the Gospels*. Nashville: B&H Publishing, 2009.

BROWN, Francis *et al.*, *Enhanced Brown-Driver-Briggs Hebrew and English Lexicon*. Oak Harbor, WA: Logos, 2000.

CASSIUS DIO, *Roman History*.

CHANCEY, Mark e PORTER, Adam. "The Archaeology of Roman Palestine". *Near Eastern Archaeology* 64.4, 2001.

CHEESMAN, G. L. "The Family of the Caristanii at Antioch in Pisidia". *Journal of Roman Studies* 3, 1913.

DARK, Ken. *Roman-Period and Byzantine Nazareth and Its Hinterland*. London: Routledge, 2020.

_____. "Early Roman-period Nazareth and the Sisters of Nazareth Convent". *Antiquaries Journal*, 2012.

DESSAU, H. ed., *Inscriptiones Latinae Selectae*. Berlim: Weidmann, 1962.

DEVRIES, LaMoine. *Cities of the Biblical World*. Peabody, MA: Hendrickson, 1997.

EHRENBERG, Victor e JONES, Arnold. *Documents Illustrating the Reigns of Augustus and Tiberius*. Oxford: Oxford University Press, 1976.

EVANS, Craig e PORTER, Stanley, eds. *Dictionary of New Testament Background*. Downers Grove, IL: IVP Academic, 2000.

FINEGAN, Jack. *Archaeology of the New Testament*. Londres: Routledge, 1981.

FLORUS, *Epitome of Roman History.*

GRENFELL, B. P., HUNTETAL, A. S. *Oxyrhynchus Papyri*. London: Egypt Exploration Fund, 1898.

JOSEPHUS, *Antiquities.*

JUSTIN Martyr, *Apology.*

KENYON, Frederick e BELL, Idris. *Greek Papyri in the British Museum*. London: British Museum, 1917.

KRAMER, Joel. *Where God Came Down: The Archaeological Evidence*. Brigham City, UT: Expedition Bible, 2020.

LANDAU, Brent. *Revelation of the Magi*. New York: HarperCollins, 2010.

LEWIS, Naphtali e REINHOLD, Meyer. *Roman Civilization. Sourcebook II: The Empire*. New York: Harper and Row, 1966.

LIDDELL *et al.*, *A Greek-English Lexicon*. Oxford: Clarendon, 1996.

LIVY, *History of Rome.*

MAIER, Paul. *The Genuine Jesus*. Grand Rapids: Kregel, 2021.

MAZAR, Benjamin. "The Royal Stoa in the Southern Part of the Temple Mount". Proceedings of the American Academy for Jewish Research 46-47, 1979-80.

MOULTON, James e MILLIGAN, George. *The Vocabulary of the Greek Testament*. London: Hodder and Stoughton, 1952.

PEARSON, B. W. R. "The Lucan Censuses, Revisited". *Catholic Biblical Quarterly* 61, 1999.

PIXNER, Bargil. *Paths of the Messiah: And Sites of the Early Church from Galilee to Jerusalem*. San Francisco: Ignatius, 2010.

REED, Jonathan. *Archaeology and the Galilean Jesus*. Harrisburg: Trinity Press, 2000.

RIST, John. "Luke 2:2: Making Sense of the Date of Jesus Birth". *Journal of Theological Studies* 56.2, 2005.

ROSENFELD, Ben-Zion. "Innkeeping in Jewish Society in Roman Palestine". *Journal of the Economic and Social History of the Orient* 41.2, 1998.

SALWAY, Benet. "What's in a Name? A Survey of Roman Onomastic Practice from c. 700 B.C. to A.D. 700". *Journal of Roman Studies* 84, 1994.

SCHÜRER, Emil. *The History of the Jewish People in the Age of Jesus Christ*. Edinburgh: Clark, 1987.

SENECA, *Controversiae and Suasoriae*.

SHERWIN-WHITE, A. N. *Roman Society and Roman Law in the New Testament*. Grand Rapids: Baker, 1978.

SMITH, Mark D. "Of Jesus and Quirinius". *Catholic Biblical Quarterly* 62.2, 2000.

SPIJKERMAN, Augustus. *The Coins of the Decapolis and Provincia Arabia*. Jerusalem: Franciscan, 1978.

SUETONIUS, *Augustus*.

TACITUS, *Annals*.

TAYLOR, Lily Ross. "Quirinius and the Census of Judaea". *American Journal of Philology* 54, 1933.

TERTULLIAN, *Adversus Marcionem*.

THOMAS, Robert e GUNDRY, Stanley. *A Harmony of the Gospels*. Chicago: Moody Press, 1978.

VELLEIUS, *History*.

FUGA PARA O EGITO, HERODES E O RETORNO A NAZARÉ

‡ ∝ ✠ ➤ ‡

D epois que os magos visitaram e adoraram o menino Jesus em Nazaré, José levou Maria e Jesus ao Egito para que pudessem escapar da ira de Herodes, que tentava matar Jesus (Mateus 2,15-15; cf. Oseias 11,1). Ao norte da Judeia, ficava a província da Síria, que havia sido anexada à República romana pelo general Pompeu em 64 a. C. durante a Terceira Guerra Mitridática, quando os romanos derrotaram o rei Tigranes, *o Grande* (c. 140-55 a. C.), da Armênia. Tratava-se de uma província republicana, o que significava que, na época do Império, era o Senado que nomeava um magistrado para governar a província, em vez de o imperador. Como a Síria ficava na fronteira oriental do Império, os seus magistrados eram geralmente romanos da classe dos patrícios, com experiência militar, que comandavam legiões para defender ou expandir o Império ou para reprimir rebeliões. A leste e ao sul ficava a região da Arábia, abrangendo a maior parte da Península do Sinai e a Arábia Saudita. Durante o século I, essa região estava sob o controle do reino nabateu, que tinha laços familiares com os herodianos. Em 106 d. C., a área do Sinai e do extremo noroeste da Arábia foi anexada pelo Império Romano, tornando-se a província da Arábia Petreia.

Ao sul, ficava a província de *Aegyptus*, ou Egito, que era um pouco menor que o Egito moderno. O Egito era uma província romana e, portanto, parte do mesmo império que o reino cliente da Judeia, o que significava acesso mais seguro às estradas romanas, ausência de problemas para cruzar as fronteiras nacionais, a mesma moeda; e todas as pessoas falavam a mesma língua internacional, o grego koiné.

FUGA PARA O EGITO

A família de Jesus provavelmente usou uma estrada principal que corria ao longo da costa do Mediterrâneo, agora, muitas vezes, chamada de *Via Maris* ou Caminho do Mar, para acessar o Egito. Embora o nome *Via Maris*, que é uma tradução latina de Caminho do Mar, não seja conhecido em nenhum documento do período romano, a estrada a que se refere já existia muito antes da época de Jesus (Êxodo 13,17; Mateus 4,15). A outra estrada principal na região corria logo a leste da Judeia e era conhecida como a Estrada do Rei, o que teria permitido a José trazer a família de volta para Nazaré, na Galileia, evitando, ao mesmo tempo, a Judeia e Arquelau (Mateus 2,19-23). Esses dois sistemas rodoviários ajudaram a ligar os continentes da Europa, Ásia e África por intermédio do Médio Oriente.

Uma terceira estrada principal ligava a Estrada do Rei ao Caminho do Mar, e esta ia de Damasco, passando pela região da Galileia, até a costa do Mediterrâneo. Na época de Jesus, no século I, o sistema rodoviário romano tinha até 29 grandes rodovias convergindo para Roma, passando por cerca de trinta províncias, além de reinos e territórios clientes adicionais, todos interligados por centenas de estradas.

Uma descrição das estradas romanas da época do Império diz: "Dificilmente existe um distrito para o qual poderíamos esperar que um oficial romano fosse enviado, em serviço civil ou militar, onde não encontramos estradas. Elas alcançam a Muralha na Grã-Bretanha, correm ao longo do Reno, do Danúbio e do Eufrates, e cobrem, como se fosse uma rede, as províncias do interior do Império" (*Itinerarium Antonini Augusti* ["Itinerário de Antonino Augusto", em tradução livre]).

Embora as estradas sejam frequentemente mencionadas em relatos sobre Jesus, parece que não havia grandes estradas romanas pavimentadas na Judeia e na Galileia durante a época, a primeira tendo sido construída sob Cláudio por volta de 56 d. C., e outras construídas durante a Primeira Revolta Judaica entre 66-73 d. C. a fim de permitir o movimento rápido do exército romano, segundo os escritos de Josefo e vários marcos romanos descobertos ao longo das rotas (Josefo, *Wars* ["Guerras", em tradução livre]). Em vez disso, a maioria das estradas pelas quais Jesus viajou teria sido *via terrena* (estrada de terra nivelada) ou talvez *via glareata* (estrada com superfície de cascalho).

O Egito também estava fora da jurisdição de Herodes, *o Grande*, e, portanto, Jesus estaria a salvo do decreto de assassinato de Herodes. Na época dessa fuga para o Egito, tratava-se de uma província imperial governada pelo imperador Augusto, que ele anexou para Roma em 30 a. C., após derrotar a coalizão de Cleópatra VII (69-30 a. C.) e Marco Antônio, na Batalha de Áccio. Tal como a Judeia, o Egito estava sob o controle do imperador por meio de um prefeito. O Egito era extremamente importante para o imperador, pois consistia em uma das províncias mais ricas do Império devido à sua enorme produção de grãos e economia desenvolvida. A província do Egito era administrada localmente por um governador que, de modo geral, ocupava o cargo por três a quatro anos e governava a partir de Alexandria, uma das maiores cidades do Império Romano na época.

Estrada urbana pavimentada na Galiléia do período romano.

Quando Jesus e sua família fugiram para o Egito, o prefeito da província teria sido Gaius Turranius, que ocupou o cargo de 7 a 4 a. C. e era responsável pelo importante fornecimento de grãos. O Egito não estava apenas perto da Judeia, mas também havia ali uma população substancial de judeus, especialmente em Alexandria. Muitos dos judeus que viviam no Egito podem ter suas origens traçadas antes do período do exílio babilônico, e a família pode ter procurado ajuda de parentes ou amigos (Jeremias 43,7;

44,1; Atos 2,10). De todas as áreas adjacentes à Judeia e à Galileia, o Egito era a mais desconectada da influência de Herodes, *o Grande*, embora ainda fizesse parte do Império Romano e fosse facilmente acessível, uma vez que Herodes era parente dos nabateus próximos e estava politicamente envolvido com os governantes da província da Síria.

Dair al-Adhra, um dos muitos locais tradicionais de Jesus e sua família no Egito.

Os Evangelhos não especificam qual cidade do Egito nem a duração do tempo em que ficaram lá, mas Atanásio de Alexandria, no século IV, afirmou que Jesus tinha quatro anos quando deixou o Egito, sugerindo uma permanência de cerca de dois anos. Celso, o filósofo e crítico do cristianismo do século II, também reconheceu e observou que Jesus esteve no Egito durante sua infância (Celso, *On the True Word*, citado por Orígenes, *Contra Celsum* 1.38). A cidade de Alexandria tinha uma comunidade próspera de judeus, incluindo o famoso filósofo Fílon de Alexandria (c. 15 a. C.-c. 50 d. C.), mas, de acordo com a tradição antiga, a família de Jesus viveu no Cairo durante a sua permanência no Egito. Abu Serga, ou Igreja dos Santos Sérgio e Baco no Cairo, foi construída no século IV d. C. e supostamente preserva o local onde Jesus e sua família viveram no Egito. Embora essa igreja seja antiga e seja possível que Jesus e sua família tenham ficado no Cairo, não há evidências que identifiquem a localização exata ou mesmo a cidade correta, e existem inúmeras lendas e tradições sobre a localização de Jesus e sua família no Egito. Entretanto, é lógico e historicamente consistente que José teria fugido com a sua família para o Egito quando Herodes tentava matar o menino Jesus (Mateus 2,13-15).

O "MASSACRE DOS INOCENTES" NO EVANGELHO DE MATEUS

Enquanto isso, na Judeia, ocorria o trágico e infame evento conhecido como "Massacre dos Inocentes". Herodes ficou "preocupado" com a notícia de que o futuro rei e Messias aparentemente nascera em Belém, tal como as profecias predisseram (Mateus 2,1-6). Aparentemente com medo de perder seu reinado, em secreto, consultou os magos para saber aproximadamente quando essa criança teria nascido (Mateus 2,7). Herodes também pediu que os magos lhe informassem a localização da criança para que pudesse adorá-la – uma estratégia para destruir a criança (Mateus 2,8).

No entanto, os magos foram avisados em sonho para não voltarem ao rei Herodes, por isso ele não tinha ideia de onde Jesus estava morando (Mateus 2,12). Por fim, percebendo que havia sido enganado e acreditando que essa criança representava uma ameaça ao seu poder, Herodes ficou furioso e ordenou que todas as crianças do sexo masculino com dois anos ou menos, em Belém e arredores, fossem mortas (Mateus 2,16). Visto que Herodes conversou secretamente com os magos, talvez os assassinatos tenham sido cometidos de maneira encoberta e só tenham sido amplamente conhecidos muitos anos depois.

Embora o número de crianças mortas seja desconhecido, Belém foi descrita como uma aldeia (João 7,42) e era bastante pequena e insignificante em comparação com a vizinha Jerusalém. Devido ao seu tamanho, o número de crianças mortas no massacre pode ser estimado entre dez e cem. Mesmo que Mateus nunca utilize o termo *massacre* ou equivalente, qualquer um desses números poderia enquadrar-se no termo *massacre* no sentido de múltiplas mortes trágicas, embora não na escala numérica de algumas das outras explosões violentas de Herodes das quais se tem registro.

Como os detalhes do massacre são narrados apenas no relato de Mateus, muitos estudiosos críticos e céticos sustentam que esse evento, de fato, nunca aconteceu, mas que foi propaganda contra o rei Herodes feita pelo escritor do Evangelho e um cumprimento falsificado da profecia (cf. Mateus 2,17-18 e Jeremias 31,15), ou uma má interpretação da história com base no fato de quando Herodes executou os seus próprios filhos.

A principal objeção é o silêncio de Josefo, e não qualquer contradição ou implausibilidade. No entanto, Josefo não é, de forma alguma, exaustivo na sua descrição das ações de Herodes ou de outros acontecimentos do século I na Judeia, e a sua ênfase está nas grandes cidades e nos líderes políticos, em vez das mortes de crianças numa pequena aldeia. Mesmo a história de destaque dos escudos votivos de ouro em Jerusalém envolvendo Pôncio Pilatos não foi registrada por Josefo (Fílon de Alexandria, *Embassy to Gaius* ["Embaixada a Caio", em tradução livre]). Embora nenhuma outra fonte atualmente conhecida do século I d. C. relate claramente o evento, há registros antigos que mencionam ou aludem ao massacre, e o ato é perfeitamente consistente com o caráter de Herodes, *o Grande*.

Informações biográficas indicam que Herodes não apenas seria capaz de ordenar a execução de bebês e crianças pequenas, mas que esse tipo de ação se enquadra em seu perfil psicológico. O material mais abrangente que existe sobre a vida de Herodes, *o Grande*, é encontrado nos escritos de Josefo. Embora este não inclua o massacre das crianças de Belém, inclui várias execuções políticas, assassinatos e até massacres em massa ordenados por ele durante seu reinado (cf. Josefo, *Wars* 2.84-88; *Antiquities* 17.173-178). A lista de pessoas que Herodes matou inclui Matatias Antígono e 45 de seus homens, João Hircano II, o sumo sacerdote Aristóbulo III, sua sogra Alexandra, sua esposa Miriamne, várias pessoas suspeitas de revolta, trezentos líderes militares, muitos fariseus, e seus filhos Alexandre, Aristóbulo IV e Antípatro II.

É particularmente relevante que Herodes tenha ordenado a execução de três de seus próprios filhos durante o período de 7 a 4 a. C., que foi a época aproximada em que também teria ordenado o assassinato de crianças do sexo masculino na área de Belém (Josefo, *Antiquities* 16.392-404). Durante esse período tumultuado próximo ao final de seu reinado, Herodes também queimou até a morte vários judeus por removerem uma águia dourada do templo e ordenou o assassinato em massa de talvez centenas de cidadãos influentes caso ele morresse. As execuções de seus filhos, que aparentemente eram vistos como uma ameaça ao seu trono, são semelhantes em motivo e medida ao massacre das crianças para tentar impedir que um rei profetizado subisse ao poder.

Embora Herodes tenha demonstrado paranoia e violência durante todo o seu reinado, esses problemas parecem ter sido exacerbados nos últimos anos da sua vida, quando passou a sofrer de doenças crônicas e dolorosas. Além disso, pode ter visto um precedente no que Suetônio registrou a respeito da época do nascimento de Augusto. De acordo com esse historiador romano do início do século II d. C., um presságio foi observado em Roma, alguns meses antes do nascimento de Augusto, de que nasceria um rei para os romanos, o que levou o Senado a tentar um decreto proibindo a criação de qualquer filho homem nascido naquele ano. No entanto, os senadores que tinham esposas grávidas aparentemente impediram a promulgação do decreto para que pudessem ser o pai do rei profetizado (Suetônio, *Augustus*).

Portanto, a ordem de executar todas as crianças do sexo masculino de dois anos ou menos em Belém, a fim de evitar que um rei profetizado assuma o trono, é de se esperar a partir do que se sabe a respeito de Herodes em situações semelhantes, [práticas] políticas do período, e especialmente da sua psique violenta e paranoica perto do fim de sua vida.

Além de precedentes e comportamentos consistentes, existem fontes antigas que se referem ou talvez aludem ao "Massacre dos Inocentes" ou ao massacre de bebês em Belém ordenado por Herodes, *o Grande*. A fonte mais ambígua vem de um documento habitualmente considerado um texto judaico apócrifo, muitas vezes referido como a Assunção de Moisés, que pode ter sido escrito no século I d. C. Embora a cópia mais antiga conhecida desse texto exista num manuscrito latino do século VI, com base na sua menção pelos autores anteriores Atanásio e Orígenes, e, em certas características linguísticas, é provável que tenha sido originalmente composto em grego no século I e depois traduzido. Embora não se refira explicitamente ao evento no Evangelho de Mateus, o autor escreveu sobre Herodes em estilo profético, registrando que um rei insolente sucederia aos asmoneus e que mataria os velhos e os jovens (Anônimo, *Assumption of Moses*).

Como o contexto imediato dessa declaração compara Herodes ao faraó que ordenou a execução dos bebês hebreus do sexo masculino no Egito, na época do nascimento de Moisés, é plausível que o autor esteja se referindo diretamente a um caso em que Herodes ordenou a execução de crianças do sexo masculino com dois anos ou menos em Belém (Êxodo 1,15-16; Mateus 2,16). Um evangelho apócrifo do século II também menciona que Herodes enviou agentes para assassinar crianças do sexo masculino com dois anos ou menos nas proximidades de onde Jesus nasceu, depois de perceber que havia sido enganado pelos magos (Anônimo, *Protoevangelho de Tiago*).

Por fim, um autor romano pagão, escrevendo por volta de 400 d. C., também se refere ao "Massacre dos Inocentes" cometido por Herodes. Ele notavelmente registrou a frase de Augusto: "Prefiro ser o porco de Herodes do que seu filho" (Macrobius, *Saturnalia* 2.4). Mais importante ainda, pouco antes dessa citação, Ambrósio relatou que César Augusto ouviu falar sobre como o rei Herodes ordenou que meninos, na Síria, com menos de dois anos fossem condenados à morte, incluindo o filho do rei − o que poderia ter sido uma fusão com a execução dos filhos adultos de Herodes na mesma época, ou, ainda, uma simples referência a Herodes ter matado seus próprios filhos.

Embora o "Massacre dos Inocentes" não esteja registado nas principais obras históricas romanas do século I d. C., o evento é atestado a partir de uma variedade de fontes romanas antigas fora do Evangelho de Mateus e por meio de autores de diferentes crenças religiosas. Portanto, a evidência de fontes escritas antigas indica que, em vez de uma alegoria, erro ou combinação de acontecimentos, o "Massacre dos Inocentes" registrado por Mateus foi um acontecimento histórico real.

A MORTE DE HERODES, *O GRANDE*

Herodes I, ou Herodes, *o Grande*, foi um rei cliente romano da Judeia que reinou por aproximadamente 37 anos (c. 40-4 a. C.). Após um mandato como governador da Galileia, mas somente governando em Jerusalém a partir de 37 a. C., Herodes, que provavelmente nasceu c. 74 a. C., viveu até os setenta anos de idade. Após um reinado repleto de assassinatos, execuções e intrigas políticas, Herodes morreu em 4 a. C. Josefo descreveu os sintomas de Herodes como extremamente dolorosos e com entranhas inflamadas, apetite intenso e edema nos pés e na barriga (Josefo, *Antiquities*). Essas dores eram aparentemente tão insuportáveis que Herodes tentou o suicídio, mas foi impedido por seu primo, Áquiabo. No entanto, no seu magnífico complexo palaciano em Jericó, logo após um eclipse da Lua, tipicamente datado pelos astrônomos em março de 4 a. C., Herodes, *o Grande*, morreu após uma doença prolongada, que se acredita ser uma doença renal.

Herodes também havia deixado instruções para que, após sua morte, muitos judeus influentes, que haviam sido recentemente detidos e presos no hipódromo de Jericó, fossem executados. Isso parece ter sido tanto um ato de vingança quanto uma forma de forçar o luto na terra, dando a impressão de que o povo estava de luto por Herodes quando, na verdade, estava sofrendo pelas consequências de suas ordens. Felizmente, para muitas pessoas, a ordem de executar os prisioneiros foi desobedecida, e esse desejo não foi executado pelos herdeiros de Herodes, *o Grande*.

Embora em muitos aspectos fosse um tirano, Herodes também manteve a ordem em seu reino e fez dele um lugar próspero. Porém, depois da morte de Herodes, a situação na Judeia piorou. Devido à confusão sobre seu testamento, suas políticas fracassadas, sua paranoia e violência, tumultos eclodiram e o reino foi lançado na anarquia por um período. Disso emergiu a brutalidade de Arquelau, um de seus filhos e o etnarca da Judeia por um curto período.

Josefo escreveu extensivamente sobre a vida de Herodes, *o Grande*, incluindo o período e as circunstâncias que envolveram sua morte. Ele adquiriu muito do seu conhecimento sobre Herodes utilizando o *Histories* de Nicolau de Damasco, um amigo próximo de Herodes e testemunha ocular de muitos eventos que também se baseou nas informações autobiográficas dos próprios escritos de Herodes (Josefo, *Antiquities* 14-17). Josefo também é conhecido por ter consultado as memórias de Herodes. Devido ao uso de fontes autobiográficas, testemunhas e outras fontes primárias do século I, o material a respeito de Herodes, *o Grande*, encontrado nos escritos de Josefo, deve ser considerado extremamente preciso. É altamente improvável que Josefo tenha calculado mal os principais eventos da vida de Herodes em dois ou três anos, ou que tenha se contradito ao escrever sobre a Judeia do período romano, onde viveu apenas décadas depois de Herodes, *o Grande*. O reinado de Herodes também está cronologicamente ancorado por eventos atestados fora dos escritos de Josefo, tal como uma importante visita de Augusto em 20 a. C. (Cássio Dio, *Roman History*).

A data padrão do eclipse lunar associado à morte de Herodes está associada a um eclipse lunar de 13 de março de 4 a. C. Esse eclipse pode não ser o evento mais confiável para basear toda a cronologia de sua morte, mas, com outras âncoras cronológicas, o eclipse pode fornecer uma data provável da morte. Embora não esteja claro se o eclipse foi total ou parcial, ou se foi registrado principalmente como um presságio, é o único mencionado em Josefo.

Contudo, a cronologia da morte de Herodes pode ser determinada por outros meios. Todas as três datas de reinado de seus sucessores correspondem à data de coroação de 4 a. C., uma vez que a duração de seus reinados é registrada e seus anos finais estão em sincronia com a cronologia romana. O reinado de dez anos de Arquelau foi registrado a partir da morte de Herodes e o momento em que foi declarado rei até seu exílio em 6 d. C., o que significa que o governo de Arquelau foi datado de 4 a. C., quando seu pai morreu (Josefo, *Antiquities*; Josefo, *Wars*). O reinado, o exílio e a cronologia de Arquelau também foram observados por Estrabão no século I e por Cássio Dio no século II (Estrabão, *Geography* ["Geografia", em tradução livre]; Cássio Dio, *Roman History*).

Também é relevante notar que Arquelau não teria exercido a autoridade real antes da morte de Herodes, *o Grande*, porque Herodes era extremamente paranoico e possessivo em relação à sua realeza, [aspecto] demonstrado por muitos assassinatos políticos, incluindo dos seus próprios filhos, e múltiplas versões do seu testamento. Josefo também menciona que Filipe, *o Tetrarca*, o qual morreu após um reinado de 37 anos no vigésimo ano de Tibério ou 33 d. C., igualando 4 a. C. para o início do reinado de Filipe.

Por fim, há Antipas, cujas datas de reinado são confirmadas por dados numismáticos[7] das moedas que ele cunhou juntamente com os registros de Josefo. As últimas moedas de Antipas são do "ano 43", então ele foi removido do poder e exilado por Calígula (12-41) em 39 d. C., com seu território dado a Agripa I por Calígula, e não por Cláudio, que se tornou imperador em 41 d. C. Antipas começou em 4 a. C. com a morte de Herodes, *o Grande* (Josefo, *Antiquities*, 18.240-252 e *Wars*, 2.181-183). Também não há qualquer evidência de uma corregência herodiana com qualquer um dos filhos de Herodes de 4 a. C. a 1 a. C.

---

7 Numismática é o estudo sob o ponto de vista histórico, artístico e econômico das cédulas, moedas e medalhas, muito embora o termo também seja empregado como ocasional ao colecionismo desses itens. A numismática faz uso de diversas áreas do conhecimento para estudar as moedas, buscando identificá-las e situá-las no tempo histórico. Porém na atualidade a moeda se tornou, também, um documento histórico, sendo utilizado como "fonte" de dados para pesquisas, pois uma moeda pode facilmente fornecer dados sobre o povo que a cunhou, como sua forma de governo, língua, religião, forma como comercializavam, situação da economia, e até mesmo grau de sofisticação dos povos – por meio da análise do método de cunhagem – e por isso a numismática tem um papel cada vez maior no estudo da história dos povos. Disponível em: https://pt.wikipedia.org/wiki/Numismática. (N. T.)

Assim, a cronologia padrão data a morte de Herodes em 4 a. C. e situa o nascimento de Jesus antes dessa época, pois Lucas relata que Herodes, *o Grande*, ainda era rei pouco antes do nascimento de Jesus. Mateus especifica que Herodes morreu em um período significativo de tempo após o nascimento, enquanto Jesus e sua família estavam no Egito (Mateus 2,14-16). Teorias alternativas situam a morte de Herodes já em 1 a. C., mas entram em conflito com evidências históricas e numismáticas.

O ponto crucial da recalibração da cronologia do rei Herodes, que afetaria significativamente a cronologia de Jesus, recai sobre a redatação de Filipe, *o Tetrarca*, e na recalibração de Antipas, Arquelau e Herodes para se adequar à revisão. Essa teoria baseia-se numa variante textual obscura em uma cópia manuscrita de Josefo que substitui o vigésimo-segundo ano de Tibério pelo vigésimo ano de Tibério, de modo que o reinado de 37 anos de Filipe teria começado em 2 a. C. ou em 1 a. C., em vez de 4 a. C. (Beyer, *Chronos, Kairos, Christos II*).

Josefo pode ter confundido o momento preciso de alguns eventos partas[8] em torno da morte de Filipe, mas, nesse caso, o faz em termos gerais, e não em termos exatos. Embora a variante textual certamente exista, é encontrada apenas em uma única cópia manuscrita em latim de Josefo do século XII – nenhuma outra contém essa variante. Os melhores manuscritos de Josefo são considerados o *Codex Ambrosianae* F 128 e o *Vaticanus Graecus* 984, datados dos séculos XI e XIV e na língua grega original.

Finalmente, o único censo em todo o Império que ocorreu perto do nascimento de Jesus foi anunciado em 8 a. C., e talvez tenha demorado um ou dois anos para ser realizado. Assim, a menos que nos baseemos numa variante textual obscura que contradiga todos os outros dados, ou a menos que possamos demonstrar uma razão para mudar toda a cronologia romana em três anos, não há necessidade de mover a morte de Herodes para um ano posterior. Assim, Herodes, *o Grande*, morreu em 4 a. C., provavelmente em março, após uma crise de uma doença dolorosa que pode ter contribuído para o aumento da paranoia e da violência durante seus últimos anos. Depois que Herodes morreu, e Jesus ficou seguro, José conduziu sua família de volta à terra de Israel, mas teve o cuidado de evitar a Judeia, onde Arquelau governava agora, e estabeleceu a família em Nazaré (Mateus 2,19-23).

---

8 Aqui o autor refere-se ao Império Parta. (N. T.)

Ruínas do mausoléu de Herodes, no Heródio.

Depois que o rei Herodes, *o Grande*, morreu em 4 a. C., seu cadáver foi transportado de seu palácio em Jericó para o palácio-fortaleza do Heródio, perto de Belém, para ser enterrado. Antes de sua morte, Herodes providenciou para que seu local de descanso final fosse um mausoléu construído no Heródio por volta de 10 a. C. No entanto, Herodes havia escolhido e construído o Heródio muito antes, em memória de sua grande vitória sobre os partos (Josefo, *Wars*).

Quando o cortejo fúnebre, vindo de Jericó, chegou ao Heródio para enterrar Herodes, este estava vestido de púrpura, usava diadema e coroa de ouro e tinha um cetro na mão direita (Josefo, *Wars*). Herodes foi, então, enterrado em um sarcófago colocado em seu mausoléu. Antes da possível descoberta do túmulo de Herodes, arqueólogos e historiadores concordaram que o edifício foi construído no Heródio, mas os estudiosos estavam e continuam divididos sobre se o mausoléu estava localizado no baixo ou no alto Heródio.

Quando as ruínas de um mausoléu foram finalmente descobertas na colina do Heródio, incluindo o sarcófago de calcário vermelho quebrado em centenas de fragmentos, alguns com desenhos de rosetas, comuns em tumbas, ossuários e sarcófagos da época, a busca pela tumba de Herodes pareceu ter acabado.

A reconstrução dos fragmentos revelou um sarcófago original medindo cerca de 2,5 metros (mais de 8 pés) de comprimento, coberto por uma tampa triangular. O trabalho artesanal do sarcófago era elaborado, mas não no nível dos sarcófagos monumentais famosos, como o feito para Alexandre, *o Grande* (356-323 a. C.). Além disso, nenhuma inscrição foi descoberta nos fragmentos que pudessem identificar o falecido. No entanto, a destruição intencional e acentuada do sarcófago é consistente com o que muitos moradores da Judeia teriam feito ao local de sepultamento de Herodes em retaliação aos seus atos tirânicos e violentos, à sua amizade com os romanos e ao seu sincretismo com a cultura e religião helenística e romana.

Materiais descobertos na área do mausoléu e do sarcófago, como cerâmica e moedas, juntamente com os escritos de Josefo, demonstram que o local foi ocupado durante a primeira revolta da Judeia contra Roma, em c. 66-73 d. C. (Josefo, *Wars*). No entanto, é muito mais provável que o túmulo de Herodes tenha sido profanado logo após a sua morte, em vez de setenta anos depois, quando as gerações que conheceram o seu governo já não estavam vivas. Pelo contrário, isso provavelmente aconteceu décadas antes – talvez assim que o etnarca herodiano Arquelau foi exilado, e o prefeito romano Copônio assumiu o controle da Judeia por volta de 6 d. C. (Josefo, *Antiquities*).

O mausoléu propriamente dito, embora destruído em parte, foi obviamente feito com precisão e no estilo dos túmulos helenísticos monumentais da época. Construído na encosta da montanha, a base do mausoléu tinha cerca de 9 metros por 9 metros e foi estimada em aproximadamente 25 metros de altura. Foi construído com calcário branco brilhante visto em toda Jerusalém e típico das estruturas monumentais construídas por Herodes. Em design e pedra, o mausoléu é semelhante ao "Túmulo de Absalão" do século I a. C., em Jerusalém.

Para chegar ao mausoléu, foram construídas uma rampa e uma escada que começam no complexo inferior do palácio e serpenteia ao redor da montanha. Além do sarcófago vermelho provisoriamente identificado como sendo o de Herodes, as ruínas de dois sarcófagos de calcário branco foram encontradas ao redor da tumba. Estes foram sugeridos como pertencentes a Maltace, a quarta esposa de Herodes e mãe de Arquelau, e a Glaphyra, a segunda esposa de Arquelau. Visto que Arquelau assumiu o governo da Judeia após a morte de seu pai, é plausível que os outros enterrados em Heródio fossem parentes próximos dele (Mateus 2:22). Fragmentos de ossos também foram encontrados ao redor da tumba, demonstrando que pessoas haviam de fato sido enterradas ali, em vez de ser apenas um local destinado para sepultamentos.

Embora seja certo que Herodes, *o Grande*, tenha sido enterrado no Heródio, e as evidências atualmente conhecidas sejam convincentes, muitos estudiosos também têm contestado a identificação do mausoléu na encosta da montanha como o túmulo de Herodes. As críticas incluem a falta de uma inscrição para fundamentar a afirmação, a suposta modéstia da tumba e a localização do mausoléu.

Parece óbvio que esse túmulo pertencia a um dos herodianos, mas sugestões alternativas colocam o túmulo de Herodes

O elaborado sarcófago provavelmente pertencente a Herodes, *o Grande*.

no topo da montanha ou em outra área do baixo Heródio. No entanto, dado que nenhuma outra estrutura claramente identificada como um túmulo ainda não foi descoberta no local, e nenhum sarcófago foi encontrado em qualquer outro edifício no Heródio, é provável que o túmulo profanado do rei Herodes, *o Grande*, tenha sido descoberto.

A JUDEIA E A GALILEIA DEPOIS DE HERODES

Após a morte e o sepultamento de Herodes, *o Grande*, por volta de março de 4 a. C., o reino de Herodes acabou sendo dividido entre três de seus filhos e sua irmã. Mas, devido à confusão sobre o testamento e à luta pelo poder, a intervenção legal de Roma foi necessária, e meses se passaram. Herodes mudou seu testamento muitas vezes devido à sua paranoia e à execução de alguns de seus filhos, de modo que a forma final de seu testamento não foi aprovada por César Augusto antes da morte de Herodes. Previsivelmente, isso levou a uma disputa entre dois de seus filhos, Antipas e Arquelau, cada um pensando que deveria se tornar o próximo rei.

Esses dois filhos viajaram para Roma e, embora a maioria apoiasse Antipas por causa do caráter e dos atos cruéis de Arquelau, Augusto seguiu a forma final do testamento de Herodes e dividiu o reino entre quatro membros da família. A viagem de Arquelau a Roma para assegurar o que acreditava ser o seu reino e a atitude negativa que o povo da Judeia tinha em relação a Arquelau podem ter sido mencionadas por Jesus na parábola das minas[9] (cf. Lucas 19,12-27).

O resultado final da disputa e do apelo a Augusto foi que nenhum dos herdeiros de Herodes recebeu o título de *rei*. Em vez disso, três de seus filhos e sua irmã receberam territórios para governar com títulos menores. Arquelau recebeu a Judeia, que também incluía as áreas da Idumeia, ao sul, e da Samaria, ao norte. Arquelau era chamado de *etnarca*, ou governante de um povo, e apropriadamente sua porção era maior. Antipas recebeu a Galileia e a Pereia e foi chamado de *tetrarca*, ou governante de um quarto. Filipe também foi chamado de *tetrarca* e governou as regiões de Gaulanita, Trachonitis, Batanaea e Panias, a nordeste. Salomé I, irmã de Herodes, foi referida como *toparca*, ou governante de um lugar, pois recebeu cidades e áreas adjacentes na região de Gaza e bem próximas ao norte de Jericó, incluindo Jabneh, Ashdod e Phasaelis. Essa "Tetrarquia Herodiana", como é frequentemente chamada devido à divisão em quartos, só durou até 6 d. C., quando Roma assumiu o domínio direto sobre a região da Judeia e a tornou uma província do Império. As moedas e os registros de Josefo atestam esses títulos, alguns dos quais também são encontrados nos Evangelhos (cf. Mateus 2,22; Lucas 3,1).

Na Judeia, Arquelau, homenageado nas moedas que emitiu como Herodes, *o Etnarca*, governou apenas de 4 a. C. a 6 d. C. devido à sua natureza cruel, violenta e egoísta. Arquelau substituiu vários sumos sacerdotes em Jerusalém (Josefo, *Antiquities* 17.339); desviou água de Neara para seu novo palácio em Jericó (Josefo, *Antiquities* 17.340); casou-se com a esposa de seu irmão, Glaphyra (Josefo, *Antiquities* 17.341); e retaliou uma multidão furiosa de fariseus durante a Páscoa, tentando impedir uma possível rebelião executando cerca de 3 mil deles (Josefo, *Antiquities* 17.213-218).

Moeda *prutah* de bronze emitida por Herodes Arquelau com seu sobrenome "Herodes".

Arquelau é mencionado pelo nome apenas uma vez nos Evangelhos, mas, com base em informações de outras fontes antigas, a razão pela qual José decidiu evitar a Judeia

---

9 Também muito conhecida como a parábola dos talentos. (N. T.)

e o governo de Arquelau em favor da Galileia e Antipas é óbvia (Mateus 2,19-23). Depois de experimentar a tirania de Arquelau, uma delegação de judeus e samaritanos viajou a Roma para reclamar e, esperançosamente, convencer Roma a depô-lo (Josefo, *Antiquities* 17.342-344). Até Filipe e Antipas aparentemente apresentaram acusações a César Augusto contra Arquelau (Dio, *História*, LV 27.6).

Por fim, em 6 d. C., foi banido para a Gália, e seu território tornou-se a província da Judeia (Iudaea) diretamente sob o controle dos romanos. Assim terminou o domínio herodiano da Judeia. O primeiro prefeito dessa nova província foi um romano chamado Copônio, que governou principalmente em Cesareia Marítima. Enquanto isso, as áreas adjacentes, governadas por Antipas, Salomé I e Filipe, e as cidades de Decápolis, não faziam parte da província e estavam apenas sob domínio romano indireto. Os prefeitos romanos continuaram a governar a província da Judeia até 41 d. C., quando Agripa I recebeu temporariamente autoridade sobre ela até 44 d. C., após o que os procuradores romanos passaram a governar a província.

Na Galileia, Herodes Antipas governou desde c. 4 a. C. até 39 d. C. Embora normalmente chamado de Antipas para distingui-lo de outros que levam o nome de "Herodes", os Evangelhos referem-se a ele como Herodes ou Herodes, *o Tetrarca* – um nome que adotou em c. 6 d. C. (Mateus 14,1; Marcos 6,14; Lucas 3,1). Fílon, embora não o mencione pelo nome, alude a Herodes Antipas de passagem como um dos filhos tetrarcas do rei Herodes que estavam no poder sobre várias regiões da província da Judeia durante o tempo de Pôncio Pilatos (Fílon de Alexandria, *Embassy to Gaius* 300).

No início do reinado de Antipas como tetrarca, João Batista repreendeu-o por se casar com Herodias, porque tinha sido casada com um irmão de Antipas (Marcos 6,14-18). Isso acabou resultando na execução de João após a festa de aniversário de Antipas. Como consequência, sua popularidade junto a certos segmentos da população era péssima, e até mesmo Josefo afirma que a opinião pública geralmente considerava a sua derrota na guerra com os nabateus como um castigo de Deus pela execução injusta de João (Josefo, *Antiquities* 18).

No entanto, fontes históricas sugerem que Antipas viveu marginalmente alinhado com o judaísmo e nunca tentou fazer nada drasticamente ofensivo, como construir templos romanos, colocar seu rosto ou o rosto do imperador em uma moeda, ou erguer estátuas e outras imagens na área do templo – todas as coisas feitas por outros governantes herodianos.

Como tetrarca da Galileia de 4 a. C. a 39 d. C., Antipas esteve no poder durante os ministérios de João e de Jesus, e até esteve envolvido no julgamento de Jesus. Após um encontro inicial com Pilatos, Jesus foi levado a Herodes Antipas, o governante local da Galileia, onde Jesus viveu a maior parte de sua vida (Lucas 23,8-12). Apesar de extremamente curioso a respeito de Jesus, encontraram-se uma vez, Antipas aparentemente não teve interesse em que Jesus fosse executado.

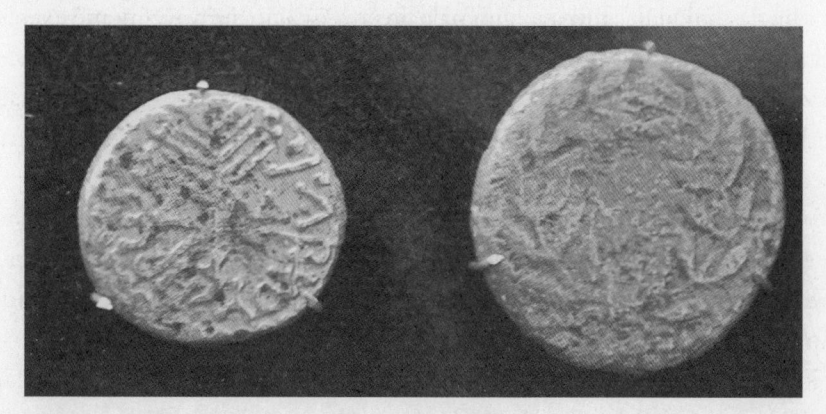

Moeda de Herodes Antipas emitida em 30 d. C. onde se lê "Herodes tetrarca".

Nos Evangelhos, Jesus faz referência a Antipas pelo menos duas vezes em termos nada lisonjeiros. Certa vez, Jesus o compara a um caniço balançando ao vento e a alguém que usa roupas macias e mora em um luxuoso palácio real, o que parece ser uma referência a uma das moedas de Antipas com um caniço, como se ele fosse levado para qualquer direção em que o vento político soprasse (Lucas 7,24-25).

Outra vez, quando um grupo de fariseus disse a Jesus que Antipas o estava procurando para matá-lo, Jesus se referiu a Antipas como uma raposa (Lucas 13,31-35). Uma pesquisa de antigas fontes romanas, gregas e hebraicas sobre o uso metafórico da raposa sugere que a intenção era transmitir que a pessoa era ardilosa, enganosa, covarde e carecia de poder verdadeiro. Mais tarde, Jesus pode até mencionar o fracasso militar épico de Antipas contra os nabateus, embora a maioria dos estudiosos date essa batalha em 34 d. C. ou mais tarde, em vez de 33 d. C. (Lucas 14,31; Josefo, *Antiquities* 18.111-113).

Antipas fortificou e estabeleceu sua capital primeiro em Séforis e, então, decidiu construir sua nova capital, Tiberíades, no lado oeste do Mar da Galileia, por volta de 19 d. C. (João 6,23). No geral, Antipas foi um governante estável e relativamente justo, que permaneceu muito mais tempo do que seus irmãos, embora tenha sido banido para a Gália em 39 d. C. quando Agripa o acusou de traição durante o tumultuado reinado do imperador Calígula.

Salomé I, irmã de Herodes, *o Grande*, recebeu uma seção na região de Gaza e outro pequeno território ao norte de Jericó quando o reino foi dividido entre os herdeiros. Como todas eram cidades ou lugares pequenos, ela era uma toparca, ou governante de um lugar. Embora Salomé fosse nominalmente a rainha dessa região e vivesse num palácio em Ascalão, provavelmente exerceu pouca autoridade e apenas seguiu as instruções de Roma. Quando Salomé morreu em 10 d. C., de acordo com seu testamento, suas terras foram designadas para serem passadas para Júlia, esposa de Augusto, e essencialmente tornaram-se parte da província romana da Judeia.

Filipe, ou Filipe, *o Tetrarca*, governou a região a leste do Mar da Galileia, incluindo Cesareia de Filipe, de 4 a. C. a 34 d. C. Era filho de Herodes, *o Grande*, e meio-irmão de Antipas e Arquelau. Alguns estudiosos não consideram Filipe, *o Tetrarca*, parte da dinastia herodiana, porque, atualmente, não há evidências de que tenha usado o nome "Herodes". No entanto, era herdeiro de Herodes, *o Grande*, e recebeu uma parte do reino (Lucas 3,1).

Jesus realizou vários milagres nessa região, mas jamais pareceu ter problemas com as autoridades locais. Talvez porque essa era uma área helenística, e pouquíssimos judeus que praticavam a Lei teriam vivido lá, a maioria das pessoas não tinha problemas com Jesus como Deus – ou, na mentalidade helenística, um deus – ensinando novas ideias e realizando milagres.

Filipe teve um reinado pacífico de aproximadamente 37 anos, durante o qual ergueu templos, deu nomes a lugares em homenagem ao imperador e sua família e manteve boas relações com os romanos. Dos herdeiros imediatos de Herodes, *o Grande*, o de Filipe parece ter tido o período mais tranquilo no poder e, ao contrário de seus irmãos Arquelau e depois Antipas, nunca foi deposto ou exilado.

EM CASA EM NAZARÉ

Embora vários eventos famosos e significativos na vida de Jesus tenham ocorrido na cidade de Jerusalém, Jesus passou a maior parte de seus anos na aldeia de Nazaré. A descoberta e a escavação de uma antiga casa no local, perto da Igreja da Anunciação, não só fornecem evidências adicionais de que Nazaré era uma cidade ocupada durante o século I e na época de Jesus, mas a análise da descoberta também mostra que uma família que observava a Lei de Moisés viveu lá, naquela época. Curiosamente, essa casa teve outra igreja construída em torno dela durante o período bizantino e foi reverenciada como a casa da infância de Jesus. A Igreja da Nutrição, como é chamada, e a casa do século I que a acompanha, designada "Estrutura 1", estão localizadas em Nazaré, abaixo do convento das Irmãs de Nazaré, que fica na mesma rua da Igreja da Anunciação.

Quando construída, a casa foi escavada na encosta rochosa, e o resto da estrutura foi construída com pedra e argamassa. É uma casa em estilo pátio, e uma das portas está intacta. O andar térreo era de calcário, e uma escada levava ao andar superior. A pedra, predominante nessa área, era o material mais óbvio e econômico para construção.

A "Igreja da Nutrição" e ruínas do século I em Nazaré.

No interior da casa, foram descobertos restos de panelas, um fuso para fabricação de têxteis e vasos rituais de calcário. Esses vasos de calcário são importantes para identificar os moradores como pessoas que observaram a Lei de Moisés, uma vez que os vasos de barro podem se tornar ritualmente impuros e serem intencionalmente destruídos, mas os vasos de pedra e outros materiais como o metal não, servindo assim como um indicador útil das tradições do povo (Levítico 6,28; 11,33; 15,12). Vários vasos de pedra são encontrados em todo o antigo Israel e na Judeia do período romano, normalmente indicando onde residiam as populações de judeus que observavam a Lei, em contraste com as pessoas que seguiam a cultura helenística.

A casa foi abandonada no final do século I d. C., sugerindo que os residentes se mudaram para outro lugar. Quando uma igreja foi construída ao redor da casa, aproximadamente no século V d. C., durante o período bizantino, foram usados pisos de mosaico decorativos, capitéis de colunas de mármore, quatro absides e possivelmente um altar em estilo bizantino. Uma inscrição esculpida em mármore parecendo ler "Christo" também foi descoberta.

Moedas do século IV descobertas na estrutura da igreja da caverna sugerem que uma comunidade de cristãos em Nazaré se reunia na igreja da caverna pelo menos já no século IV d. C., no início do período bizantino, quando muitas das igrejas mais importantes associadas à vida de Jesus foram construídas. Essa igreja bizantina primorosamente decorada, que foi construída sobre uma antiga igreja em caverna, mostra uma tradição ainda mais antiga de reverência em torno da casa original.

Um texto latino chamado *De Locis Sanctis* [*Dos Lugares Santos*] de c. 670 d. C., baseado numa peregrinação do Bispo Arculf, descreve Nazaré como tendo duas igrejas, uma das quais fica ao lado de uma casa. Ele prossegue descrevendo a casa como aquela em que o Senhor foi nutrido em sua infância. O *Itinerarium Egeriae*, escrito pela peregrina Egéria, por volta do século IV d. C., menciona uma grande e esplêndida caverna em Nazaré, aparentemente transformada em igreja ou santuário, onde viveu Maria, a mãe de Jesus. Embora seja possível que Jesus tenha residido nessa casa em Nazaré, mais importante ainda, as descobertas arqueológicas demonstram conclusivamente que Nazaré era uma aldeia da Judeia durante o século I e a vida de Jesus, refletindo o título "Jesus de Nazaré", e não um local posteriormente adicionado à história.

Durante a maior parte de sua vida, Jesus viveu em Nazaré, onde ele e sua família presumivelmente residiam em uma casa semelhante à de outras pessoas comuns que viviam na antiga Judeia, Samaria ou Galileia durante o século I. Ao longo das narrativas dos Evangelhos, várias casas são frequentemente mencionadas no contexto da vida de Jesus, dos discípulos e de acontecimentos do seu ministério. Conhecer a vida doméstica durante esse período é útil para uma melhor compreensão do contexto histórico, cultural e social dos Evangelhos. Embora a referência a uma planta de casa padrão para o período romano, na região da Judeia, seja impossível devido à personalização de cada casa, as características gerais podem ser derivadas de fontes arqueológicas.

Assim como as casas da região de períodos anteriores eram tipicamente construídas com tijolos de barro, sobre fundações de pedra, as casas das pessoas comuns no século I a. C. e d. C. também empregavam esse método de construção, embora pareça que muitas casas também tenham sido construídas principalmente em pedra (Botha, "Houses in the World of Jesus" 41; Mateus 7,24-25). O tijolo de barro, entretanto, não é resistente à água, portanto, muitas vezes, era necessário revestir a casa com gesso em intervalos regulares.

Como a pedra está facilmente disponível na região, enquanto a madeira não, a pedra era o principal material de construção. Na região da Galileia, o basalto é o tipo de rocha mais abundante, ao passo que, em toda a Judeia, o calcário branco é encontrado em quase todos os lugares. Para uma pessoa da classe baixa ou média, normalmente seriam usadas pedras não cortadas ou toscamente talhadas, em vez de blocos de silhar cuidadosamente moldados, que exigiam muito mais trabalho e habilidade.

A casa geralmente era construída como uma série de cômodos erguidos ao redor ou adjacentes a um pátio, e era tipicamente quadrada ou retangular, em vez de redonda. As casas tinham poucas portas e janelas, e tanto as portas como as janelas eram bastante pequenas, com ênfase na integridade estrutural da casa, no clima e na segurança. Por causa disso, os lintéis e molduras das portas eram resistentes, e as janelas geralmente eram colocadas no alto.

As casas, com frequência, tinham um andar superior, embora estes pudessem cobrir apenas parte da casa; às vezes, não passavam simplesmente de uma varanda no telhado (Marcos 14,13-16; Lucas 12,3). O piso superior era alcançado por uma escada de mão ou, por vezes, por uma escada, dependendo da necessidade de espaço e da riqueza do proprietário.

No interior, as paredes poderiam ser revestidas de gesso ou, nas casas dos ricos, poderiam até ter afrescos pintados em cores como vermelho, preto e azul. Um piso típico era apenas terra, provavelmente coberta de grama ou tapetes, mas muitas casas tinham piso de pedra ou uma camada de gesso.

Os telhados, em sua maioria, eram construídos sobre vigas de madeira, usando galhos e grama cobertos com lama ou argila e, com frequência, eram revestidos com piche ou gesso para vedar o telhado, algo que teria de ser refeito periodicamente (Marcos 2,4). As casas dos ricos usavam telhas ou, às vezes, uma estrutura de pedra abobadada.

As casas também variavam muito em tamanho de acordo com a dimensão e riqueza da família. Foram encontradas casas equivalentes a um pequeno estúdio, contudo, também foram descobertas casas descritas com precisão como mansões. Os pátios eram uma característica típica de muitas, mas não de todas as casas, desde um camponês a um aristocrata rico (Beebe, "Domestic Architecture and the New Testament" 91; Marcos 14,54).

As casas das classes comuns aparentemente tinham quartos de hóspedes, pelo menos durante parte do tempo; e as pessoas nem sempre estavam restritas a espaços minúsculos em suas casas (Marcos 14,13-15; Lucas 2,7). Dependendo da localização da casa e da situação econômica do proprietário, uma casa pode ter sido uma residência privada rodeada de ruas ou terrenos, ou pode ter sido anexa a outras residências como parte de uma construção do tipo *ínsula* ou de um complexo de apartamentos. Essas *ínsulas* eram encontradas em todas as cidades do mundo romano – incluindo na província da Judeia e na Galileia – devido à preservação do espaço e dos materiais de construção. Nas aldeias e no campo, porém, as casas na Judeia e na Galileia geralmente eram edifícios independentes.

As atividades domésticas e comerciais normalmente aconteciam dentro de casa, como a fabricação de cerâmica, a costura, a fabricação de ferramentas, a carpintaria e o curtimento de peles. As casas eram iluminadas por luz natural durante o dia e por lamparinas a óleo colocadas em suportes, penduradas no teto ou colocadas em alcovas embutidas nas paredes (Mateus 5,15). O piso térreo parece ter sido principalmente a área pública e as áreas de trabalho, enquanto os quartos superiores eram os alojamentos privados. Uma mesa pode ter estado presente no principal aposento coberto da casa (Lucas 14,10).

As casas habitualmente tinham uma cisterna ou área de armazenamento de água escavada na rocha abaixo ou em área adjacente à estrutura. Fornos redondos, colocados no solo e construídos em barro, eram normalmente encontrados nos pátios. Em casas mais ricas ou com mais espaço, às vezes, são encontrados banhos rituais ou mesmo banheiras de gesso (Lucas 11,38). Sanitários foram encontrados apenas em uma pequena percentagem de casas.

Usar cavernas adjacentes, embaixo ou integradas a parte da residência também era uma técnica de construção que transformava a caverna em um cômodo, como um porão (Lucas 11,33). Essas cavernas escavadas na encosta ou no subsolo eram, muitas vezes, transformadas em áreas de armazenamento, uma seção do lar, ou em um local para guardar animais, onde também teria sido colocada ou esculpida uma manjedoura de pedra (Lucas 2:16). Alternativamente, os animais podem ter sido mantidos adjacentes à casa, num cercado feito de pedras do campo. As pessoas tinham janelas, portas, tapetes ou pisos de pedra, paredes rebocadas, telhado, quartos privados, fonte de água, fontes de luz, um forno, móveis e, por vezes, até banheiras e sanitários.

A vida nas aldeias da Judeia e da Galileia, durante a época de Jesus, era semelhante, em muitos aspectos, à das aldeias e cidades da antiguidade em várias partes do mundo. A economia principal se baseava na agricultura, as pessoas viviam em casas pequenas e simples; a população, em geral, ganhava muito pouco dinheiro, a maioria trabalhava no comércio; enquanto pouquíssimos eram estudiosos; e o governo da nação geralmente parecia ficar distante. Embora, provavelmente, mais da metade da população da Judeia vivesse em aldeias ou cidades, essas pessoas quase não tinham influência na política da região, já que quase todo o poder e riqueza eram detidos por algumas pessoas nas cidades de Jerusalém e Cesareia.

A elite das cidades, não apenas mais rica, mas também mais helenizada, muitas vezes, desprezava os aldeões como ignorantes, pobres e incivilizados, de modo que existia uma clara divisão entre o rural e o urbano. No entanto, as cidades dependiam das aldeias para sobreviverem, uma vez que o abastecimento de alimentos vinha das áreas rurais, e os aldeões pagavam frequentemente impostos ou rendas aos proprietários ou ao governo nas cidades.

Os assentamentos individuais das aldeias eram pequenos, a maioria tinha uma população de menos de 2 mil pessoas, mas, devido à proximidade uns dos outros, sobretudo ao redor do Mar da Galileia, a vida nas aldeias não era tão isolada. De modo geral, as aldeias em todo o Império Romano no século I não eram substancialmente diferentes do ponto de vista tecnológico e econômico. Na verdade, devido à difusão do helenismo e do modo de vida romano, provavelmente houve muito mais uniformidade em grande parte do mundo do que antes na história.

No entanto, a vida na aldeia no tempo de Jesus também era única em aspectos relacionados com a religião devido ao monoteísmo, à Lei de Moisés e à dedicação de grande parte da população em manter as suas crenças e práticas transmitidas desde o antigo Israel. Portanto, as diferenças mais óbvias entre as aldeias da Judeia e outros assentamentos em todo o Império Romano incluem a adoração de um Deus, as leis alimentares, a lavagem ritual e a sinagoga. Como quase todas as outras culturas do Império naquela época eram politeístas, o monoteísmo de Israel era uma exceção – e uma singularidade da qual a maioria dos romanos não apenas discordava, mas, muitas vezes, nem sequer conseguia compreender.

No registro arqueológico, as diferenças nas práticas religiosas das aldeias da Judeia se manifestam na presença de banhos rituais (*mikveh*), vasos de pedra, sinagogas, em vez de templos ou santuários; na ausência de ossos de porco e na falta de imagens humanas ou de animais em obras de arte. Mesmo pequenas aldeias como Nazaré tinham uma sinagoga – que teria servido não apenas como uma casa de oração, ensino e adoração comumente usada no sábado, mas também como um centro comunitário e educacional (Mateus 13,54; Marcos 6,1-2).

Vasos de pedra eram comuns na Judeia para fins ritualísticos, pois, de acordo com a Lei de Moisés, a pedra não se tornaria impura, ao contrário da cerâmica (João 2,6). O Evangelho de Marcos inclui até uma nota explicativa a respeito dos costumes de pureza judaicos, uma vez que o leitor romano não estaria totalmente familiarizado com essa prática cultural (Marcos 7,3-4). Os pergaminhos e papiros não sobreviveram aos séculos, mas cada aldeia teria, pelo menos, um exemplar da Bíblia, e provavelmente também vários comentários e literatura apócrifa.

O residente comum da aldeia trabalhava em alguma forma de agricultura ou em um comércio diretamente relevante para a vida cotidiana, como a fabricação de cerâmica, a construção, a tecelagem, a panificação, a fabricação de ferramentas e de remédios. Trabalhar nos campos, processar as colheitas e cuidar dos animais eram os empregos mais típicos, ao passo que médicos, acadêmicos, soldados e funcionários públicos eram raros. Os trabalhos agrícolas típicos incluíam plantar, colher e debulhar cereais, prensar azeitonas e uvas para obter azeite e vinho e pastorear ovelhas e cabras (Mateus 21,33-34; 25,32; Marcos 4,26-29; Lucas 2,8; 16,4-7; João 10,1-5). Aqueles que viviam próximos a um lago ou oceano eram frequentemente empregados na pesca, dado que era uma forma eficiente de produção de alimentos que exigia pouca tecnologia (Lucas 5:1-10). O estilo de vida agrícola e pastoral tão predominante na Judeia do período romano é a razão pela qual Jesus usa tantas referências à agricultura, à pesca e ao pastoreio em seus ensinamentos.

Os soldados ficavam estacionados em locais-chave, como Cafarnaum, mas, numa típica aldeia rural, raramente havia qualquer presença militar ou oficial romana (Lucas 7,1-10). Algumas aldeias tinham uma hospedaria em que os viajantes podiam ficar, mas isso era incomum nos assentamentos rurais da Judeia, uma vez que a maioria dos viajantes ficava com a família ou amigos próximos. A hospedaria, nesse período, era mais comum na cultura helenística ou nas cidades que adotavam práticas helenísticas (Lucas 10,33-35).

Jesus e José são frequentemente chamados de carpinteiros, embora a palavra usada nos Evangelhos (*tekton*) possa referir-se a qualquer artesão, e o exame da antiga e atual Nazaré sugere que a alvenaria de pedra era um ofício que poderia ter ocupado grande parte do seu tempo (Mateus 13,54-56; Marcos 6,1-3; cf. Justino Mártir, *Dialogue with Trypho* 88). Além dos produtores de alimentos, os artesãos eram provavelmente a segunda profissão mais comum.

Embora estudiosos e professores profissionais fossem incomuns, as aldeias da Judeia normalmente tinham uma taxa de alfabetização muito mais alta do que as aldeias de outras áreas do Império Romano devido à centralidade do aprendizado e do estudo da Bíblia na cultura. Os médicos eram escassos, mas, provavelmente, pelo menos uma pessoa num grupo próximo de aldeias ou cidades era um médico qualificado (Marcos 5,25-27).

Os cobradores de impostos, embora impopulares e uma profissão reservada apenas a uma pequena percentagem da população, viviam ou trabalhavam em muitas aldeias (Mateus 9,9-11). De acordo com os Evangelhos e com a Mishná, os cobradores de impostos estavam entre as profissões vistas com escárnio, embora muitas das profissões listadas na Mishná, como pastores, fossem consideradas de modo desdenhoso apenas pela elite religiosa.

As roupas eram muito padronizadas, utilizando túnicas simples, capas e sandálias ou sapatos, e um determinado comércio ou profissão geralmente não podia ser distinguido com base nas roupas.

A sinagoga, situada num local central, muitas vezes funcionava adicionalmente como uma escola; e os meninos, em especial, na Judeia do século I, eram educados na Bíblia, além de seu comércio ou profissão. No entanto, essa educação não era equivalente à dos escribas profissionais e eruditos religiosos, que consideravam o típico aldeão alfabetizado como inculto, uma vez que não estudou com um dos mestres para se tornar um erudito (João 7,14-15; Atos 22,3).

Como nas aldeias da Judeia, a população toda, de modo geral, mantinha as mesmas crenças e praticava os mesmos costumes, o conflito ideológico raramente aparecia, e a comunidade costumava ter laços estreitos. Por exemplo, a aldeia como um todo habitualmente participava de casamentos e funerais. Os enterros aconteciam fora da aldeia, enquanto os casamentos habitualmente eram realizados em uma casa. O entretenimento nas aldeias da Judeia e da Galileia envolvia canto, contação de histórias e jogos, em contraste com uma cidade helenística, que apresentava peças teatrais e eventos esportivos. Embora a primeira língua desses aldeões fosse o aramaico, com conhecimento do hebraico para ler a Bíblia, a maioria deles provavelmente tinha pelo menos um conhecimento básico de grego koiné e talvez até de um pouco de latim.

Sinagoga do século I, em Magdala.

As sinagogas na época de Jesus funcionavam como locais de estudo, adoração e reunião comunitária. A palavra grega *sunagoge* significa "reunião ou assembleia" e, no contexto de um edifício na antiga Judeia, era um local de assembleia ou casa de reuniões. A origem da construção da sinagoga é debatida entre os estudiosos, com opiniões divergentes quanto à época em que a sinagoga foi estabelecida e usada pelos exilados que retornaram a Judá após o cativeiro babilônico. Geralmente a data mais antiga na qual se acredita que as sinagogas entraram em uso é o século VI a. C., durante o exílio babilônico, enquanto a maioria dos estudiosos prefere uma data no século III a. C. devido às evidências disponíveis.

A necessidade de um edifício de assembleia provavelmente surgiu como uma forma de o judaísmo sobreviver na Diáspora, longe do templo em Jerusalém e do sistema sacerdotal. Embora isso pareça ter surgido no século III a. C., a razão para estabelecer um sistema ou local de reunião seria sensata no contexto do cativeiro babilônico do século VI a. C., quando o templo ficou destruído durante setenta anos e muitas das pessoas viviam fora de Judá.

No entanto, no tempo de Esdras e Neemias, no século V a. C., mesmo que tenham ocorrido reuniões públicas e leitura da Bíblia, não há indicações de que um edifício ou sistema de sinagoga estivesse em uso (Neemias 8,1-6). Embora as práticas de oração e estudo comunitário obviamente tenham precedido essa época, a evidência mais antiga de uma construção real de sinagoga é encontrada em uma inscrição dedicatória do século III a. C., no Egito. A inscrição em pedra de Schedia, no norte do Egito, menciona judeus que dedicaram a sinagoga durante o reinado de Ptolomeu III Euergetes (c. 280-221 a. C.), por volta de 246-221 a. C. (CIJ 2.1440). Foram encontradas numerosas outras inscrições de dedicação de sinagogas no Egito que datam do século II a. C. e posteriores. O que parece ser uma sinagoga samaritana de meados do século II a. C. foi escavada na ilha de Delos, no Mar Egeu, enquanto uma possível sinagoga do século III a. C. em Stobi, na Macedônia, também foi descoberta.

Há uma série de ideias sobre por que a sinagoga passou a ser usada. Como as primeiras evidências de sinagogas vêm da Diáspora, a instituição pode ter se desenvolvido a partir da necessidade de um local de comunidade religiosa para os praticantes do judaísmo, uma vez que o templo ficava longe, em Jerusalém, e a maioria das pessoas ao seu redor era pagã. Na antiga Judeia, uma sinagoga do início do século I a. C. foi descoberta no palácio dos asmoneus em Jericó, e ruínas de outros edifícios de sinagogas do final do século I a. C. e do século I d. C. foram agora descobertas em lugares como Cafarnaum, Magdala, Gamla, Masada, Heródio, Modi'in (Khirbet Umm el-'Umdan) e provavelmente Cesareia Marítima, Qumran, Qiryat Sefer, Khirbet Qana, Beth-Shemesh, et-Tuwani e Corazim. Ruínas do século I d. C. foram finalmente descobertas recentemente em Corazim, incluindo os vestígios de uma "plataforma" de pedra sob as ruínas da sinagoga do século III, indicando que a reconstrução da sinagoga em Corazim foi semelhante à situação em Cafarnaum. A sinagoga de Cesareia Marítima do século I foi, inclusive, mencionada por Josefo como um edifício adjacente a um terreno de propriedade de um grego (Josefo, *Wars*, 2.285). Embora as sinagogas do Heródio e Masada datem de cerca de 66 d. C. ou mais tarde, após a época de Jesus, e a sinagoga de Jericó do século I a. C. provavelmente não tenha sido reconstruída, essas três sinagogas ainda atestam a presença e o uso de edifícios de sinagogas na Judeia durante o período romano. Sem essas três exceções, é provável que as outras sinagogas já existissem durante a época de Jesus e, quando combinadas com a inscrição de Teódoto (ou Teodoro) de Jerusalém (séc. VIII), foram descobertos vestígios arqueológicos de até doze sinagogas da época de Jesus.

Na área da cidade de Davi, na antiga Jerusalém, foi descoberta uma importante e única inscrição do século I d. C. escrita em grego e comemorando a construção de uma sinagoga. Encontrada durante as escavações de uma cisterna, a placa de calcário caiu lá dentro por causa da destruição da cidade em 70 d. C., ou foi jogada intencionalmente na cisterna devido a subsequentes atividades de limpeza e reconstrução durante o período romano. A pedra mede 75 centímetros de comprimento, 43 centímetros de altura e 22 centímetros de espessura, apresenta borda esculpida e contém dez linhas de texto em grego (CIJ 2.1404).

A inscrição, datada de antes de 70 d. C. e, possivelmente, já da época de Herodes, com base na paleografia e procedência, é traduzida como "Teódoto, filho de Vettenus, sacerdote e *arquisinagogo* (governante da sinagoga), filho de um *arquisinagogo* e neto de um *arquisinagogo*, construiu a sinagoga para a leitura da Lei e para o ensino dos Mandamentos, e o albergue para doentes, os aposentos e as torneiras de água como alojamento para os necessitados vindos de lugares estrangeiros, que seus pais fundaram com os anciãos e Simônides".

Esse texto deixa claro que uma nova sinagoga em Jerusalém foi construída no mesmo local de uma sinagoga anterior, correspondendo a uma tendência observada nas escavações de outras sinagogas antigas. A dedicatória de Teódoto sugere que os edifícios da sinagoga naquele local remontavam a várias gerações, indicando que uma sinagoga estava em uso em Jerusalém pelo menos desde o século I a. C. Talvez não por mera coincidência, essa inscrição na sinagoga foi encontrada no mesmo bairro do Tanque de Siloé, onde uma ameaça de ser expulso da sinagoga é referenciada na narrativa de João sobre Jesus curando um homem cego (João 9,1-22). Independentemente disso, a inscrição de Teódoto demonstra que existia pelo menos uma sinagoga em Jerusalém na época de Jesus.

A inscrição da sinagoga de Teódoto de Jerusalém.

Embora essa sinagoga específica de Jerusalém tenha sido financiada e construída por judeus, na antiguidade, isso nem sempre foi assim. O financiamento da construção de sinagogas por um benfeitor estrangeiro é conhecido a partir de antigas inscrições em sinagogas, e o Evangelho de Lucas também relata que um centurião romano em Cafarnaum pagou pela construção da sinagoga ali (Lucas 7,1-5). Portanto, de acordo com as evidências arqueológicas atuais, sinagogas conhecidas e prováveis existiram num total de dez cidades da Judeia e da Galileia durante o século I e a época aproximada de Jesus. As narrativas nos relatos evangélicos de Jesus visitando sinagogas em vários locais parecem ser consistentes com o que a arqueologia descobriu, e essa é também uma característica da sociedade que fontes escritas do período romano retratam para a Judeia e a Galileia.

No século I d. C. e na época de Jesus, a sinagoga era uma parte importante do judaísmo, e eram usadas em cidades e vilas da província da Judeia, bem como em outras partes do Império Romano. Fontes do primeiro século, como os Evangelhos, Atos, Josefo e Fílon, mencionam sinagogas em vários locais, demonstrando que era uma prática comum estabelecer um edifício para a adoração a Deus, o estudo da Bíblia e reuniões comunitárias, não apenas na Judeia, mas também em muitas outras áreas do Império Romano (Josefo, *Wars*, 2.285-291; Josefo, *Life* ["Vida", em tradução livre] 280; Fílon, *On Dreams*

["Sobre Sonhos", em tradução livre] 2.127; Fílon, *Flaccus* 45; Mateus 9,35; Marcos 1,21; Lucas 4,16; João 9,22; Atos 9,1-2).

O edifício da sinagoga era, com frequência, projetado com a frente voltada para Jerusalém e, embora a maioria pareça ter sido construída de forma retangular, a análise das antigas sinagogas revela que não havia um plano arquitetônico padrão. Dentro da sinagoga havia bancos para sentar, uma plataforma ou pódio onde os pergaminhos seriam lidos, e decoração como pisos de mosaico, folhas de videira, a menorá e um jarro de maná (cf. Marcos 12,38-40).

Durante o século I, os livros de Moisés eram geralmente lidos na sinagoga todos os sábados (Atos 15,21). Os fariseus normalmente tinham o controle da sinagoga e podiam "expulsar" qualquer um que não concordasse com a sua teologia (João 12,42-43; 16,2). De acordo com inscrições e textos antigos, a estrutura de autoridade incluía autoridades ou líderes e funcionários, enquanto vários indivíduos qualificados tinham permissão para falar ou ensinar (Lucas 4,16-20; 13,10-17; João 18,19-20; Atos 13,13-15). Os julgamentos e a disciplina também eram frequentemente conduzidos na sinagoga, uma vez que era o principal local de autoridade e reunião religiosa, além do templo em Jerusalém (Mateus 10,17; Atos 22,17-21). Evidências da arqueologia e de textos antigos sugerem que homens e mulheres realizavam suas adorações juntos na sinagoga durante a antiguidade. No entanto, muito do que se sabe sobre a liturgia específica que ocorria na sinagoga vem da Mishná e reflete os séculos II e III d. C. (Meguilá[10] 3:4-4:10).

Geralmente, os residentes das aldeias eram muito mais pobres do que os habitantes médios das cidades, que, muitas vezes, faziam parte da elite econômica e estavam ligados à riqueza e ao poder do governo romano ou ao templo em Jerusalém. O salário médio de um trabalhador nas aldeias era de apenas um denário, ou até menos, por dia (Mateus 20,1-2). Um legionário romano recebia um salário anual de 225 denários no século I, embora também recebesse outros benefícios e bonificações. Cerca de trezentos denários dariam para comprar um frasco caro de perfume, mas cerca de duzentos denários poderiam alimentar 5 mil pessoas e apenas dois denários poderiam pagar hospedagem, alimentação e cuidados médicos por um curto período de tempo (Marcos 14,3-5; Lucas 10, 33-35; João 6,5-7). Como um denário valia

---

10 Meguilá significa "rolo" em hebraico. (N. T.)

3,9 gramas de prata na época de Jesus, a preços modernos isso equivaleria a aproximadamente 3,45 dólares[11].

Embora uma renda anual de cerca de 1.240 dólares[12] possa parecer minúscula para muitos leitores, esse número não apenas é semelhante ao salário médio de muitos países do mundo moderno, mas o poder de compra na Judeia do período romano era muito maior, e, para os custos de alimentos básicos, pode ser uma diferença de um fator de cerca de 100. A troca era usada, mas moedas de bronze e até mesmo de prata eram a moeda corrente normal. Portanto, compras essenciais, como alimentação, alojamento e roupas, estavam dentro das possibilidades de um trabalhador comum, mas quaisquer itens de luxo estavam quase certamente fora do orçamento de uma pessoa comum.

Essa divisão de riqueza é evidente ao se examinar vasos de cerâmica, arquitetura, joias e moedas descobertas em escavações arqueológicas. A exceção a essa tendência é a presença de casas senhoriais[13] na Judeia rural, que pertenciam aos ricos que provavelmente também tinham uma residência urbana. Os ricos das cidades comiam com mais frequência e consumiam mais carne do que os aldeões, que normalmente faziam duas refeições por dia tendo o pão como item básico principal. Contudo, a população da aldeia da Judeia prosperou o suficiente a fim de poder ir a Jerusalém para as principais festas (Lucas 2,41-42).

O vinho era a bebida normal, embora, muitas vezes, usado num estado muito mais diluído do que hoje. Seu valor não estava tanto no sabor, mas porque o álcool matava as bactérias da água e fornecia calorias extras.

As ruas eram estreitas e de terra ou cobertas com pequenas pedras, embora as aldeias ou cidades mais ricas tivessem a sua rua principal pavimentada com lajes quadradas de pedra típicas das estradas romanas. As casas eram pequenas, e o espaço aberto dentro da aldeia era muito limitado. Às vezes, tochas podem ter sido colocadas ao redor da rua principal, mas, quando escurecia, a maioria dos moradores estava em suas casas.

Como não existiam sistemas de esgoto, as aldeias provavelmente tinham um odor desagradável, uma vez que o esgoto e o lixo eram despejados na aldeia ou [em locais] adjacentes a ela, e os animais que perambulavam entre elas aumentavam a variedade de cheiros.

---

11 O equivalente a algo próximo a 17,50 reais. (N. T.)
12 O equivalente a algo próximo a 6.222 reais. (N. T.)
13 Também conhecidos como solares ou palacetes. (N. T.)

A vida diária numa aldeia da Judeia ou da Galileia no tempo de Jesus normalmente envolvia muitas horas de trabalho, pouco salário e, talvez, apenas duas refeições. As conveniências e confortos da vida moderna urbana geralmente estavam ausentes, mas o sábado e vários dias santos ofereciam um tempo de descanso, relaxamento e celebração.

BIBLIOGRAFIA SELECIONADA
(CAPÍTULO 2)

BEEBE, H. Keith. "Domestic Architecture and the New Testament". *Biblical Archaeologist* 38, n° ¾, 1975.

BLOMBERG, Craig. *Jesus and the Gospels*. Nashville: B&H Publishing, 2009.

BOTHA, Pieter. "Houses in the World of Jesus". *Neotestamentica* 32, n° 1, 1998.

COHEN-TAVOR, Achia. *Interview at Chorazin Excavations*, 2020.

EVANS, Craig. *Jesus and His World: The Archaeological Evidence*. Louisville: Westminster, 2012.

FILSON, Floyd. "Ancient Greek Synagogue Inscriptions". *Biblical Archaeologist* 32, n° 2, 1969.

GALOR, Katharina. "Domestic Architecture in Roman and Byzantine Galilee and Golan". *Near Eastern Archaeology* 66, 2003.

GUTMAN, J. *Ancient Synagogues: The State of Research*. Chico: Scholars, 1981.

HIRSCHFELD, Yizhar. "Early Roman Manor Houses in Judea". *Journal of Near Eastern Studies*. vol. 57, n° 3, 1998.

HOEHNER, Harold. *Herod Antipas: A Contemporary of Jesus Christ*. Grand Rapids: Zondervan, 1980.

KLOPPENBORG, John. "The Theodotos Synagogue Inscription and the Problem of First-Century Synagogue Buildings". *Jesus and Archaeology*, ed. James Charlesworth. Grand Rapids: Eerdmans, 2006.

KOKKINOS, Nikos. *The Herodian Dynasty*. London: Spink Books, 2010.

LEVINE, Lee. *The Ancient Synagogue*. New Haven: Yale University, 2005.

_____. *Ancient Synagogues Revealed*. Jerusalem: Israel Exploration Society, 1981.

LIDDELL *et al.*, *A Greek-English Lexicon*. Oxford: Clarendon, 1996.

MAGNESS, Jodi. *Stone and Dung, Oil and Spit: Jewish Daily Life in the Time of Jesus*. Grand Rapids: Eerdmans, 2011.

_____. "Where Is Herod's Tomb at Herodium?". *Bulletin of the American Schools of Oriental Research* 322, 2001.

MAIER, Paul. "Herod and the Infants of Bethlehem". *Chronos, Kairos, Christos II*. Macon: Mercer University Press, 1998.

NETZER, Ehud. "In Search of Herod's Tomb". *Biblical Archaeology Review* 37:1, 2011.

____. "A Synagogue from the Hasmonean Period Recently Exposed in the Western Plain of Jericho". *Israel Exploration Journal* 49, n° ¾, 1999.

REED, Jonathan. *Archaeology and the Galilean Jesus*. Harrisburg, PA: Trinity, 2000.

RICHARDSON, Peter e FISHER, Amy Marie. *Herod: King of the Jews and Friend of the Romans*. New York: Routledge, 2017.

SHANKS, Hershel. "Was Herod's Tomb Really Found?". *Biblical Archaeology Review* 40:3, 2014.

STRIPLING, Scott. "The Rise of the Synagogue in Biblical Times". *Bible and Spade* 33.3, 2020.

VERMES, Geza. *The Nativity: History and Legend*. New York: Doubleday, 2007.

CONTEXTO POLÍTICO, BATISMO E A GALILEIA

N o décimo quinto ano de Tibério César, Jesus de Nazaré foi batizado e iniciou seu curto, mas significativo, ministério, causando reper- cussões na história e mudando o mundo para sempre. Segundo o Evangelho de Lucas, nesse mesmo ano, Pôncio Pilatos era prefeito da província da Judeia, Herodes Antipas era o tetrarca da Galileia, Filipe era o tetrarca da Itureia e de Traconites, Lisânias era o tetrarca de Abila, Caifás e Anás eram sumos sacerdotes, e João Batista andava vagando pelo deserto (Lucas 3,1-2).

Essa informação oferece o contexto político da vida de Jesus nos seus últimos anos e permite uma localização cronológica específica em conjunto com outra passagem do Evangelho de João a respeito do número de anos desde que Herodes, *o Grande*, começou a reconstruir o templo em Jerusalém (João 2,20). De acordo com os registros romanos, o décimo quinto ano de Tibério teria começado em setembro de 28 d. C., contando a partir da morte de Augusto, embora também tenham sido apresentados argumentos sugerindo que os anos mencionados por Lucas poderiam ser contados a partir de 12 d. C. ou, talvez, 13 d. C., depois que Tibério retornou da Germânia e recebeu autoridade igual a Augusto (Suetônio, *As Vidas dos Doze Césares*).

O governo exclusivo de Tibério como imperador foi de 14 a 37 d. C., terminando quando foi assassinado aos setenta e sete anos (Tácito, *Annals*). Ele é mencionado pelo nome apenas uma vez nos Evangelhos, mas é referido várias vezes pelo seu nome de família adotado, César, incluindo a famosa citação "dai a César" sobre um denário de Tibério (por exemplo, Mateus 22,17-21; Marcos 12,13-17; Lucas 20,22-25; João 19,15). A data do seu "dé- cimo quinto ano", conforme descrito por Lucas, tem influência significativa na cronologia de Jesus.

Se Lucas estivesse contando a partir do momento em que Tibério foi feito copríncipe com Augusto em 12 d. C., então o início do ministério de

Busto do imperador Tibério e famoso denário "tributo" de Tibério.

Jesus teria sido por volta de 26 ou 27 d. C. A evidência para essa visão, contudo, pode não ser suficientemente forte para justificar um afastamento do típico sistema romano de cálculo. A principal evidência de um início anterior do ministério de Jesus é encontrada numa passagem de Tertuliano, escrita no século II d. C. Lá, ele afirmou que Jesus foi revelado a partir do décimo segundo ano de Tibério César, talvez indicando que Lucas estivesse contando a partir de quando Tibério recebeu poderes compartilhados em 12 d. C., mas Tertuliano [possivelmente] estivesse contando a partir de quando Tibério tornou-se o único imperador depois da morte de Augusto, após 18 de setembro de 14 d. C. (Tertuliano, *Adversus Marcionem*, Livro 1, capítulo 15). No entanto, não está claro se Tertuliano estava equiparando o tempo do batismo de Jesus e a cronologia de Lucas com a revelação de Jesus.

Possivelmente relevantes para esta discussão são as moedas emitidas por Pôncio Pilatos na Judeia, especificamente as moedas com o ano 16 de Tibério, mostrando a imperatriz Lívia, em contraste com as moedas com o ano 17, sem Lívia. Se a morte de Lívia em 29 d. C. estava refletida em sua ausência nas moedas, então o ano 16 d. C. ou 17 d. C. poderia ter sido seu último ano de vida, o que significa que o ano 15 d. C. poderia coincidir com 27 d. C. ou 28 d. C. Havia moedas de Tibério começando em 12 d. C., e ele recebeu poderes iguais aos de Augusto, mas outras evidências apontam para o décimo quinto ano de Tibério, referindo-se universalmente ao período que começa em 14 d. C., quando o Senado conferiu-lhe os títulos oficiais de sua posição como imperador.

Por exemplo, uma moeda cronologicamente significativa de Antioquia, na Síria, traz tanto o ano1 do reinado de Tibério quanto o ano 45 da Era Actiana, que foi 14 d. C. Uma passagem do historiador Tácito se sobrepõe a essa cronologia, pois relata que a época em que Caio Asínio Pólio e Caio Antistius Vetus começaram seus mandatos como cônsules, em janeiro de 23 d. C., foi no nono ano de Tibério (Tácito, *Annals*, Livro IV).

Um marcador cronológico no Evangelho de João, em um acontecimento ocorrido logo após o batismo de Jesus, também ajuda a identificar a data correta para o início do ministério de Jesus. Em uma conversa no Monte do Templo, Jesus foi informado de que foram necessários 46 anos para construir o templo, o que era uma referência à época em que Herodes, *o Grande*, iniciou a reconstrução completa do templo em Jerusalém (João 2,20). De acordo com Josefo, Herodes, *o Grande*, iniciou esse projeto de construção no décimo oitavo ano de seu reinado, o qual Josefo calculou a partir do consulado de Agripa e Galo em 37 a. C., quando Herodes capturou Jerusalém, controlou a região e assumiu o título de rei (Josefo, *Antiquities* 15.380).

Se o décimo oitavo ano de Herodes fosse 20 a. C./19 a. C., e se 46 anos completos de construção já tivessem ocorrido, esse evento com Jesus no Monte do Templo, nos primeiros dias de seu ministério, teria ocorrido por volta de 28 d. C. (observe que não existe "ano 0" no sistema a. C./A.D.). Portanto, 28 d. C., no décimo quinto ano a contar a partir de quando Tibério passou a ter poderes exclusivos e título de imperador, parece ser o ano mais provável em que Jesus iniciou o seu ministério. Nessa época, Jesus tinha "cerca" de trinta anos, ou mais especificamente cerca de trinta e quatro anos, dependendo da data exata de seu nascimento (Lucas 3,23).

Moeda do ano 17 de Pôncio Pilatos com *lituus* (bastão de áugure), coroa de flores e nome "Tibério".

Tibério, a figura política mais poderosa do mundo durante grande parte da vida de Jesus, era enteado de César Augusto e marido de Júlia, filha de Augusto. Em 4 d. C., Augusto o adotou oficialmente, e ele acabou se tornando o herdeiro óbvio após a morte e o banimento dos outros prováveis herdeiros. Tibério foi um general e líder político de sucesso, mas nunca pareceu ter ambições de poder político. Isso foi transferido para seu reinado como imperador e para seu incentivo à cooperação do Senado. Talvez relacionado ao seu caráter introvertido, Tibério retirou-se para a ilha de Capri em 26 d. C., onde pretendia permanecer em contato com Roma e administrar o Império. Foi durante esse período que João estaria pregando, Jesus teria sido batizado e o ministério público de Jesus teria começado.

O Império, enquanto isso, era essencialmente governado por Sejano (20 a. C.-31 d. C.), comandante da guarda pretoriana. Sejano aproveitou a oportunidade para introduzir modificações na guarda pretoriana e obter mais poder. Acabou se tornando cônsul em 31 d. C., governando efetivamente o Império Romano (Suetônio, *As Vidas dos Doze Césares*, *Vida de Tibério*, 65). Existe a possibilidade de Pilatos e Sejano estarem de alguma forma ligados, já que Pilatos foi nomeado para substituir Valério Grato (nomeado por Tibério) em 26 d. C., ano em que Sejano começou a exercer controle substancial sobre o Império. No entanto, após vários expurgos políticos, Sejano foi acusado de uma conspiração em 31 d. C. e, posteriormente, executado (Josefo, *Antiquities* 18.181-250; Juvenal, *Satire* ["Sátira", em tradução livre] 10.67-72; Cássio Dio, *Roman History* 58.9-11).

Após a execução de Sejano em 31 d. C., as coisas na Judeia teriam mudado para os oficiais romanos – cooperar e agradar o imperador teria sido de extrema preocupação naqueles tempos perigosos. Esse é o pano de fundo do que foi uma armadilha orquestrada pelos fariseus com a intenção de retratar Jesus como traidor do imperador (Mateus 22,15-22; Marcos 12,13-17; Lucas 20,19-26).

Pôncio Pilatos, também conhecido como Pilatos, foi um político romano do início do século I d. C. Nascido no Império Romano como cidadão da classe dos equestres, uma classe aristocrática abaixo da dos patrícios, Pilatos era elegível para muitos cargos políticos e militares importantes, mas não conseguiu alcançar o posto de legado. Durante o início do período do Império, os equestres tinham um limite de riqueza de 100 mil denários, o que equivalia aproximadamente aos salários anuais de 450 legionários, mas era menos da metade do limite da elite senatorial. Embora seu *praenomen* (nome pessoal) seja desconhecido, seu *nomen* (nome de família), Pôncio, sugere que sua família veio de Samnium, no sul da Itália. Seu *cognome*[14] (nome adicional usado para distinguir dentro de uma família), Pilatos, tem origem desconhecida, mas parece ser derivado de uma palavra para arma de arremesso[15] e relacionado aos militares.

De acordo com uma fonte antiga, seu local de nascimento foi provavelmente a aldeia de Bisenti, na Itália (Eusébio, *Historia Ecclesiae* ["História da Igreja", em tradução livre]). A aldeia, na região de Samnium, contém as ruínas de uma casa romana que se supõe ser de Pôncio Pilatos, mas não existem provas que fundamentem a afirmação a respeito do dono da casa. Pilatos era casado e, de acordo com uma fonte da antiguidade tardia que pode ter sido baseada em registros contemporâneos ou em tradição recente, o nome de sua esposa era Prócula (*Evangelho de Nicodemus*). O pai da igreja do século III, Orígenes (c. 185-253), também indicou que a esposa de Pilatos pode ter se tornado cristã (Orígenes, *Homilies on Matthew* ["Homilias sobre Mateus", em tradução livre]).

Após o exílio de Arquelau em 6 d. C., Roma formou a província da Judeia e nomeou um prefeito romano chamado Copônio para governar a área. Posteriormente, Pilatos foi nomeado quinto prefeito da província da Judeia, substituindo Valério Grato em 26 d. C. (Josefo, *Antiquities*; Lucas 3:1). Como prefeito, Pilatos comandava mais de mil soldados auxiliares romanos e tinha total poder sobre a vida e a morte na província.

Na época do início do Império Romano, um prefeito governava províncias menores ou menos significativas, ou auxiliava um legado administrando uma parte de uma província maior. A Judeia parecia estar ligada à província da Síria, mas o prefeito respondia diretamente ao imperador. Além disso, os prefeitos da Judeia podiam nomear e depor sumos sacerdotes e controlar os fundos do templo em Jerusalém (Josefo, *Antiquities* 18.34-35).

Além disso, devido a uma recente mudança de política apenas alguns anos antes, no ano 21 d. C., Pilatos pôde levar consigo a sua esposa durante o seu tempo como prefeito provincial, e é por isso que é mencionada no Evangelho de Mateus (Tácito, *Anais*, 3,33-34; Mateus 27,19). Durante seu mandato, Pilatos baseou-se principalmente em Cesareia, que era a capital

---

14 Sobrenome. (N. T.)
15 Algo parecido com uma lança. (N. T.)

romana da província. Embora Jerusalém ainda mantivesse importância, os prefeitos geralmente residiam ali apenas durante as principais festividades.

Nos anos 27-31 d. C., Pilatos mandou cunhar moedas de bronze *prutah* para a província da Judeia (Kindler, "More Dates on the Coins of the Procurators" ["Mais Datas nas Moedas dos Procuradores", em tradução livre]). Uma *prutah*, nome aparentemente derivado de uma palavra aramaica que significa "moeda de menor valor", era a segunda menor moeda usada na província da Judeia. As moedas cunhadas por Pilatos eram decoradas com símbolos religiosos romanos, como o bastão de *lituus*[16], o *simpulum*[17] e a taça de libação patera, e tinham inscrições em grego, a língua internacional. As moedas mencionam Tibério César e Júlia, em vez do próprio Pilatos, uma vez que, como mero prefeito de uma província, seria inapropriado, pelos padrões romanos, que as moedas levassem seu nome. Semelhante às moedas cunhadas por outros oficiais romanos, as moedas emitidas por Pilatos exibiam símbolos pagãos e, talvez, também pretendessem que os símbolos nas moedas ajudassem a conformar os judeus à cultura romana (Kanael, "Ancient Jewish Coins and Their Historical Importance" ["Moedas Judaicas Antigas e Sua Importância Histórica", em tradução livre]).

Embora Pilatos tenha sido mencionado como procurador em fontes romanas posteriores, seu título era o de "Prefeito", segundo uma inscrição encomendada pelo próprio Pilatos, um bloco de calcário com uma inscrição no teatro da capital costeira de Cesareia Marítima. A inscrição em latim diz "Pôncio Pilatos, Prefeito da Judeia" e faz menção a uma dedicatória a Tibério, embora parte da inscrição não esteja mais preservada.

Os governadores romanos da província da Judeia antes de 41 d. C. eram prefeitos como Pilatos, embora começando com Cuspius Fadus, em 44 d. C., depois que Herodes Agripa I morreu e o governo direto de Roma foi reinstituído, esses funcionários foram nomeados como procuradores (Curran, 88; Josefo, *Wars*, 2.111 e *Antiquities* 17.342; Cássio Dio, *Roman History* 55.27). O posterior historiador romano Tácito identificou erroneamente Pilatos como procurador (Tácito, *Annals*, 15.44).

---

16 Cajado usado, na Roma Antiga, por áugures para adivinhação. https://www.dictionary.com/browse/lituus. (N. T.)

17 Era um pequeno recipiente ou concha com cabo longo da época romana, usado em sacrifícios para fazer libações e provar os vinhos e outros licores que eram derramados na cabeça das vítimas sacrificais. O *simpulum* era o sinal do sacerdócio romano e uma das insígnias do Colégio dos Pontífices. https://www.forumancientcoins.com/numiswiki/view.asp?key=simpulum. (N. T.)

Essa inscrição não apenas demonstra que Pôncio Pilatos existiu, mas que era prefeito da Judeia e estava nessa posição antes de 41 d. C. De acordo com Josefo, Pilatos governou de c. 26 a 36 d. C. (Josefo, *Antiquities* 18.35-89).

Recentemente, um anel do século I com o nome "Pilato" (Pilatos), que havia sido escavado no local da fortaleza do palácio do Heródio, perto de Belém, foi limpo, analisado e publicado. O anel foi descoberto em uma camada arqueológica do século I d. C. datada de 71 d. C. ou antes, dentro de uma sala com outros artefatos e moedas do período. É um anel romano de liga de cobre com

A Pedra de Pilatos encontrada em Cesareia, indicando Pôncio Pilatos como prefeito da Judeia.

uma seção de vedação oval com pouco menos de 1 centímetro em seu ponto mais longo. No centro do [selo] oval há um símbolo de ânfora, rodeado por seis letras gregas que soletram "Pilato", que é a forma grega de seu nome usada nos Evangelhos e também equivalente a Pilatos em latim. As letras são inscritas ao contrário para que possam ser lidas da esquerda para a direita em uma superfície que o anel deixaria um carimbo.

Embora o latim fosse usado para a maioria dos documentos e inscrições romanas oficiais, em muitas das províncias, o grego era a língua comum, e as moedas cunhadas por Pôncio Pilatos, na Judeia, também usavam o grego. Como o *cognome* (terceiro nome romano usado para distinguir um ramo de uma família) de Pilatos é de origem italiana e é desconhecido de qualquer outra pessoa na antiga Judeia, e data do século I, esse anel quase certamente se refere a Pôncio Pilatos, o prefeito que interagiu com Jesus. Muito provavelmente foi usado por um oficial romano de baixo escalão, executando tarefas em nome do governador durante seu mandato na Judeia, e não pelo próprio Pilatos.

Quando Pilatos foi nomeado prefeito da província da Judeia em c. 26 d. C., o imperador era Tibério, que reinou de 14 d. C. a 37 d. C. (Lucas 3,1). No entanto, em 26 d. C., Tibério também se retirou para a ilha de Capri, e o astuto comandante da guarda pretoriana e confidente do imperador, chamado Sejano, acabou acumulando poder suficiente para começar a tomar muitas decisões pelo imperador (Suetônio, *Vida de Tibério*, 65). Devido a essa situação, Pilatos pode ter obtido a sua nomeação como prefeito por meio do seu associado Sejano, e não do imperador Tibério (Fílon de Alexandria, *Embassy to Gaius* 159-160). Então, quando Sejano foi acusado de uma conspiração em 31 d. C. e, em seguida, executado, Pilatos, mais uma vez, passou a responder a Tibério, ficando assim, provavelmente, numa posição precária (Josefo, *Antiquities* 18.177-182; Juvenal, *Satire* 10.67-72; Dio, *Roman History* 58.9-11).

Seções de uma carta de Herodes Agripa I, preservada nos escritos de Fílon, descrevem Pôncio Pilatos como um homem de disposição inflexível, implacável e obstinado com paixões ferozes (Fílon de Alexandria, *Embassy to Gaius* 301-302). A caracterização sombria de Pilatos que Agripa comunicou pode ter sido inicialmente influenciada pela sua perspectiva como governante local sob o domínio e em competição com os romanos, embora Agripa também possa ter difamado Pilatos por razões políticas ou familiares. Pilatos caiu em desgraça com o imperador Tibério devido a problemas na Judeia e talvez por sua associação com Sejano, enquanto Agripa era um seguidor leal que procurava receber todos os favores do Império Romano, e em particular do novo governante Cláudio. Pilatos também governou parte da região que outrora governara a família herodiana de Agripa, e Agripa pode ter tido motivações para demonizar os prefeitos como tolos e maus governantes para que pudesse manter o seu próprio poder sobre a região em vez dos oficiais romanos.

Pilatos teve um período irregularmente longo como prefeito, governando por mais de dez anos e tendo seu mandato superado apenas por seu antecessor Valério Grato, que governou por alguns meses a mais, dentre todos os outros prefeitos, procuradores ou legados na Judeia de 6 d. C. a 135 d. C. No entanto, também encontrou muitos problemas e conflitos. Devido às tensões religiosas entre o judaísmo e o politeísmo romano, além dos vários movimentos de independência e da distância geral do governo romano, a liderança na província da Judeia nunca foi simples. Durante seu tempo como prefeito, Pilatos experimentou pelo menos cinco conflitos significativos com a população local, ou seis se incluirmos o julgamento de Jesus. Josefo registrou o primeiro conflito, que ocorreu quando Pilatos ofendeu os judeus religiosos ao trazer estandartes romanos com imagens do imperador para Jerusalém, o que viram como uma violação da proibição da Lei mosaica contra imagens esculpidas (Josefo, *Antiquities* 18.55-59; *Wars* 2.160 -174; Êxodo 20,4). Como consequência, uma delegação foi enviada a Cesareia para solicitar a retirada das imagens da cidade santa. No sexto dia de protestos, Pilatos enviou soldados no meio da multidão para dispersar o povo sob pena de morte. No entanto, o povo atirou-se ao chão e preparou-se para a morte em vez de violar a sua Lei. Isso afetou tanto Pilatos que ordenou que as imagens do imperador fossem trazidas de Jerusalém para Cesareia.

Um segundo conflito surgiu quando Pilatos usou fundos do tesouro do templo para construir um novo sistema de aquedutos que trouxesse água potável para Jerusalém. Embora seja provável que estivesse sob sua autoridade como prefeito usar os fundos para um projeto que presumivelmente serviria ao templo com outra fonte de água, muitos não aprovaram. Milhares de pessoas que protestaram contra esse uso de fundos e contra a construção iniciaram um motim e gritaram abusos contra Pilatos quando ele veio a Jerusalém, o que o levou a enviar soldados com cassetetes sobre a multidão. No entanto, a situação tornou-se terrível à medida que os soldados excederam as suas ordens, e espancamentos severos dos soldados e pisoteamentos pela multidão resultaram na morte de muitos dos manifestantes (Josefo, *Antiquities* 18.60-62; *Wars* 2.175-177).

Um episódio violento que provavelmente ocorreu após as imagens do imperador e os motins do aqueduto envolveu o assassinato de um número desconhecido de galileus. Embora o relato seja extremamente breve, parece que Pilatos pode ter mandado executar alguns galileus quando estes ofereciam sacrifícios (Lucas 13,1). Isso parece ter causado inimizade entre Pilatos e Herodes Antipas, uma vez que a Galileia estava sob a jurisdição de Antipas (Lucas 23,8-12).

Outro incidente ocorreu em Jerusalém e envolveu escudos votivos dourados. Esses escudos, aparentemente inscritos com o nome do imperador, talvez proclamando Augusto ou Tibério como divinos ou governantes do mundo, foram colocados no antigo palácio de Herodes em Jerusalém, que se tornou o pretório romano de Jerusalém (Josefo, *Wars* 2.301). Os escudos foram recebidos com objeções e desaprovação por parte de muitos habitantes locais, semelhantes às objeções anteriores sobre as imagens do imperador em Jerusalém (Fílon de Alexandria, *Embassy to Gaius* 299-305). A princípio, Pilatos recusou-se a aceitar as queixas sobre os escudos, e à luz do fato de que mesmo as sinagogas em Alexandria tinham ornamentos semelhantes em homenagem ao imperador, talvez Pilatos não tenha previsto qualquer problema (Fílon de Alexandria, *Embassy to Gaius* 133). Os filhos de Herodes apelaram a Tibério, que ordenou a Pilatos que transferisse os escudos para o templo de Augusto em Cesareia. Pilatos cumpriu essas ordens, e a situação se dispersou.

O último grande incidente registrado resultou em Pilatos sendo chamado de volta a Roma e em Marcelo substituindo-o como prefeito da Judeia por volta de 36 d. C. Um mentiroso, como Josefo o chamava, alegando ser o messias samaritano, Marcelo conduziu seus seguidores ao Monte Gerizim, prometendo mostrar-lhes os vasos sagrados escondidos por Moisés na montanha (Josefo, *Antiquities* 18.85-89). Provavelmente tentando evitar outra rebelião liderada por um pretendente messiânico, Pilatos bloqueou o caminho com a cavalaria e a infantaria, que então marcharam sobre a aldeia de Tirathaba, onde o grupo esperava. Esse encontro resultou em muitas mortes, principalmente daqueles que eram líderes do grupo samaritano. Pouco depois, a liderança samaritana enviou uma embaixada a Vitélio, legado da Síria, e alegou que o grupo não se iria revoltar contra os romanos, mas estava apenas fugindo da violência de Pilatos. Vitélio ordenou, então, que Pilatos fosse a Roma para responder a essas acusações perante o imperador e, enquanto isso, enviou Marcelo para presidir a Judeia como prefeito interino. No entanto, Tibério morreu em março de 37 d. C., antes de Pilatos voltar a Roma.

Depois que Pilatos retornou a Roma, não está claro como os acontecimentos se desenrolaram. Eusébio relata que, de acordo com uma tradição, Pilatos sofreu infortúnios após seu retorno a Roma, no reinado de Calígula; foi exilado na Gália e acabou cometendo suicídio em Viena devido à sua depressão (Eusébio, *Historia Ecclesiae* 2.7; cf. Orosius, *Historiarum Adversus Paganos* ["Histórias contra os Pagãos", em tradução livre]). Agápio de Hierápolis, um historiador cristão do século X que escreveu em árabe, registrou que Pilatos se matou no primeiro ano do reinado de Calígula, por volta de 37-38 d. C. (Agápio, *Universal History* ["História Universal", em tradução livre]). Embora Agápio tenha escrito quase novecentos anos depois, ele acessou muitas fontes anteriores, como os escritos de Bardaisan e Papias, no século II d. C.; e Josefo, no século I d. C.

No entanto, os precedentes legais da história romana envolvendo a mudança de imperadores e a anistia que Calígula concedeu aos magistrados sugerem que Pilatos provavelmente foi inocentado das acusações, especialmente porque apenas enfrentou acusações feitas pelos samaritanos (Suetônio, *Caio Calígula*). Além disso, as declarações do escritor romano Celso, do século II d. C., servem para esclarecer esse incidente, pois registrou que, em contraste com o rei Penteu, Pilatos não sofreu nada por condenar à morte um suposto deus (Celso, *The True Word*).

Em vez de relatos da punição e morte de Pilatos, as fontes dos séculos I e II d. C. permanecem em silêncio sobre o assunto. Além disso, Tertuliano, pai da igreja dos séculos II e III, afirma que Pilatos se convenceu da natureza divina de Jesus e pode ser considerado cristão (Tertuliano, *Apologia*). As evidências existentes, por mais escassas que sejam, sugerem que Pilatos não foi exilado e não morreu na Gália no início do reinado de Cláudio, mas provavelmente viveu seus dias como magistrado aposentado na Itália.

Embora atestado principalmente nos escritos de Josefo, Fílon e dos autores dos Evangelhos, Pilatos também é mencionado em uma carta de Paulo e em várias obras apócrifas e pseudoepigráficas antigas (1 Timóteo 6,13; *Evangelho de Pedro*). Contudo, a maioria dos escritos apócrifos e pseudoepigráficos não pode ser considerada entre as fontes históricas mais confiáveis para Pilatos. *Acts of Pontius Pilate* ["Atos de Pôncio Pilatos", em tradução livre] é uma obra que ficou sendo conhecida pela primeira vez a partir de uma referência encontrada em uma carta de Justino Mártir ao imperador Antonino Pio (86-161), no século II d. C. (Justino Mártir, *First Apology* ["Primeira Apologia", em tradução livre]). Um texto com nome semelhante aparece mais tarde em uma obra apócrifa do século IV d. C., mas não se sabe se esse texto que posteriormente veio a existir contém a obra mais antiga mencionada por Justino e Tertuliano. É possível que as seções de Pôncio Pilatos tenham sido copiadas do texto anterior, que afirma ser material derivado dos registros em Jerusalém durante o reinado de Pilatos. Devido à incerteza envolvida,

Inscrição de Lisânias, o tetrarca de Abilene.

o material deve ser usado com cautela, reconhecendo que o *Acts of Pontius Pilate* atualmente conhecido pode não conter registros históricos do século I d. C. No entanto, o que sabemos sobre Pilatos e a autoridade romana na província da Judeia durante o tempo de Jesus serve como contexto histórico útil e ilumina os relatos dos Evangelhos.

Junto com Tibério, Pilatos, Herodes Antipas, Filipe e os sumos sacerdotes Anás e Caifás, um governante chamado Lisânias, o tetrarca de Abilene também é listado por Lucas como estando no poder durante o décimo quinto ano de Tibério, quando o ministério de Jesus começou (Lucas 3,1). Embora seja a mais enigmática e controversa das figuras políticas arroladas nessa importante passagem cronológica de Lucas, Lisânias, o tetrarca de Abilene, aparece tanto em fontes arqueológicas como em relatos históricos antigos. No contexto da morte de Tibério e da sucessão de Calígula em 37 d. C., Josefo registrou que Herodes Agripa I recebeu a promessa de várias terras, incluindo a "tetrarquia de Lisânias", que estavam associadas a Abilene (Josefo, *Antiquities* 18.237, 19.275, 20.138). O Lisânias, que foi tetrarca de Abilene no início do século I d. C., pode ter sido filho do tetrarca Zenodoro e neto do Lisânias executado por Cleópatra. Embora as moedas emitidas por Lisânias, *o Tetrarca*, com seu nome e título, não tenham sido identificadas, duas inscrições quase idênticas do século I descobertas em Abilene parecem documentar esse Lisânias, que Lucas afirmou ser um tetrarca durante a época de Tibério e Pôncio Pilatos.

As inscrições gregas, contendo uma dedicatória e uma lembrança, foram descobertas esculpidas em uma colina rochosa ao longo de uma estrada e na parede de um templo. Uma tradução da inscrição mais bem preservada diz "Para a salvação dos senhores Augustos e de toda a sua família, Ninfeu, liberto da Águia. Lisânias, *o Tetrarca*, estabeleceu essa rua e outras coisas". O texto refere-se a Lisânias, *o Tetrarca*, e aos "senhores Augustos", que se acredita ser um título para Tibério e Lívia. Se assim for, isso significa que a inscrição não seria posterior a 29 d. C., quando Lívia morreu, e corresponde ao período em que Lucas mencionou Lisânias governando como tetrarca de Abilene.

Depois que Herodes, *o Grande*, morreu, e seu reino foi dividido entre seus herdeiros, Filipe foi feito tetrarca e governou áreas a leste da Galileia chamadas Gaulanita, Batanaea, Trachonitis e Auranites (Lucas 3:1; Josefo, *Antiquities* 17.21-27, 17.189). Infelizmente, sabe-se, nos dias de hoje, muito menos sobre Filipe, *o Tetrarca*, que reinou de 4 a. C. a 34 d. C., do que sobre outros governantes herodianos do seu tempo. Era filho de Herodes, *o Grande*, e meio-irmão de Antipas e Arquelau, que se tornaram herdeiros do antigo reino de Herodes. Ao contrário de Arquelau e Antipas, Filipe estava no poder sobre uma área principalmente helenística, e pouquíssimos judeus provavelmente viviam lá (Lucas 3,1).

As moedas emitidas por Filipe, que incluíam o seu nome e título de "tetrarca", também refletem essa diferença religiosa e de cosmovisão, uma vez que as moedas apresentam retratos dele e dos imperadores Augusto e Tibério, além de imagens de templos pagãos. Uma moeda particularmente relevante, que data de cerca de 30 d. C., mostra a cabeça do imperador Tibério com seu nome e título de um lado, e a imagem de um templo tetrastilo[18] com "Filipe tetrarca" do outro lado. Durante seus 37 anos como tetrarca, Filipe ergueu templos, nomeou lugares em homenagem a Augusto e Tibério e à família imperial e manteve boas relações com os romanos.

Dos herdeiros imediatos de Herodes, *o Grande*, Filipe parece ter tido o governo mais pacífico e, ao contrário dos seus irmãos Antipas e Arquelau, nunca foi deposto ou exilado. Alguns estudiosos não consideram Filipe, *o Tetrarca*, parte da dinastia herodiana, simplesmente porque não existem textos claros ou inscrições atualmente conhecidas que demonstrem que usou o nome "Herodes". No entanto, era filho e herdeiro de Herodes, *o Grande*, e recebeu uma parte daquele antigo reino.

Anás era o sumo sacerdote interino do judaísmo por volta de 6 a 15 d. C., nomeado quando a Judeia se tornou uma província romana e o prefeito Copônio iniciou seu mandato como governador. Seu papel como sumo sacerdote durou até que o prefeito Valério Grato o destituiu do cargo. Anás é documentado como filho de Sete, nomeado sumo sacerdote pelos romanos após Joazar (Josefo, *Antiquities* 18.26-27). A descoberta de um incrível túmulo do século I no Vale de Hinom, ao sul da antiga Jerusalém, certamente o local de sepultamento de uma das famílias mais ricas e poderosas da época de Jesus, também foi provisoriamente identificado como o túmulo de Anás e de sua família de sumos sacerdotes por meio de uma comparação das descrições de Josefo com a geografia e arqueologia do túmulo. Ex-sumo sacerdote e sogro do sumo sacerdote em exercício, Caifás, Anás ainda era considerado sumo

---

18 Construção, especialmente de templos gregos, com quatro ordens de colunas na fachada principal. https://aulete.com.br/tetrastilo. (N. T.)

sacerdote de acordo com o sistema de nomeação vitalícia da Lei mosaica e continuou a manter influência significativa mesmo depois de ser deposto (Números 35,25-28; Lucas 3,2; João 18,13).

Todas essas figuras políticas incluídas por Lucas não só permitem uma análise histórica que demonstra precisão em nomes, títulos e locais, mas as suas cronologias sobrepostas também colocam o ministério de Jesus num período de tempo muito específico. Se considerarmos esses sete funcionários, mesmo sem nos referirmos ao décimo quinto ano de Tibério, o período de tempo em que todos ocuparam esses cargos ainda cai apenas entre 26-34 d. C., no máximo. As informações adicionais do décimo quinto ano de Tibério registradas por Lucas e os 46 anos de reconstrução do templo mencionados por João permitem uma estimativa ainda mais precisa do início do ministério de Jesus por volta de 28 d. C.

JOÃO E O BATISMO DE JESUS

João Batista, ou mais precisamente "João, *o Batizador*", nasceu apenas seis meses antes de Jesus, filho de um sacerdote chamado Zacarias e sua esposa, Isabel, que viviam na região montanhosa de Judá, perto de Jerusalém (Lucas 1,5-13). Zacarias é mencionado em uma inscrição grega do século IV encontrada na "Tumba de Absalão", que afirma que Zacarias, o sacerdote, pai de João, foi enterrado ali.

João era um personagem único no século I, vivendo no deserto, vestindo roupas de pelo de camelo com um cinto de couro, comendo gafanhotos e mel silvestre e batizando na margem leste do Rio Jordão (Mateus 3,4-6; Marcos 1,4-6; João 1,28). É, muitas vezes, nos Evangelhos, comparado a Elias, que foi descrito de forma semelhante e passou grande parte de seu tempo ao redor do rio Jordão, como João (1 Reis 17,5; 2 Reis 1,8; Mateus 17,9-13; Lucas 1,13-17).

Embora uma pequena porcentagem das narrativas evangélicas seja dedicada a João, *o Batizador*, ele aparece em todos os quatro Evangelhos e em Atos, e múltiplas profecias referem-se a João e à preparação do caminho para Jesus. Inicialmente, Zacarias recebe uma mensagem de um anjo de que terá um filho chamado João, que fará com que muitos dos israelitas voltem para Deus, e ele será um precursor para preparar o povo para o Senhor (Lucas 1,11-17). No Evangelho de Lucas, é feita referência a uma profecia de Malaquias de que esse precursor fará com que os corações dos pais voltem aos filhos e os corações dos filhos aos seus pais, o que está claramente ligado ao ministério profético e de arrependimento de João, *o Batizador*, visto mais tarde nos Evangelhos (Lucas 1,17; Malaquias 4,6).

Todos os quatro Evangelhos citam o livro de Isaías, o que implica que João era uma voz no deserto que preparava o caminho do Senhor (Isaías 40,3; Mateus 3,3; Marcos 1,2-3; Lucas 3,4; João 1,23). Lucas expande a citação para incluir os próximos dois versículos de Isaías, enquanto Marcos também tem um versículo de Malaquias sobre o mensageiro que viria antes (Malaquias 3,1).

Jesus confirmou o ministério e o papel de João e enfatizou a sua importância na preparação do caminho (Lucas 7,24-30). Tal como Jesus, João, *o Batizador*, declarou que apenas ser descendente físico de Abraão não seria suficiente (Lucas 3,7-9; João 8,31-39). Para a elite religiosa da Judeia, isso representava um afastamento daquilo que se tornara suas crenças tradicionais.

Pouco antes do ministério público de Jesus, João pregava a vinda do Messias e batizava pessoas em água como um ritual simbólico que as identificava com a aceitação da mensagem espiritual que João estava comunicando. Parece que o ministério de João foi o primeiro a empregar o batismo de uma pessoa por outra pessoa, e a associação do batismo com a mensagem de Deus era algo distinto da ideia típica de lavagem ritual no judaísmo da época.

João frequentemente batizava pessoas no rio Jordão, num lugar chamado Enom, perto de Salim (João 3:23). Eusébio, perto do final do século III, escreveu que Salim ficava a cerca de 11 quilômetros, ou no oitavo marco, ao sul de Citópolis, na região de Decápolis (Eusébio, *Omomasticon* 40:1, 152:4). Outros sugeriram que Salim, a leste de Siquém, ou talvez Wadi Saleim, a 9,7 quilômetros a nordeste de Jerusalém, era o local. Todos esses locais provavelmente ficavam na região da Judeia, embora os Evangelhos também especifiquem que João usava a margem leste do rio Jordão, na Pereia, como local comum para batismos. Como Eusébio viveu perto da época do Novo Testamento, a localização que ele propõe pode ser mais precisa do que as hipóteses modernas. Isso colocaria muitos dos batismos de João na província da Judeia, mas também perto da região da Galileia, onde Jesus iniciou o seu ministério. João, contudo, também batizou em Betânia, além do Jordão (lado leste do rio Jordão), na região conhecida como Pereia, administrada pelo tetrarca Herodes Antipas, e foi aqui que ocorreu o batismo de Jesus (João 1,28).

Betânia além do Jordão, local tradicional do batismo de Jesus.

Vários documentos dos séculos II, III e IV d. C. mencionam João, *o Batizador*, mas muitos tomam emprestado material dos Evangelhos ou, em alguns casos, até relatam informações não confiáveis (Pseudo-Clementinas; *Gospel of the Nazarenes* ["Evangelho dos Nazarenos", em tradução livre]; *Gospel of the Hebrews* ["Evangelho dos Hebreus", em tradução livre]; *Protoevangelium of James* [Protoevangelho de Tiago, em tradução livre]; Justino Mártir; Tertuliano; Hipólito; Orígenes; Epifânio). Contudo, além dos Evangelhos, Josefo, historiador do século I d. C., refere-se a João. Josefo o chama de "homem bom" que persuadiu os judeus à virtude e à reverência a Deus, e até menciona os batismos de João (Josefo, *Antiquities* 18.116-117). João, *o Batizador*, foi fundamental para preparar o caminho para Jesus, e a sua contribuição e posição única foram lembradas pela Igreja ao longo dos tempos.

De acordo com o Evangelho de Lucas, Jesus foi batizado por João, *o Batizador*, antes do início do ministério público de Jesus (Lucas 3,21-23). Isso aconteceu no décimo quinto ano de Tibério César, que parece ter sido por volta de 28 d. C. No mundo religioso da Judeia do século I, o batismo era geralmente visto como uma lavagem ritual de purificação simbólica, que poderia assumir a forma de lavar as mãos ou de imersão de todo o corpo em banho ritual. A prática remonta à Lei de Moisés, no antigo Israel, quando a lavagem com água era usada para purificar uma variedade de tipos de impureza ou purificação simbólica (Êxodo 30,17-21; Levítico 14,8-9; 15,5-27; 17,15-16; Números 19,10-13; 2 Reis 5,8-14; Ezequiel 36,25; Lucas 11,37-41).

O escopo das razões para a lavagem ritual expandiu-se, mais tarde, no judaísmo e tornou-se uma das principais práticas da elite religiosa (Josefo, *Wars*, 2.150; 1QS 3:3-9, 5:6). A lavagem ritual era tão comum na Judeia durante a época de Jesus que banhos foram instalados em muitas casas e áreas públicas ao redor das cidades e aldeias, e vasos de pedra para lavagem ritual foram descobertos em grandes quantidades. Muitas pessoas, por fim, acabaram aprendendo sobre João e seu ministério de batismo e, mesmo aqueles que não se tornaram cristãos, reconheceram que os batismos de João eram um símbolo externo que ocorria após uma mudança na alma (Josefo, *Antiquities* 18.116-117).

Betânia, além do Jordão (ou Betabara "local de travessia"), era um local onde João, *o Batizador*, estava pregando e batizando, e muito provavelmente onde ocorreu o batismo de Jesus (João 1,25-34). Escavações no lado leste do rio Jordão, em Al-Maghtas (que significa "imersão"), revelaram uma antiga igreja bizantina que foi construída no século IV d. C. para marcar o local do batismo de Jesus, embora vestígios anteriores do século II d. C. sugiram que os cristãos podem ter reverenciado o local e construído um monumento ou área batismal na geração seguinte aos apóstolos. Localizado a cerca de 10 quilômetros a sudeste de Jericó e a 9 quilômetros a norte do Mar Morto, esse local e especificamente "Betabara" estão indicados no mapa de Madaba do século VI. No século III, Orígenes também identificou o local do batismo de Jesus em Betabara.

Os antigos vestígios relativos ao batismo consistem em sistemas de recolhimento de água e tanques batismais, incluindo um em forma de cruz, demonstrando a associação do local ao batismo de Jesus. Essa "Betânia além do Jordão" não deve ser confundida com a Betânia imediatamente a leste de Jerusalém, no Monte das Oliveiras, que Jesus também visitou. O termo "Betânia" está atestado no manuscrito P66 do século II d. C., e a grande maioria dos manuscritos antigos de João mostra o termo Betânia. O nome Betabara, que provavelmente tem suas raízes no local da Idade do Bronze e da Idade do Ferro chamado Bete-Barah, pode ter sido um nome alternativo ou originalmente o nome do lugar no lado oeste do rio Jordão (Juízes 7,24).

Hoje, o local do lado ocidental é chamado de Qasr el-Yahud, ao passo que, imediatamente, do outro lado do rio, no lado oriental, está Al-Maghtas e a antiga igreja e estruturas batismais ligadas a João, *o Batizador* e Jesus. Os locais de Al-Maghtas e Qasr el-Yahud faziam parte de uma zona militar e ficaram inacessíveis durante muitos anos, até que as minas foram removidas, e as áreas foram abertas aos peregrinos. Embora todos os quatro Evangelhos incluam o batismo de Jesus, com Mateus e Marcos até mencionando o rio Jordão, apenas o Evangelho de João especificou o nome do lugar como Betânia além do Jordão.

A TENTAÇÃO DE JESUS

Imediatamente após o seu batismo, Jesus foi para o deserto da Judeia por quarenta dias (Marcos 1,12-13). Esse foi realmente um período de extrema dificuldade, pois Jesus estava no meio do que era então, e ainda é hoje, um deserto quente e árido que, durante o primeiro século, também era ocupado por feras. O local da tentação da proteção, quando Satanás tentou fazer Jesus se atirar de uma grande altura e fazer com que os anjos o resgatassem, foi registrado em um lugar chamado "pináculo do templo" (Mateus 4,5-7; Lucas 4,9-12). Esse pináculo do templo é frequentemente entendido como o topo da torre sudeste ou o telhado do complexo do templo, com vista para o Vale do Cédron abaixo, que Josefo descreveu como uma altura vertiginosa (Josefo, *Antiquities* 15.411-416). Como uma torre alta ou telhado acima do muro na beira do vale, a altura era tão grande que nenhum ser humano poderia sobreviver à queda.

A localização da tentação do poder, numa montanha muito alta, não é especificada em nenhuma das narrativas evangélicas, nem qualquer outro texto antigo declara saber a localização exata (Mateus 4,8-11; Lucas 4,5-8). No entanto, uma tradição secular afirma que foi no "Monte da Tentação", no deserto da Judeia, a oeste de Jericó, em direção a Jerusalém. Geograficamente, isso se localiza na mesma região dos quarenta dias de jejum e das outras tentações da

Canto do Monte do Templo, possível localização do pináculo do templo.

fome e da proteção. No entanto, investigações arqueológicas determinaram que a Fortaleza Dok, da época dos asmoneus, estava no topo dessa montanha e pode ter sido usada durante a época de Herodes, *o Grande*, e no século I d. C. (1 Macabeus 16,15; Josefo, *Wars* 1.56; Josefo, *Antiquities* 13.230; *Copper Scroll* ["Pergaminho de Cobre", em tradução livre] 265:19). Embora essa fortaleza pudesse ter sido abandonada na época do ministério de Jesus, é igualmente impossível determinar se os escritores dos Evangelhos se referiam a essa montanha em particular.

NAZARÉ A CAFARNAUM

Embora Jesus tenha nascido em Belém da Judeia, foi criado em Nazaré e é frequentemente chamado de "Jesus de Nazaré" (Mateus 2,23; 21,11; 26,71; Marcos 1,24; 6,1; Lucas 2,39; João 1,45-46). Durante a sua infância e início da idade adulta, Jesus viveu e trabalhou em Nazaré, mas também demonstrou o seu vasto conhecimento e sabedoria por meio do ensino e explicação das Escrituras (Mateus 13,53-58; Lucas 2,51-52). No início de seu ministério, logo após a tentação no deserto, todos os quatro Evangelhos registram que Jesus disse que um profeta não fica sem honra, exceto em sua terra natal (Mateus 13:57; Marcos 6:4; Lucas 4:24; João 4:44).

Naquela que parece ser a última vez que ensinou em Nazaré, Jesus leu o rolo de Isaías e declarou que aquela profecia das Escrituras havia sido cumprida (Isaías 61,1-2; Lucas 4,17-21). O Evangelho de Lucas dá o relato mais extenso desse episódio, que termina com Jesus deixando Nazaré e indo para a cidade de Cafarnaum depois que as pessoas da aldeia rejeitaram suas declarações e tentaram jogá-lo de um penhasco (Lucas 4,14-31).

Embora tenha sido argumentado que não existe nenhum penhasco em Nazaré de onde Jesus pudesse ter sido atirado, existem vários locais dentro e ao redor de Nazaré de onde as pessoas poderiam ter tentado atirá-lo. Lucas especificamente chama essa característica geográfica de topo, penhasco, saliência, projeção ou borda de uma colina (Lucas 4,29). Tratava-se, portanto, de uma colina com algum tipo de declive acentuado. Lucas também registrou que o povo expulsou Jesus "para fora da cidade", mas ainda era na mesma colina onde Nazaré havia sido construída. Isso indica que a encosta ou penhasco deveria estar fora dos limites da cidade antiga, mas na mesma grande colina que foi parcialmente coberta pela cidade. Como Lucas não é mais específico do que isso, existem várias ideias sobre o lugar em que o penhasco pode ter estado. O local tradicional, denominado Monte Precipício, fica a cerca de 2,4 quilômetros do centro da cidade de Nazaré. Ainda que pareça se enquadrar na descrição ampla do texto de Lucas, o penhasco pode ter sido localizado mais perto da antiga aldeia, mas agora, dadas as construções feitas sobre ele, não é mais visível.

Após a tentativa de execução no penhasco em Nazaré, Jesus mudou-se para Cafarnaum durante seu ministério na região da Galileia (Mateus 4,13). Foi a partir de Cafarnaum, estrategicamente localizada na costa do Mar da Galileia e numa estrada principal, que Jesus viajou pela região enquanto ensinava e realizava milagres.

O MAR DA GALILEIA

É provável que Jesus tenha vivido a maior parte de sua vida na região da Galileia em relativa obscuridade. Especificamente, a área do Mar da Galileia, situada no norte de Israel, cerca de 97 quilômetros ao norte de Jerusalém, é onde Jesus passou a maior parte de seu ministério. Esse lago de água doce é regado por nascentes subterrâneas, pelas chuvas e pelo rio Jordão, que deságua nele vindo do norte.

Foi conhecido por muitos nomes ao longo dos tempos antigos, desde Kineret, na época da conquista israelita de Canaã (Números 34,11), até o nome popular de Mar da Galileia na época romana (Mateus 4,18) e, final-mente, Mar de Tiberíades no final do século I d. C. (João 21,1). Existem também variantes, incluindo Genesaré e Ginosar, enquanto um nome do período islâmico para o lago era Mar de Minya (Lucas 5,1; Josefo, *Antiquities* 5.84; *Life* 349). O nome original do lago, Kinneret, é derivado da palavra para "lira" e presume-se que seja devido à semelhança entre a forma do lago e o instrumento. Embora houvesse uma cidade antiga chamada Kinneret, provavelmente ela recebeu o nome do lago. O nome mais popular para o lago, Mar da Galileia, veio do nome da região, Galileia, que circunda o lago (1 Reis 19,11). O nome raramente usado, Mar de Tiberíades, apareceu no século I d. C., depois que Herodes Antipas nomeou a cidade de Tiberíades em homenagem ao imperador Tibério, e o lago manteve esse nome durante a época romana.

As montanhas a oeste do lago atingem uma altitude de cerca de 1.220 metros, enquanto a leste as colinas têm apenas cerca de 610 metros de altura. No entanto, devido à elevação extremamente baixa da superfície do lago, aproximadamente 211 metros abaixo do nível do mar, as montanhas e colinas elevam-se bem acima da costa. Essa baixa altitude também torna o Mar da Galileia o lago de água doce mais baixo do mundo. A sua geografia permite a ocorrência de tempestades repentinas, pois o choque do ar quente com as baixas altitudes e do ar frio vindo do alto das montanhas resulta em um sistema climático que pode rapidamente causar grandes ondas (Mateus 8:23-27).

Com 21 quilômetros de comprimento, 13 quilômetros de largura e cerca de 45 metros de profundidade, dependendo das secas e do uso da água, é o maior lago de água doce da região. Como tal, o lago foi um componente-chave da economia da região durante a época de Jesus, sendo benéfico como fonte de pesca, irrigação para a agricultura, água doce e viagens.

O Mar da Galileia estava situado em uma importante rodovia que ligava o Egito ao Levante e à Anatólia. Os antigos egípcios chamavam essa estrada de Caminho de Hórus, enquanto os antigos israelitas a chamavam de Caminho dos Filisteus, e, no século I, um de seus nomes pode ter sido Caminho do Mar (Êxodo 13,17; Mateus 4,15). Nos tempos modernos, é frequentemente chamada de Grande Estrada Principal.

Como a área da Galileia era produtiva tanto para a agricultura quanto para a pesca, e também, ao longo de uma importante rodovia, usada para fins comerciais, militares e viagens, as terras ao redor do Mar da Galileia eram locais privilegiados para aldeias e cidades (Josefo, *Wars* 3.42-43, 516-519). Cidades e aldeias situadas ao redor do Mar da Galileia, durante a época de Jesus, incluem Cafarnaum, Betsaida, Genesaré, Magdala, Tiberíades, Corazim, Hipopótamos, Tabgha, Filoteria e Gadara.

Embora a maior parte da arquitetura exposta que foi escavada em Corazin, incluindo a impressionante sinagoga, remonte ao século III d. C. ou mais tarde, escavações recentes em Corazin descobriram materiais arqueológicos e arquitetura do século I, incluindo moedas e cerâmica do século I d. C. e uma seção de um "púlpito" de pedra, aparentemente construído no século I, foi encontrada enterrada sob as ruínas da sinagoga posterior. A cidade também foi mencionada no Talmude e era conhecida por seu trigo, que era aceitável para uso em oferendas no templo de Jerusalém (Menahot 85a).

No século I, assentamentos alinhavam-se nas margens de ambos os lados do lago e pelo menos dezesseis portos foram construídos. Cada cidade ou aldeia costeira provavelmente tinha o seu próprio porto, embora variassem em tamanho, com o maior estendendo-se por mais de 182 metros na água em Gadara. Como os peixes eram abundantes no Mar da Galileia, e uma importante fonte de proteína, a pesca era a principal atividade do lago. Isso fica evidente no fato de pescador ser a profissão mais comum para aqueles homens da Galileia que se tornaram discípulos de Jesus (Mateus 4,18-22; Marcos 1,16-20).

A pesca naquela época era geralmente feita com redes grandes, embora anzóis do período romano também tenham sido recuperados em escavações arqueológicas ao redor do Mar da Galileia (cf. Mateus 17,24-27; Lucas 5,1-11). As redes eram presas a pesos de barro ou de pedra para fazê-las afundar abaixo da superfície da água, ainda que fossem utilizados vários tipos de redes. Embora as traduções simplesmente traduzam "rede" em todos as ocorrências, na verdade, havia três tipos diferentes de redes designadas por três palavras gregas diferentes nos Evangelhos. Havia uma pequena rede circular portátil (*anfiblestron*), um tresmalho em camadas ou rede de emalhar (*diktuon*), que ficava flutuando na água por várias horas durante a noite, e a rede de arrasto (*sagene*), que era puxada pelo barco (Mateus 4,18-20; 13,47-48).

Como não existia câmara frigorífica, o peixe tinha de ser salgado e seco para evitar que se estragasse. No entanto, devido às fontes de água doce, a área ao redor do lago também era uma produtora significativa de culturas como trigo, azeitonas e uvas. A localização na estrada tornava pedágios ou impostos lucrativos, e Mateus estava estacionado em uma alfândega em Cafarnaum para cobrar taxas (Marcos 2,14).

Como os assentamentos estavam todos localizados ao longo da costa e havia terras agrícolas úteis na região, a área ao redor do Mar da Galileia era densamente povoada. As estimativas para a população da Galileia no século I são provisórias, mas, com base em vestígios arqueológicos, relatos históricos antigos e estudos comparativos, a população de toda a região da Galileia pode ter sido de cerca de 200 mil pessoas, enquanto a população de todo o reino herodiano, incluindo Galileia, Pereia, Judeia e Samaria, era provavelmente inferior a um milhão durante o período romano. Como a população da Galileia estava concentrada ao redor do lago, e, em alguns centros urbanos próximos, Jesus conseguiu ensinar e realizar milagres diante de milhares de pessoas durante seu início de ministério público, sem viajar grandes distâncias, muitas vezes usando barcos para ir de cidade em cidade.

Devido às suas fontes de água doce, pesca, terras férteis ao redor do lago e localização nas principais estradas, a área do Mar da Galileia na antiguidade era um importante centro econômico. Isso fez com que a região se tornasse altamente povoada por pessoas de cultura judaica e helenística, resultando numa região que era influente econômica e ideologicamente, embora ainda distante dos principais centros religiosos e políticos de Jerusalém e Cesareia. Em razão disso, o Mar da Galileia foi um lugar crucial para o ministério inicial de Jesus.

Embora o Mar da Galileia fosse densamente povoado e a costa estivesse pontilhada de cidades e portos durante o tempo de Jesus, os estragos do tempo e da água fizeram com que muitas dessas estruturas fossem pouco visíveis ou mesmo ficassem perdidas sob as ondas. Os vestígios hoje consistem, sobretudo, nas fundações, que até recentemente estavam cobertas pelo mar. A associação de uma barragem e de uma seca, no século I, no entanto, baixou o nível da água para quase 4 metros abaixo do nível típico do lago, de cerca de 209,5 metros abaixo do nível do mar para cerca de 213 metros abaixo do nível do mar. Embora problemático para o abastecimento de água e para a agricultura, isso permitiu a descoberta e análise arqueológica de muitos artefatos e estruturas do período romano, incluindo portos de muitas cidades ocupadas durante o tempo de Jesus. Atualmente, pelo menos dezesseis portos antigos foram descobertos ao redor do Mar da Galileia como em Cafarnaum, Tabgha, Gennesar, Magdala, Ein al-Fuhyeh, Tiberíades, Sennabris, Beit Yerah, Gadara, Duerban, dois perto de Hipo, Ein Gofra, Kursi, Kefar Aquvya e Aish.

Esses portos foram construídos com pedras de basalto preto locais, e o porto de uma cidade geralmente consistia em vários cais que se projetavam para a água, parando as ondas e proporcionando locais de atracação calmos e protegidos para os barcos. Âncoras, pedras de amarração e pesos de pesca nos portos também foram descobertos. Os portos conhecidos estão localizados ao redor do Mar da Galileia e demonstram a prolífica indústria pesqueira durante o tempo de Jesus, o que parece óbvio quando se lê os Evangelhos (Mateus 17,24-27; Marcos 1,16-20; Lucas 5,1- 11; João 21,3-6). Josefo também observou isso, afirmando que, quando contados, foram encontrados 230 barcos de pesca trabalhando no Mar da Galileia em um determinado dia durante sua vida no século I d. C. (Josefo, *Wars* 2.635).

A CAFARNAUM ANTIGA, A SINAGOGA E A CASA DE PEDRO

Cafarnaum aparece em todas as quatro narrativas dos Evangelhos como o lar de vários discípulos e o lar temporário de Jesus durante seu ministério público. A cidade estava localizada na costa noroeste do Mar da Galileia e, no geral, foi considerada como tendo sido habitada por volta do século II a. C. ao século X d. C., embora a cidade do século VII ao X tenha sido construída apenas no lado leste do assentamento do período romano. No entanto, vestígios arqueológicos de 2000 a. C. até o século XII d. C. aparentemente foram recuperados no local.

O nome da aldeia, Kfar Nahum (Cafarnaum), significa aldeia de Naum, apesar de não ter ligação definitiva com o profeta hebreu Naum. Embora contenha vestígios significativos da época de Jesus e da Igreja Primitiva, parece que a cidade não foi colonizada durante o período da monarquia israelita. Além de ser mencionada em todos os quatro relatos evangélicos, a cidade também é mencionada nos escritos do historiador romano-judeu do século I d. C., Flávio Josefo, como uma aldeia no Mar da Galileia, aparentemente perto de Tabgha e na mesma área de Magdala. (Josefo, *Life* 403-404; Josefo, *Wars* 3.519-521).

Cafarnaum parece ter sido maior durante o período romano e no início do período bizantino, e, na época de Jesus, a cidade ocupava cerca de 10 hectares (cerca de 100 mil metros quadrados). Embora as estimativas populacionais para a Cafarnaum do período romano sejam geralmente bastante pequenas e fiquem em torno de 3 mil pessoas, devido ao tamanho atualmente conhecido do assentamento, à densidade populacional das aldeias e cidades na antiguidade e à possibilidade de que mais do assentamento ainda não tenha sido descoberta, a população da área de Cafarnaum no século I d. C. pode ter chegado a 15 mil. Magdala, embora pareça ser uma cidade relativamente pequena a partir dos vestígios arqueológicos que hoje se conhece, supostamente tinha uma população de cerca de 40 mil pessoas no século I d. C., ainda que essa estimativa antiga possa ter sido errada ou exagerada (Josefo, *Wars* 2.608). Na antiguidade, essa era considerada uma cidade grande e, como as cidades e aldeias ladeavam a costa do Mar da Galileia no século I, a área teria parecido ainda mais urbanizada e altamente povoada.

Cafarnaum estava ligada à costa do Mediterrâneo por meio de uma estrada que ia para o oeste até a cidade de Ptolomaida, ou Acco (Atos 21,7). Outra estrada principal poderia ser seguida para o sul, até Jerusalém, ou para o norte, em direção a Damasco, enquanto navegar para o leste, pelo Mar da Galileia, levaria à área das cidades de Decápolis. Devido à sua localização no Mar da Galileia e nas principais estradas, a pesca, a agricultura e o comércio fizeram da cidade um importante centro comercial. Isso fica ainda evidenciado pela alfândega romana localizada em Cafarnaum e pela presença de vários cobradores de impostos (Marcos 2,14; Mateus 17,24-27). Talvez ali estivessem um centurião e outro oficial do governo (Mateus 8,5-13; 9,18). Um marco romano encontrado na cidade, com uma inscrição em homenagem ao imperador Adriano, atesta a importância dela para o Império no início do século II d. C.

O traçado da cidade também revela influência helenística e romana, visto que foi majoritariamente organizada de acordo com planos urbanos romanos, com ruas norte-sul e leste-oeste que se cruzam em ângulos de 90 graus, além de uma casa de banhos romana ter sido descoberta durante as escavações. Embora a casa de um centurião romano não tenha sido identificada, achados arqueológicos indicam que existia uma presença romana em Cafarnaum. Devido à sua localização, a cidade abrigava uma grande variedade de profissões, como pescadores, agricultores, artesãos, comerciantes, funcionários do governo, soldados, estudiosos e líderes religiosos.

A antiga Cafarnaum, na época do ministério de Jesus, era a casa de Pedro, Tiago, João, André e Mateus, embora Pedro e André tivessem se mudado para lá de sua antiga casa em Betsaida (Marcos 1,16-29; Mateus 9,9; João 1,43-44). Muitos dos discípulos eram pescadores, e Cafarnaum foi descrita nos Evangelhos como uma vila de pescadores, tal como também revelaram escavações arqueológicas. Foram descobertos anzóis e pesos para redes de pesca, juntamente com outros utensílios domésticos de classe baixa, como cerâmica básica, instrumentos de tecelagem e mós de grãos.

Além da pesca, a zona de Cafarnaum era um centro agrícola que parece ter-se centrado na produção e transformação de azeitonas e cereais. Descobertas arqueológicas também indicam que vasos de vidro eram fabricados em Cafarnaum. Um cais foi construído para evitar que a água inundasse a cidade e para formar um porto para os barcos, como pode ser visto pela saliência das paredes de pedra que se estendem por mais de 22 metros na água para formar um cais.

Uma sinagoga em Cafarnaum é mencionada especificamente nos Evangelhos de Marcos, Lucas e João, e vestígios de duas sinagogas da antiguidade foram encontrados na cidade (Marcos 1,21; Lucas 4,31-33; João 6,59). Uma impressionante sinagoga dos séculos IV a V d. C., datada pelas milhares de moedas encontradas sob a calçada, ainda existe hoje. O salão principal dessa sinagoga reconstruída mede 24,4 metros por 18,65 metros; e duas inscrições, uma em grego e outra em aramaico, aparentemente homenageiam aqueles que ajudaram a construir o edifício. Moedas, principalmente de cerca de 350-400 d. C., encontradas sob a sinagoga branca indicam que foi construída no final do século IV ou no início do século V. Na verdade, as moedas parecem ter sido usadas como componente da argamassa – talvez porque fossem moedas romanas de imperadores cristãos.

Cafarnaum e a antiga sinagoga.

Além disso, a inscrição aramaica da sinagoga e os capitéis das colunas utilizados na arquitetura foram identificados como sendo do século IV ou posterior. O salão principal da sinagoga pode ter sido construído no final do século IV, enquanto a ala oriental pode ter sido acrescentada no início do século V.

No entanto, sob essa sinagoga de calcário branco do período bizantino, foram descobertas ruínas de uma sinagoga de basalto preto do século I d. C., tornando-a uma das sinagogas mais antigas atualmente conhecidas. Essa sinagoga da época de Jesus e dos apóstolos foi datada principalmente com base na cerâmica do século I d. C. encontrada sob o piso de paralelepípedos. O Evangelho de Lucas afirma que o centurião pagou pela construção dessa sinagoga, o que situaria a construção no início do século I d. C. (Lucas 7,1-5). Por baixo da estrutura do século I d. C., também foram descobertas moedas e cerâmicas anteriores, circunscrevendo a construção do edifício a um intervalo de tempo muito preciso.

As paredes de basalto preto desse edifício têm cerca de 1,20 metro de espessura, demonstrando que essa não poderia ser uma habitação privada. Essa sinagoga do século I d. C., abaixo da sinagoga de calcário branco, era apenas um pouco menor, com 22 metros por 16,5 metros. Como a estrutura de basalto preto não se alinha exatamente com a sinagoga branca, é claro que os blocos de basalto são resquícios de um edifício anterior, e não as fundações da sinagoga do período bizantino. Seções das paredes de basalto foram preservadas até cerca de um metro de altura, e o exame revelou que estavam rebocadas no interior. O edifício é referenciado pela peregrina Egéria, do século IV, que teria ouvido falar ou talvez até visto as ruínas da antiga sinagoga de basalto. Egéria também observou que a sinagoga de calcário foi construída no mesmo local que a sinagoga de basalto do século I. Embora permaneçam apenas fragmentos de colunas, o piso e as fundações da sinagoga do século I d. C., esse material é suficiente para a sua identificação.

Uma grande igreja em forma de octógono também foi construída em Cafarnaum, no século V d. C., durante o período bizantino. Semelhante a outras igrejas do período, ela foi erguida sobre ou em torno de um local significativo mencionado nos Evangelhos. Essa igreja bizantina parece ter sido construída em duas fases; a primeira, durante o século IV, quando a antiga igreja foi ampliada por meio de uma parede edificada em torno da área; depois, uma nova estrutura foi construída no século V numa igreja mais formal.

O século IV foi um período significativo de construção de igrejas, pois o imperador Constantino legalizou o cristianismo, encomendou a edificação de muitas igrejas e incentivou a construção adicional de igrejas por meio de suas ações e políticas. Quando a igreja foi redescoberta durante as escavações em Cafarnaum, seções do piso de mosaico ainda estavam intactas e um batistério foi encontrado na abside sul.

Debaixo da igreja bizantina, foram descobertos resquícios de uma igreja ainda anterior, modificada a partir de uma casa que foi originalmente construída no século I a. C. e transformada em uma igreja doméstica na segunda metade do século I d. C. A utilização de materiais de construção de basalto preto, predominantes na cidade durante os séculos I a. C. e I d. C., juntamente com a cerâmica encontrada na casa, permitem que essa igreja doméstica seja datada do século I d. C. As paredes originais da casa eram muito mais finas do que as da igreja posterior, visto que essa era a norma na arquitetura doméstica, e teria sido coberta por um telhado de palha (Marcos 2,1-5).

Vestígios das paredes da sinagoga de basalto preto do século I em Cafarnaum.

A casa foi o local de muitas obras de Jesus e, em uma ocasião, parece que grandes multidões de pessoas da cidade permaneciam reunidas em frente à porta da casa para que pudessem ser curadas por Jesus (Marcos 1,29-34). Isso sugere que havia um grande espaço disponível em frente à casa de Pedro, onde as pessoas podiam se reunir. Escavações da casa demonstram que ela ficava ao longo da rua principal norte-sul da cidade, e existia um grande espaço aberto entre a rua e a porta, o que permitiria que uma multidão se reunisse em frente à casa e em todo o caminho ao longo da rua enquanto esperava para ver Jesus.

Posteriormente, por volta de 50 d. C., parece que a casa passou a ser tratada de forma diferente de outros edifícios da cidade. Aquela que foi identificada como a sala original da igreja, com paredes com cerca de 7,5 metros, era a única sala da cidade com pavimentos e paredes em gesso, este tendo sido aplicado na segunda metade do século I d. C. Esse aparente local de encontro também apresentava uma notável ausência de restos de cerâmica doméstica, ao passo que foram descobertos potes de armazenamento e muitas lamparinas a óleo que teriam sido usadas para iluminação.

Segundo os escavadores, grafites cristãos em aramaico, grego, siríaco e latim mencionavam os nomes "Senhor Jesus Cristo" e "Pedro", juntamente com símbolos da cruz, nomes dos peregrinos que visitaram, a Eucaristia e diversas graças e orações foram encontradas e decifradas. Embora debates tenham rodeado as inscrições de Pedro, uma das três inscrições propostas que mencionam Pedro certamente contém o nome Pedro. Antes de 135 d. C., quando Adriano mudou a província, as paredes foram rebocadas e, consequentemente, esse grafite cristão foi escrito nas paredes. Foram identificados 196 grafites com letras ou palavras. Os grafites nas paredes da igreja podem ter começado antes, mas a maior parte parece datar de depois de 200 d. C.

Ruínas da casa de Pedro em Cafarnaum.

A casa tem uma tradição muito antiga como sendo a casa de Pedro, documentada no século IV d. C. durante a peregrinação de Egéria, que escreveu que "em Cafarnaum, além disso, a casa do príncipe dos Apóstolos [Pedro] foi transformada em igreja, deixando as paredes originais, porém, praticamente inalteradas". Mais tarde, o peregrino de Piacenza do século VI visitou Cafarnaum e referiu-se à igreja que havia sido construída sobre a casa de Pedro (*Itinerarium Antonini Placentini* ["Itinerário de Antonino Placentino", em tradução livre]). Antigos escritos rabínicos confirmam a existência de um grupo de cristãos em Cafarnaum antes do reinado de Constantino (Midrash Rabba). As passagens de Mateus e Marcos indicam não apenas que a casa de Pedro ficava em Cafarnaum, mas que era extremamente próxima da sinagoga (Mateus 8,5-15; Marcos 1,29). Na verdade, a casa está localizada muito perto da entrada das ruínas da sinagoga, cerca de 90 metros ao sul ou a uma caminhada de menos de um minuto.

Anos mais tarde, Cafarnaum esteve envolvida na primeira revolta da Judeia contra Roma, da qual Josefo também participou inicialmente, e muitas pessoas foram aparentemente derrotadas e mortas pelos romanos por volta de 68 d. C. embora a cidade tenha sido posteriormente repovoada e uma nova sinagoga tenha sido, por fim, construída no século IV (Josefo, *Wars* 3.519-531).

O BARCO GALILEU DE JESUS

Durante o ministério de Jesus, ele e seus discípulos frequentemente usavam barcos para pescar ou como transporte para diferentes cidades ou áreas no Mar da Galileia (Mateus 9,1; Marcos 4,35-41; Lucas 5,1-11; João 6,16-24). Embora fontes literárias antigas forneçam informações sobre barcos e escavações arqueológicas tenham descoberto obras de arte, como um mosaico de Magdala, representando barcos da Galileia do século I, a descoberta mais esclarecedora ocorreu ao longo da margem do lago.

Em janeiro de 1986, entre os portos de Gennesar e Magdala, duas das cidades costeiras da época de Jesus, os irmãos pescadores Moshe e Yuval Lofan notaram o que pareciam ser os restos de um antigo barco envolto em lama perto da margem do lago. Uma seca severa havia feito com que o nível das águas do Mar da Galileia diminuísse substancialmente, e uma equipe de arqueólogos e especialistas na preservação de vestígios antigos foi chamada para extrair o barco sem danificá-lo, antes que a subida das águas do mar voltasse a cobri-lo. Eles passaram onze dias e noites no projeto de recuperação.

O barco media cerca de 8 metros de comprimento, 70 centímetros de largura e foi preservado a uma altura de 1,4 metro, embora o casco fosse um pouco mais alto (8,8 metros de comprimento, 2,5 metros de largura e 1,25 metro de altura). Para evitar a deterioração e o desmantelamento, o barco foi envolto em polietilenoglicol líquido e retirado do lago para estudos e preservação adicionais. Com base em testes de radiocarbono, na cerâmica encontrada no barco e na análise dos pregos usados em sua construção, os pesquisadores concluíram que o barco foi usado entre cerca de 50 a. C. e 50 d. C., ou aproximadamente do século I a. C. ao século I d. C., cobrindo o tempo de Jesus. Embora o barco não estivesse completo, o casco estava cerca de 70% intacto e os pregos praticamente não estavam enferrujados.

Pesquisas indicaram que o barco havia passado por reparos e esteve em uso por muitos anos, mas, quando o casco chegou a um ponto em que não era mais viável ser consertado, os proprietários retiraram outros componentes, como o convés e o mastro, e então permitiram o casco afundar no fundo do lago. Uma vez no fundo, o barco foi lentamente envolto em lama, o que evitou que fosse decomposto por bactérias ao longo do tempo.

O barco foi construído basicamente com tábuas de cedro, carvalho e com, pelo menos, oito outros tipos de madeira, sugerindo reparos ao longo de muitos anos. Originalmente teria uma pequena cabine e um mastro para vela. A construção do barco utilizou juntas de encaixe e espiga e pregos de ferro, e era de calado raso e fundo plano, o que lhe permitia flutuar muito próximo da costa. Estudos sugeriram que esse barco teria utilizado uma tripulação de cerca de cinco pessoas, composta por quatro remadores e um para tripular a vela e dirigir o barco (Josefo, *Wars*). No entanto, o historiador da Judeia do século I, Josefo, também registrou como esses barcos conseguiam transportar pelo menos 15 pessoas. Portanto, um grupo de 13 homens, como Jesus e os 12 discípulos, poderia ter usado um barco como esse enquanto viajava, pescava e ensinava no Mar da Galileia. A capacidade de carga do barco era bem superior aos aproximadamente 908 quilos que os homens e seus equipamentos pesariam.

O "barco de Jesus" da Galileia do século I, após sua recuperação e preservação.

O barco foi colocado em banho químico por sete anos antes de ser exibido, mas agora pode ser visto no Centro Yigal Allon no Kibutz de Genesaré. Devido a essa descoberta, foi possível construir uma reprodução precisa de um barco de pesca do século I, com base no barco recuperado e em obras de arte antigas representando navios da época, além disso, serve como um exemplo incrível que ilumina o contexto histórico da Galileia do século I e a vida de Jesus.

BIBLIOGRAFIA SELECIONADA
(CAPÍTULO 3)

ANDERSON, Paul. "Aspects of Historicity in the Gospel of John: Implications for Investigations of Jesus and Archaeology". *Jesus and Archaeology*, ed. James Charlesworth. Grand Rapids: Eerdmans, 2006.

BARRETT, Anthony. "Claudius, Gaius and the Client Kings". *Classical Quarterly* 40, n° 1, 1990.

BLOMBERG, Craig. *Jesus and the Gospels*. Nashville: B&H Publishing, 2009.

BOND, Helen. *Pontius Pilate in History and Interpretation*. Cambridge: Cambridge Press, 2004.

BROWN, Francis *et al. Enhanced Brown-Driver-Briggs Hebrew and English Lexicon*. Oak Harbor, WA: Logos, 2000.

CHEN, Doron. "On the Chronology of the Ancient Synagogue at Capernaum". *Zeitschrift des Deutschen Palästina-Vereins* 102, 1986.

CROSSAN, John Dominic e REED, Jonathan. *Excavating Jesus: Beneath the Stones, Behind the Texts*. New York: HarperCollins, 2001.

COHEN-TAVOR, Achia. *Interview at Chorazin Excavations*, 2020.

Directorio Franciscano Tierra Santa. https://franciscanos.org/tierrasanta/ts.html.

FRANZ, Gordon. "Ancient Harbors of the Sea of Galilee". *Near East Archaeological Society*, 1990.

HENDIN, David. *Guide to Biblical Coins*. New York: Amphora, 2010.

LIDDELL *et al. A Greek-English Lexicon*. Oxford: Clarendon, 1996.

LOFFREDA, S. "The Late Chronology of the Synagogue of Capernaum". *Israel Exploration Journal* 3, n° 1, 1973.

MAIER, Paul. "The Episode of the Golden Roman Shields at Jerusalem". *Harvard Theological Review* vol 62, n° 1, 1969.

_____. "The Fate of Pontius Pilate". *Hermes* 99, 1971.

MCRAY, John. *Archaeology and the New Testament*. Grand Rapids: Baker Academic, 1991.

MEYERS, Eric e CHANCEY, Mark. *Alexander to Constantine: Archaeology of the Land of the Bible*, vol. 3. New Haven, CT: Yale, 2012.

NORTH, Robert. "Discoveries at Capernaum". *Biblica* 58, n° 3, 1977.

NUN, Mendel. "Ports of Galilee". *Biblical Archaeology Review* 25:4, 1999.

PEACHY, Claire. "Model Building in Nautical Archaeology: The Kinneret Boat". *Biblical Archaeologist* 53, nº 1, 1990.

PICCIRILLO, Michele. "The Sanctuaries of the Baptism on the East Bank of the Jordan River". *Jesus and Archaeology*, ed. James Charlesworth. Grand Rapids: Eerdmans, 2006.

REED, Jonathan. *Archaeology and the Galilean Jesus*. Harrisburg, PA: Trinity, 2000.

RITMEYER, Leen. "'Akeldama' Potter's Field or High Priest's Tomb?". *Biblical Archaeology Review* 20:6, 1994.

SAVIGNAC, Raphaël. "Texte complet de l'inscription d'Abila relative a Lysanias". *Revue Biblique* 9.4, 1912.

TZAFERIS, Vasillios. "New Archaeological Evidence on Ancient Capernaum". *Biblical Archaeologist* 46, nº 4, 1983.

VARDAMAN, Jerry. "A New Inscription Which Mentions Pilate as 'Prefect'", *Journal of Biblical Literature* 81, nº 1, 1962.

WACHSMANN, Shelley *et al.* "The Excavations of an Ancient Boat from the Sea of Galilee (Lake Kinneret)". *Atiqot* 19, 1990.

WACHSMANN, Shelley. "The Galilee Boat: 2,000 Year-Old Hull Recovered Intact". *Biblical Archaeology Review* 14:5, 1988.

ENSINO, VIAGENS E MILAGRES

········ ⟫ ✂ ✠ ✸ ⟪ ········

A pós o batismo de Jesus e as tentações no deserto, ele retornou à Galileia, onde estão registrados seus primeiros ensinamentos públicos e milagres. A aldeia de Caná na Galileia, a uma curta distância da casa de Jesus em Nazaré, é mencionada no Evangelho de João como o local de um casamento onde Jesus realizou o seu primeiro milagre público, como o local de outro milagre em que curou o filho de um oficial real e a casa do discípulo Natanael (João 2,1-11; 4,46-54; 21,2). Apenas o Evangelho de João menciona essa aldeia e esses acontecimentos, e as informações adicionais sobre Caná são extremamente escassas.

A ALDEIA DE CANÁ NA GALILEIA

Por meio de João, sabe-se que Caná ficava na Galileia, mas nenhum outro detalhe geográfico é fornecido. O nome Caná parece derivar da palavra hebraica que significa "junco" ou "haste de grão". Outra cidade chamada Caná é mencionada no Livro de Josué e em uma lista geográfica do Faraó Ramsés II (c. 1303-1213 a. C.), mas essa cidade ficava na Fenícia, perto de Tiro, no extremo noroeste, e agora é marcada pela moderna cidade de Qana, no Líbano. O estudioso da igreja do século IV, Eusébio, parece ter fundido as duas cidades em uma e pensou que a Caná mencionada no Evangelho de João ficava perto de Tiro, ao passo que Jerônimo (c. 347-420) fez anotações nos escritos de Eusébio de que havia duas cidades chamadas Caná (Eusébio, *Onomasticon* ["Onomástico", em tradução livre]).

Essa Caná na Fenícia é desqualificada com base no fato de não estar localizada na Galileia, de Jesus ter visitado mais tarde a região de Tiro e Sidom e essa área geográfica ter sido especificada, e de estar muito mais longe do que uma viagem de três dias de Betânia além do Jordão (João 1,35-2,2; Mateus

15,21). Josefo também se referiu a Caná na Galileia, na planície de Asochis (Vale Beth Netofa), como quartel-general militar durante a Primeira Revolta da Judeia contra Roma, no final do século I d. C., embora ele não forneça detalhes adicionais que possam identificar o local exato (Josefo, *Life* 86, 207). A planície de Asochis, e toda a Galileia, fazia parte da área governada por Herodes Antipas, o que explica a presença do oficial real de Cafarnaum que foi ver Jesus em Caná (João 4,46-54).

Como consequência da falta de informação sobre a localização da aldeia de Caná na Galileia, vários sítios antigos foram propostos como possibilidades. Ainda que, pelo menos, cinco tenham sido sugeridos, dois dos locais podem ser facilmente descartados. Qana, na Fenícia, estava localizada fora da Galileia, enquanto Ain Quana está localizada a cerca de 1,5 quilômetro ao norte de Nazaré, e não tem nenhuma tradição antiga que a associe com a Caná no Evangelho de João. Não foi alcançado um consenso sobre a identificação da aldeia de Caná, mas os locais de Khirbet Caná, Kafr Kanna e Karem a-Ras apresentam possibilidades intrigantes.

Cerca de 13,6 quilômetros ao norte de Nazaré e 8 quilômetros a nordeste de Séforis fica o local de Khirbet Caná (Khirbet Qana). Esse local tem uma tradição que remonta, pelo menos, ao período das Cruzadas no século XII, mas provavelmente [ela venha] já do século VI. Um achado significativo da era bizantina antiga do século VI descoberto em Khirbet Caná foi uma caverna na qual foram encontrados dois potes de água de pedra, aparentemente ligando o local ao milagre de Jesus no qual ele transformou água em vinho.

Em Khirbet Caná, escavações arqueológicas também revelaram ruínas do século I d. C., incluindo uma fábrica de sopro de vidro, lagares de azeite, casas típicas da época, vasos rituais de pedra, banhos rituais, moedas dos Macabeus, um óstraco hebraico, muitos túmulos tipo *loculi* cortados na pedra do século I e possivelmente uma sinagoga do século II ou III. As descobertas indicam que o local era uma aldeia judaica nos períodos helenístico, romano e talvez bizantino. Além disso, uma caverna próxima à aldeia parece ter sido usada como local de culto, já que, nessa caverna, foi encontrada uma prateleira que aparentemente continha dois vasos de pedra junto com uma tampa de sarcófago ou possivelmente um altar. Embora Khirbet Caná atenda aos requisitos geográficos e cronológicos gerais, evidências mais definitivas, como uma inscrição ou uma igreja do período bizantino, estão ausentes do local.

Kafr Kanna é outro local tradicional que se encontra ao longo da antiga rota que ia de Cafarnaum a Ptolemais e também passava por Nazaré. Dependendo do caminho percorrido, Kafr Kanna fica a cerca de 4,7 milhas [7,5 quilômetros] a nordeste de Nazaré e cerca de 4,6 milhas [7,4 quilômetros] a leste de Séforis, o que equivale a aproximadamente 5 milhas romanas para cada uma. Portanto, no século VI, Teodósio pode ter identificado Kafr Kanna ou sua área com "Caná da Galileia", uma vez que relatou que a distância de Caná da Galileia a Diocesareia (Séforis) é de 5 milhas romanas, e a distância de Diocesareia a Nazaré tem 5 milhas romanas (Teodósio, *The Layout of the Holy Land* ["A Configuração da Terra Santa", em tradução livre]).

O nome árabe da cidade, Kana-el-Jalil (Caná da Galileia), corresponde ao Evangelho de João, mas isso pode ser a preservação do nome antigo ou o resultado de peregrinos da antiguidade identificarem o local com a Caná mencionada no Evangelho de João.

A tradição que associa Kafr Kanna a Caná da Galileia parece ser bastante tardia, após o período das Cruzadas, e torna-se aparente, pela primeira vez, no século XVII. No entanto, é possível que existisse uma tradição muito anterior, já que uma igreja bizantina foi descoberta na cidade. Como as igrejas do período bizantino eram frequentemente construídas em locais de eventos significativos nos Evangelhos, é provável que, durante esse período, a Igreja Primitiva associasse Kafr Kanna a um local mencionado em um dos Evangelhos. No entanto, os vestígios arqueológicos de Kafr Kanna indicam que se tratava de uma aldeia estabelecida por volta do século II d. C. e que, portanto, estaria desocupada durante a vida de Jesus.

Imediatamente adjacente a Kafr Kanna, apenas a 500 metros a noroeste do centro daquela cidade, foi recentemente escavado um local denominado Kerem a-Ras ("topo da vinha"). Por volta de 520 d. C., durante o período bizantino, Teodósio escreveu que a distância de Caná da Galileia a Diocesareia (Séforis) era de 5 milhas romanas, o que corresponde à distância de Kerem a-Ras/Kafr Kanna a Séforis em aproximadamente 4,5 milhas ou cerca de 5 milhas romanas (Teodósio, *The Layout of the Holy Land*). Nesse local foram descobertos vestígios da monarquia israelita, dos períodos persa, helenístico, romano e bizantino, incluindo uma casa do século I d. C. e moedas do século I d. C. Em Kerem a-Ras, também foram encontrados fragmentos de grandes jarros de purificação de pedra, do tipo mencionado no Evangelho de João, além de banhos rituais do século I d. C. (João 2,6-7). As descobertas demonstram que, durante os séculos I a. C. e I d. C., o local também era uma aldeia judaica. Curiosamente, o local vizinho, Kafr Kanna, onde foi descoberta uma igreja bizantina, só foi estabelecido no século II d. C. Esse assentamento recém-estabelecido adjacente ao assentamento anterior pode ter sido resultado da tensão que ocorreu entre o judaísmo e o cristianismo nos séculos I e II.

Com base no exame das ruínas arqueológicas, das fontes históricas e das tradições dos peregrinos, parece mais provável que Kerem a-Ras, adjacente a Kafr Kanna, fosse "Caná da Galileia" do século I d. C. A aldeia vizinha de Kafr Kanna foi, então, fundada no século II d. C., e, mais tarde, uma igreja bizantina foi construída lá, possivelmente para comemorar o local do milagre da transformação da água em vinho que Jesus realizou nas bodas de Caná.

FRASCOS DE PEDRA, LAVAGEM RITUAL E ÁGUA EM VINHO EM CANÁ

Vasos de pedra eram comuns na Judeia para fins rituais, pois, de acordo com a Lei de Moisés, a pedra não se tornaria impura, ao contrário da cerâmica frequentemente usada nos tempos antigos (Levítico 6,28; 11,33-36). Além disso, a água corrente ou viva era considerada pura, e a coleta de água em uma cisterna de pedra poderia ser usada para fins de purificação (Levítico 11,36; 15,13). Essa "água viva" poderia ser armazenada em uma grande jarra de pedra, que funcionaria como uma cisterna contendo água ritualmente limpa, e mais tarde poderia ser usada para purificação.

Embora o uso de vasos de pedra não seja aparente na Bíblia hebraica e deva estar implícito, as fontes da Mishná deixam claro que esse era o entendimento durante o período romano. Durante os séculos I a. C. e I d. C., os rituais de purificação e os vasos de pedra associados a essa prática eram extremamente comuns na Judeia e na Galileia, uma vez que a lavagem de purificação era um costume religioso realizado com frequência (João 2,6; 3,25; Marcos 7,3-4). Esses vasos de pedra foram feitos de um calcário macio, encontrado em toda a região e fácil de esculpir.

O trabalho artesanal dos vasos varia muito, à mão ou no torno, desde bruto e irregular até perfeitamente uniforme com decoração entalhada. Alguns até contêm inscrições, como um nome pessoal ou um cântico.

Vasos rituais de pedra do século I, recuperação e preservação.

A evidência arqueológica indica que havia uma indústria de produção de vasos de pedra, durante esse período, centrada em Jerusalém, onde os sacerdotes, as festas e o templo necessitavam de uso mais frequente do que em outras áreas. Nas casas da elite foram descobertas banheiras tanto para lavagens regulares e banhos rituais quanto para rituais de purificação, demonstrando os usos distintos. O objetivo principal desses rituais de lavagem era tornar-se espiritualmente limpo ou santo, mais do que fisicamente limpo.

Embora a crença e a prática padrão fossem de que os vasos de pedra tornavam ou mantinham materiais ritualmente puros, havia seitas do judaísmo que tinham ideias ligeiramente diferentes sobre a pureza ritual desses vasos (*The Temple Scroll*; *The Damascus Document* ["O Pergaminho do Templo"; "O Documento de Damasco", em tradução livre]). O Evangelho de João registra que os seis jarros de pedra continham duas ou três medidas cada, sugerindo que os seis eram de tamanhos ligeiramente variados (João 2,6).

Muitos dos vasos de pedra foram descobertos em todas as regiões da Judeia e Galileia dos séculos I a. C. e I d. C., e os grandes jarros de pedra para água foram descobertos especificamente em lugares como Jerusalém e Caná. No entanto, a sua ausência geral na Samaria e nas áreas predominantemente helenísticas e romanas da região, e a sua distribuição cronológica desde o século I a. C., até à sua diminuição em 70 d. C. e quase desaparecimento após 135 d. C. demonstram, ainda mais, a sua associação com o ritual no judaísmo.

Os jarros de pedra são frequentemente chamados de *krater* ou *kalal*, que é uma palavra aramaica usada para denotar um grande jarro de pedra para lavagem ritual (*Mishnah Parah* 3:3 e *Eduyot* 7:5). Esses potes grandes tinham geralmente cerca de 66 centímetros a 81 centímetros de altura e 40 centímetros a 50 centímetros de diâmetro, correspondendo à variação de tamanho declarada por João de 2 a 3 metretas, que era de cerca de 9 galões ou 34 litros.

Tanto João como Marcos incluíram notas explicativas sobre os costumes de pureza da Judeia, uma vez que muitos leitores de outras culturas não estariam familiarizados com essas práticas rituais. Contudo, o ponto principal dessas seções não era educar a respeito dos costumes rituais do judaísmo, mas registrar eventos significativos na vida de Jesus. Em particular, o Evangelho de João faz referência aos jarros de água de pedra e aos rituais de purificação no contexto das bodas de Caná, onde Jesus realizou o seu primeiro milagre registado. Mais tarde, no Evangelho de João, "água viva" é mencionada várias vezes. Jesus diz em referência à vida eterna que ele dá água viva, e aqueles que dela bebem nunca mais terão sede (João 4,7-15; cf. João 7,38). Talvez os jarros de pedra para água tenham sido usados no milagre como uma alusão anterior a beber a "água viva", que Jesus explicaria mais tarde.

Além do milagre óbvio de transformar água em vinho que autenticou Jesus como enviado de Deus, também pode haver uma ligação entre beber o vinho que Jesus lhes deu no casamento e o vinho na Última Ceia. O vinho, que representava a expiação na cruz por meio do sangue de Jesus, foi claramente usado durante a Última Ceia para prefigurar a morte de Jesus na cruz, a qual foi depois comemorada ao se beber o vinho representativo do sangue de Jesus durante o ritual da Ceia do Senhor na Igreja Primitiva (Mateus 26,26-29; 1 Coríntios 11,23-26).

Independentemente da validade desses possíveis significados da água e do vinho nas bodas de Caná, jarros de pedra para água eram regularmente usados em rituais de purificação durante o século I. Além disso, muitos vasos desse tipo foram descobertos na Judeia e na Galileia, e beber vinho em jarras usadas para purificação ritual teria enviado uma mensagem poderosa de purificação espiritual aos presentes no casamento.

MERCADORES E CAMBISTAS NO TEMPLO

Depois das bodas de Caná, Jesus retornou a Cafarnaum por alguns dias, mas, como a Páscoa estava se aproximando, logo partiu para Jerusalém para celebrar a festividade. A primeira Páscoa mencionada durante o ministério de Jesus foi registrada no Evangelho de João, mas, antes da festa, Jesus foi ao templo onde viu cambistas e comerciantes vendendo animais pré-aprovados para os sacrifícios. No século I, a plataforma sobre a qual se erguia o templo era enorme, envolvendo uma área de cerca de 37 acres (cerca de 150 mil metros quadrados) e proporcionando amplo espaço para diversas atividades fora das próprias áreas sagradas do templo.

Cerca de dois séculos antes, por volta de 167 a. C., o rei selêucida Antíoco IV Epifânio profanou o templo sacrificando porcos no altar (Josefo, *Wars*, 1.32-34). Os asmoneus revoltaram-se contra os seus governantes gregos, rededicaram o templo em 164 a. C. e, provavelmente, fizeram reparações, mas aparentemente não modificaram, de modo substancial, a estrutura ou o recinto. Começando por volta de 20 ou 19 a. C., durante o reinado de Herodes, *o Grande*, o templo, o recinto e a própria montanha passaram por grandes construções e remodelações (Josefo, *Wars*, 1.401; *Antiquities*, 15.380-421). Herodes essencialmente substituiu todas as pedras do templo, incluindo as fundações, o que significa que essa manifestação do templo poderia ser mais tecnicamente chamada de terceiro templo. As medições indicam que o Monte do Templo, na época de Herodes, era um quadrilátero irregular de 280 metros por 485 metros por 315 metros por 460 metros. Josefo registra o comprimento do pórtico leste como 400 côvados (provavelmente cerca de 224 metros) e, embora não forneça as dimensões gerais do recinto ou do monte, o grande número de pilares mencionados indica ainda o grande tamanho do complexo (Josefo, *Antiquities* 15.413-417; 20.221).

Josefo, no entanto, observa que a circunferência das paredes era de 4 estádios (Josefo, *Antiquities* 15.400). Essa teria sido uma circunferência de aproximadamente 740 metros de acordo com a medição romana padrão, mas até 836 metros se usarmos o equivalente fenício. De qualquer forma, essas paredes caberiam nas dimensões da expansão do Monte do Templo. As medições feitas por Josefo podem não ter incluído a Estoa Real e outras estruturas semelhantes, apenas os pátios do templo propriamente ditos daí, portanto, a discrepância.

Enquanto isso, a Mishná, compilada por volta de 200 d. C., mas acessando escritos anteriores, registrou que a parede externa da área do templo tinha cerca de 500 côvados quadrados (Mishna, *Tractate Middot* 2.1). Esses números, embora pareçam contradizer Josefo e as medições arqueológicas, caberiam bem dentro do quadrilátero medido, e não necessariamente entrariam em conflito com os números de Josefo, que poderiam estar se referindo a paredes internas ou seções específicas. Esse número de 500 côvados quadrados caberia perfeitamente no Monte do Templo construído por Herodes, onde o lado mais curto tem cerca de 280 metros ou pouco mais de 500 côvados. Embora a construção inicial tenha durado cerca de oito anos apenas, as reformas e reparos dessa manifestação do templo de Jerusalém duraram até 63 d. C., e ele, então, foi destruído logo depois, em 70 d. C. (Josefo, *Antiquities* 15.5-6, 420-421; João 4,20; Lucas 21,5-6).

Área onde antes ficavam os pátios do templo do século I em Jerusalém, e modelo que mostra o templo no contexto da Jerusalém do século I.

Depois que Herodes, *o Grande*, expandiu o tamanho do complexo do templo, mercadores e cambistas usaram espaços abertos e áreas desocupadas para montar quiosques a fim de vender e trocar moedas. O templo propriamente dito ocupava apenas uma pequena percentagem dessa área, de modo que seções dos pátios exteriores eram frequentemente utilizadas para vender animais para os sacrifícios ou para trocar dinheiro pelo tipo e denominação adequados a fim de pagar o imposto do templo, mas essas transações eram basicamente feitas a preços extorsivos (Mishnah *Kerithoth* 1.6-7; Mishná *Meguillah* 29).

Os cambistas eram conhecidos em todo o mundo antigo, e não era uma profissão muito respeitada em lugar nenhum. Especificamente, fariam seus maiores negócios nas semanas anteriores à Páscoa, em especial, perto do templo nos últimos dias, concentrando-se na troca de moeda estrangeira pelo siclo de Tiro prateado aceito por uma sobretaxa (Mishnah *Sheqalim* 1.3). Embora essa moeda tenha sido cunhada com imagens pagãs, a pureza da prata, de 94% ou mais, tornou-a uma escolha mais desejável para o imposto do templo do que as moedas de prata romanas de menor pureza.

Os animais usados para os sacrifícios também tinham exigências, mas todos os que eram vendidos no complexo do templo eram aparentemente pré-aprovados e prontos para serem oferecidos. Um fragmento de um vaso ritual de pedra com a inscrição "oferenda" e representando dois pássaros foi descoberto nos escombros da parede sudoeste do Monte do Templo, sugerindo que possa ter estado localizado na área da Estoa Real antes da destruição do templo. Isso indica ainda que o comércio relacionado com o templo ocorria na área da Estoa Real durante o século I d. C.

Durante a Festa da Páscoa, quando a população de Jerusalém aumentava temporariamente e exponencialmente devido à peregrinação, os comerciantes com lojas dentro do complexo do templo podiam obter lucros enormes. Normalmente, é provável que esses quiosques ficassem situados dentro e ao redor da Estoa Real, no lado sul do complexo do templo, perto da atual localização da Mesquita de Al-Aqsa. Essa era também a lateral do complexo onde se localizava a entrada pública principal.

A Estoa Real era aparentemente uma estrutura magnífica, estendendo-se por mais de 180 metros de leste a oeste ao longo do Monte do Templo, com 162 colunas dispostas em quatro colunas de largura na forma de uma basílica

(Josefo, *Antiquities* 15.411-416; *Sanhedrin* 41.1). Assemelhando-se a um mercado em outras cidades romanas, e dada a sua proximidade com o templo, a Estoa Real era o local lógico para aqueles que procuravam lucrar com os sacrifícios e os impostos do templo.

Todos os quatro Evangelhos contêm um relato de Jesus purificando a área do templo, expulsando aqueles que vendiam animais para sacrifícios e trocavam dinheiro pelo imposto do templo (Mateus 21,12-13; Marcos 11,15-18; Lucas 19,45-46; João 2,13-17). No entanto, parece que o acontecimento no Evangelho de João ocorreu perto do início do ministério público de Jesus, uma vez que mais duas ou três Páscoas são mencionadas antes da crucificação, além de uma referência à passagem de 46 anos após o começo da reconstrução do templo, o que indica que o evento ocorreu por volta de 28 d. C. Mateus, Marcos e Lucas registram um evento semelhante, mas posterior, que aconteceu logo após a entrada triunfal em 33 d. C. (Marcos 11,1-11; João 2,18-20; Josefo, *Antiquities* 15.380; *Herod Year 20 Donation Inscription for Jerusalem Temple Pavement* ["Inscrição de Doação de Herodes no Ano 20 para o Pavimento do Templo de Jerusalém", em tradução livre]).

Uma inscrição em pedra descoberta perto do lado sul do Monte do Templo parece estar relacionada à expansão e remodelação do Monte do Templo iniciada por Herodes, *o Grande*, e continuada por seus sucessores até a época de Jesus e depois. O texto grego comemorou uma doação para financiar os custos de construção de um pavimento de pedra para um dos pátios do complexo do templo e menciona o sumo sacerdote Simão, filho de Boeto, que ocupou esse cargo de 23 a. C. a 5 a. C. Uma referência, na inscrição, ao ano 20 de Herodes, *o Grande*, data-a por volta de 20-19 a. C., quando a reconstrução do templo começou, ou três anos depois, dependendo de qual ano 1 de Herodes estava sendo usado.

O evento em João também é distinto, porque somente nesse relato Jesus usou um *flagrum* (um chicote curto feito de pelo menos duas cordas, geralmente com pontas pesadas); enquanto nos três relatos sinópticos, Jesus pronunciou palavras mais duras, dizendo que fizeram do templo um "covil de ladrões". Esse flagelo foi aparentemente realizado no local, com materiais como cordas ou cordões de couro disponíveis ali, e não seria o mesmo que a arma brutal ou instrumento de punição normalmente usado pelos romanos.

Além disso, apenas João menciona uma citação dos Salmos, um interrogatório imediato de testemunhas e uma referência à destruição do seu "templo" (referindo-se ao seu corpo), mas João não inclui a citação de Isaías, os milagres de cura ou os louvores de pessoas que os sinópticos registram (Salmos 69,9; Isaías 56,7).

Quando Jesus encontrou esses negociantes, podem até ter ido para além dos salões da Estoa Real e invadido os próprios pátios do templo, que eram considerados lugares sagrados. O Evangelho de João afirma que essas pessoas estavam "no templo", sugerindo a possibilidade de que tivessem realmente aberto suas lojas nos pátios externos do templo (João 2,14). Os pátios do templo eram considerados tão sagrados que, de acordo com uma passagem de Josefo e duas inscrições do século I encontradas em Jerusalém, se um estrangeiro passasse por eles, a pena poderia ser a morte.

A inscrição de advertência do templo mais bem preservada descoberta em Jerusalém.

Dado que, para obter ganhos monetários, haviam contaminado um lugar santo, explorando pessoas que iam ao templo, Jesus interrompeu temporariamente as vendas e as trocas na área do templo e destacou teologicamente que o templo era para a adoração de Deus, não para comércio. Portanto, parece que houve purificações do templo por parte de Jesus no início e no final do seu ministério.

JESUS E A MULHER SAMARITANA NO POÇO

O local conhecido como poço de Jacó, localizado na cidade de Sicar, na região de Samaria, e aproximadamente a 49 quilômetros ao norte de Jerusalém, foi mencionado, pela primeira vez, em fontes escritas por João, quando registrou uma visita de Jesus e seus discípulos a Samaria (João 4,5-6). Sicar parece ter sido localizada em Al-Askar, e uma pesquisa arqueológica descobriu ali materiais do período romano do século I. É provável que Sicar fosse uma aldeia adjacente a Siquém no século I, e isso é ainda sugerido pelo nome árabe da aldeia de Askar, localizada logo ao norte do local do poço de Jacó.

De acordo com relatos de cristãos da antiguidade, incluindo o Peregrino de Bordeaux, por volta de 333 d. C., e Eusébio, em meados do século IV d. C., o local do poço era conhecido após a época de Jesus (*Itinerarium Burdigalense* ["Itinerário de Bordeaux", em tradução livre]; Eusébio, *Onomasticon* 164). Enfim, uma igreja do período bizantino em forma de cruz foi construída ao redor do poço por volta de 380 d. C. a fim de preservar e comemorar o local devido à sua associação com Jesus ensinando a mulher samaritana (Jerônimo, tradução de *Onomasticon*).

O poço e a igreja também aparecem no mapa de Madaba, logo após 542 d. C. Essa igreja estava localizada a cerca de 400 metros a sudeste das ruínas da antiga Siquém, onde hoje é a moderna cidade de Nablus, cujo nome remonta ao período romano, quando a cidade foi renomeada como Flávia Neápolis em 72 d. C. e construída sobre uma antiga cidade da Samaria chamada Maborta (Josefo, *Wars* 4.449). A leste de Maborta, a cidade de Siquém (Sychem) ocupava parte da área entre o Monte Ebal e o Monte Gerizim, com a aldeia de Sicar um pouco mais a leste (Atos 7,16; João 4,5).

O poço de Jacó está na provável localização da antiga Sicar.

Investigações arqueológicas do poço de Jacó revelaram que foi escavado diretamente na rocha calcária, que, na antiguidade, poderia ter mais de 42 metros de profundidade, medindo cerca de 1,2 metro de diâmetro em sua abertura e depois se alargando para 2,2 metros. Fica claro, a partir de várias medições ao longo dos séculos, que detritos foram se acumulando no poço, já que uma visita a ele, feita pelo bispo Arculf, por volta de 670 d. C., confirmou a grande profundidade do poço durante o seu tempo, o qual pode até ter sido significativamente mais profundo do que a medição mais recente de 42 metros. Ainda hoje água pode ser retirada do poço, pois parece ser alimentado por um aquífero.

Embora o poço de Jacó remonte, pelo menos, ao século I, quando foi mencionado pela primeira vez pelo nome, pode ter sido originalmente escavado na rocha séculos antes. De acordo com o livro de Gênesis, quando Jacó retornou do norte da Mesopotâmia para Canaã, ele acampou em frente à cidade de Siquém e comprou um terreno que ficaria a leste da cidade. Visto que uma fonte de água era essencial, é lógico que teria cavado um poço em sua terra assim como seu pai, Isaque, havia feito (Gênesis 33,18-19; 26,25). Portanto, é provável que esse poço tenha sido nomeado em associação com o patriarca Jacó antes da época de Jesus.

Os samaritanos apareceram pela primeira vez como um grupo distinto durante o período persa, mas a origem dos samaritanos parece ter ocorrido imediatamente após a conquista assíria do reino de Israel em 722 a. C., quando os assírios e outros foram transferidos para a área junto com um remanescente do povo de Israel que não havia sido deportado para outras áreas do Império Assírio (2 Reis 17,5-34; *Annals of Sargon II* ["Anais de Sargão II", em tradução livre]; Josefo, *Antiquities* 9.288-291).

As primeiras fontes para os samaritanos incluem Esdras, Neemias e os *Elephantine Papyri* ["Papiros Elefantinos", em tradução livre], que datam do século V a. C., durante a época do Império Persa aquemênida (Esdras 4,8-17; Neemias 2,10; 4,2). Neemias, os *Elephantine Papyri* e os papiros *Wadi ed-Daliyeh* do século IV a. C. mencionam Sambalate, que foi governador de Samaria no século V a. C. O sincretismo religioso devido à influência dos politeístas da Mesopotâmia sendo transplantados para a área parece explicar por que os samaritanos foram posteriormente excluídos da reconstrução do templo de Jerusalém no período persa (Esdras 4,1-17).

Estudos genéticos da comunidade samaritana indicam que seus ancestrais são do antigo Israel e da Mesopotâmia. Os samaritanos se consideram descendentes de Efraim e Manassés, o que parece ser correto, pelo menos no geral, com base em relatos históricos e estudos genéticos.

Como os samaritanos foram excluídos da reconstrução do templo de Jerusalém, começaram a declarar que o Monte Gerizim era o monte santo e que o verdadeiro templo e local de adoração estava ali (João 4,20-21; 4Q372). Para acomodar a visão de que o Monte Gerizim era a montanha sagrada, os antigos samaritanos fizeram pequenas modificações na Torá, criando a versão samaritana dela, e consideraram apenas esses livros como oficiais, rejeitando os outros livros da Bíblia hebraica.

Os samaritanos acreditam em um Deus, um profeta como Moisés, um lugar sagrado como o Monte Gerizim, a versão samaritana da Torá como Escritura e uma futura vinda do Messias quando os mortos serão ressuscitados. Os samaritanos celebram as principais festas do antigo Israel registradas na Lei de Moisés, e suas práticas são muito mais semelhantes à forma como essas festas eram celebradas nos tempos antigos do que às práticas do judaísmo.

De acordo com Josefo, os samaritanos tentaram distinguir-se dos judeus durante o período do governo selêucida, alegando que eram descendentes dos sidônios, e não dos israelitas (Josefo, *Antiquities* 12.258). Uma investigação histórica deixa claro que nenhum dos grupos tinha afinidade com o outro. A literatura apócrifa do século III a. C. registra a visão negativa que muitos judeus tinham dos samaritanos, equiparando-os aos filisteus e aos tolos (Eclesiástico 50,25-26). Os conflitos entre o povo da Judeia e o povo de Samaria já duravam centenas de anos e continuaram até o século I d. C. (Josefo, *Wars* 2.232-238; *Antiquities* 13.74-79, 18.29-30). Essa hostilidade e divisão significam que a parábola do Bom Samaritano teria sido surpreendente para muitos judeus (Lucas 10,30-37). Havia um desdém geral pelos samaritanos por parte dos habitantes locais, e especialmente da população religiosa em toda a Judeia, e até mesmo os romanos do século I reconheceram os samaritanos como um grupo religioso e étnico distinto.

A área religiosa mais sagrada para os samaritanos é o Monte Gerizim, perto de Siquém, a cerca de 65 quilômetros ao norte de Jerusalém. Seguindo o exemplo de fontes anteriores, Josefo mencionou Sambalate, mas também registrou a presença de um templo samaritano no Monte Gerizim (Josefo, *Antiquities* 11.302-347). Embora alguns estudiosos tenham questionado a existência do templo samaritano, escavações arqueológicas demonstraram que existia um templo no Monte Gerizim desde o século V a. C. na época de Sambalate I, o que está de acordo com Josefo quando ele menciona sua existência, pelo menos, já no século IV a. C. (Josefo, *Antiquities* 11.343).

A área do templo, ou recinto sagrado, tinha inicialmente cerca de 96 metros por 96 metros, mas, no século II a. C., foi expandida para aproximadamente 137 metros. Por volta de 175-164 a. C., Antíoco IV Epifânio forçou a conversão do templo samaritano em um templo dedicado a Zeus Xenios e, ao mesmo tempo, tentou converter o templo de Jerusalém em um templo dedicado a Zeus do Olimpo (2 Macabeus 6,2).

Depois que os selêucidas foram derrotados e os asmoneus tomaram o poder, João Hircano atacou e destruiu a capital samaritana, Siquém, em c. 128 a. C., incluindo o templo samaritano no Monte Gerizim. O período asmoneu foi uma época de conflito não apenas entre os judeus e a cultura helenística, mas também entre a liderança judaica dos asmoneus e grupos divergentes, como os essênios e os samaritanos.

As ruínas no topo do Monte Gerizim incluem uma igreja bizantina, sob a qual estão os restos do templo samaritano.

No entanto, assim que os romanos assumiram o controle da região, a partir de 63 a. C., houve um período de relativa paz, e, durante a vida de Jesus, houve apenas um incidente grave conhecido, quando os samaritanos interromperam violentamente a Páscoa por volta dos anos entre 6-9 d. C. Nessa época, ocorria o culto samaritano no Monte Gerizim, mas não há evidências de que existisse um templo samaritano no século I, e provavelmente não foi reconstruído até o século IV d. C.

O SERMÃO DA MONTANHA

De acordo com os Evangelhos, Jesus ensinou as Bem-Aventuranças perto de Cafarnaum, no lado noroeste do Mar da Galileia (Mateus 5,1-2; 8,1-5; Lucas 6,17-19; 7,1). O relato de Mateus também é chamado de Sermão da Montanha, enquanto o discurso semelhante, em Lucas, é frequentemente chamado de Sermão da Planície. A diferença na descrição geográfica entre Mateus, registrando um sermão em uma colina, e Lucas, registrando que Jesus desceu a um lugar plano, tem sido explicada de várias maneiras. Embora alguns tenham sugerido erros históricos ou geográficos nos relatos dos Evangelhos, outros tentaram explicar a discrepância como referindo-se ao sermão ocorrido num local plano, no topo de uma colina. Um entendimento alternativo da passagem interpreta "a montanha" como significando "o distrito montanhoso" e, portanto, se aplicaria a uma região montanhosa acima da costa do mar (Mateus 14,23; 15,29; Marcos 6,46; Lucas 9,28; João 6,3).

Contudo, também é possível que tenha havido dois sermões separados com conteúdo semelhante – um discurso fundamentalmente para os doze discípulos na montanha e depois outro para uma grande multidão na planície, na mesma área. O Sermão da Montanha, em Mateus, que é muito mais extenso do que o discurso de Lucas, parece ser ensinado principalmente aos Doze, mas também a uma multidão que subiu o monte para ouvir Jesus. Após os sermões, em ambos os relatos, Jesus foi a Cafarnaum e curou o servo de um centurião, colocando os acontecimentos em estreita proximidade cronológica.

Em Lucas, a história da cura do leproso vem antes do sermão; mas, em Mateus, vem depois (Lucas 5,12-14; Mateus 8,1-4). Isso parece colocar o sermão registrado por Lucas entre os eventos de Mateus 8,4 e Mateus 8,5. Marcos inclui o evento do leproso, depois passa para o da cura do paralítico que foi baixado pelo telhado em Cafarnaum, que Lucas também coloca antes do sermão (Marcos 1,39-2,5; Lucas 5,18-20). Isso é, por fim, seguido pela nomeação dos doze discípulos em Marcos (Marcos 3,13-14). A nomeação dos Doze, em Mateus, é encontrada após o Sermão da Montanha e, em Lucas, após o Sermão da Planície (Mateus 10,1-5; Lucas 9,1).

Portanto, a sequência de eventos parece ser o Sermão da Montanha, a cura do leproso, a cura do paralítico em Cafarnaum, o Sermão da Planície, o retorno a Cafarnaum e a cura do servo do centurião, por fim a concessão de autoridade sobre espíritos imundos e de poder para realizar curas para os Doze. Isso significa que, embora o Sermão da Montanha e o Sermão da

Planície provavelmente tenham ocorrido na mesma área, provavelmente não ocorreram ao mesmo tempo nem no topo da mesma colina.

Devido à antiga tradição do período bizantino para a localização do sermão e sua proximidade com Cafarnaum, onde Jesus morava na época e para onde foi depois de proferir o sermão, o Monte Eremos, uma colina logo acima da Enseada do Semeador, foi, de modo geral, considerado o "monte" há mais de 1,6 mil anos. Essa colina na costa noroeste do Mar da Galileia acomodaria dezenas de milhares de pessoas. Do outro lado do Mar da Galileia; dessa área a leste, está Hipo, possivelmente a "cidade situada sobre uma colina" a que Jesus se referiu (Mateus 5,14). Alternativamente, o Monte Arbel, a montanha mais proeminente próxima e com vista para o mar, fica a apenas 12 quilômetros a sudoeste de Cafarnaum e também foi proposto como um possível local para o sermão. O Monte Arbel tem uma área grande e plana que também acomodaria milhares de pessoas. Outro local proposto, os Cornos de Hattin, parece menos provável. Embora o topo dos Cornos de Hattin seja mais elevado do que o Monte Arbel, também está substancialmente mais para o interior e mais longe de Cafarnaum, cerca de 11 milhas (18 quilômetros).

A sudeste do Monte Eremos fica a atual Igreja das Bem-Aventuranças, concluída em 1938. A igreja atual fica perto das ruínas de uma pequena igreja da era bizantina datada do final do século IV que tinha piso de mosaico e uma cisterna. No entanto, essa antiga igreja parece ter sido associada a outro evento nos Evangelhos.

Por volta de 380 d. C., durante a sua visita à Terra Santa, a peregrina Egéria referiu-se a uma caverna na encosta da montanha ou colina à qual Jesus subiu para proferir o sermão das Bem-Aventuranças, e, de fato, nos tempos modernos, uma caverna foi localizada na encosta de uma colina acima de Tabgha. Ela localizou o local das Bem-Aventuranças perto da Igreja da Multiplicação dos Pães e Peixes em Tabgha, numa encosta próxima, cerca de 300 metros a noroeste daquela igreja onde havia uma caverna, mas não afirmou que uma igreja foi construída no sítio do sermão (Egéria, *Itinerarium Egeriae*). Estranhamente, no século V, Jerônimo, ao que tudo indica, não tinha conhecimento da localização do Sermão da Montanha e sugeriu que poderia ter ocorrido no Monte Tabor ou em outra montanha alta na Galileia (Jerônimo, *Commentary on Matthew* ["Comentário sobre Mateus", em tradução livre]).

Portanto, embora possamos não saber a localização exata, de acordo com informações geográficas nos Evangelhos e informações da Igreja Primitiva no período bizantino, o Sermão da Montanha parece ter ocorrido numa colina ou pequena montanha perto das cidades de Cafarnaum e Tabgha, do século I d. C.

Vista do Mar da Galileia a partir do Monte das Bem-Aventuranças.

JESUS, O PROFESSOR

Em escritos que remontam à antiguidade, Jesus tem sido frequentemente referido como um professor sábio (Josefo, *Antiquities*; Serapião, *A Letter of Mara* ["Uma Carta de Mara", em tradução livre]; Mateus 9,11; Marcos 10,35; Lucas 3,12). Jesus usou parábolas em sua metodologia de ensino, lógica em seus debates e muitas referências às Escrituras (Mateus 5,33-48; Lucas 8,4-15). Embora parábolas e lógica fossem empregadas por professores em todo o Império Romano, citações frequentes das Escrituras eram utilizadas apenas por aqueles poucos que consideravam a Bíblia valiosa. Jesus normalmente também ensinava num estilo de conversação, e não por meio de palestras, em contraste com os famosos oradores do período romano, embora o Sermão da Montanha pareça ter sido conduzido no formato de um discurso público (Mateus 7,28-29).

Na época de Jesus, houve muitos professores e filósofos famosos que acumularam seguidores, deixaram escritos e influenciaram a visão de mundo de muitas pessoas no mundo romano e para além dele. Jesus foi simplesmente outro intelectual famoso, semelhante em método e crença aos professores, estudiosos e filósofos da época ou foi único entre todos os professores e pensadores do período romano?

No mundo antigo, as parábolas eram uma ferramenta de ensino. A palavra *parable* [*parábola*] é uma transliteração em inglês da palavra grega *parabole*, que significa "justaposição, comparação, ilustração, analogia". Na literatura grega antiga, a palavra também poderia ter a conotação de mover-se lado a lado ou indiretamente e, portanto, poderia ser usada como uma forma indireta para se ensinar um conceito. As parábolas eram histórias fictícias ou ilustrativas, semelhantes a uma metáfora, e destinadas a ensinar um princípio ou lição. A história de uma parábola costumava usar comparação ou hipérbole, e a própria história poderia ser um modelo, analogia ou exemplo da lição pretendida. Ao se contar histórias usando exemplos e situações familiares às pessoas de uma determinada região e época, os ouvintes poderiam se relacionar melhor e compreender o que estava sendo ensinado. Os retóricos da antiguidade também usavam parábolas para esclarecerem ou provarem um ponto de vista de um argumento de uma forma mais interessante ou mais neutra (Cornificus, *Rhetorica ad Herennium* ["Retórica a Herênio", em tradução livre]).

Embora as parábolas não declarem explicitamente o significado pretendido, a lição básica geralmente é óbvia; são sempre curtas e concentram-se num princípio ou lição, ao contrário das histórias alegóricas, que podem ser longas e complexas. Grande parte do ensino de Jesus registrado nos Evangelhos está na forma de parábolas, que podem ter descendido da tradição retórica grega e hebraica.

Na Bíblia hebraica, são encontradas diversas histórias semelhantes a parábolas. São chamadas de *mashal* e consistem essencialmente em contos destinados a ensinar uma lição moral ou um princípio teológico por meio de alegoria ou comparação. Essa tradição continuou em textos posteriores do judaísmo e, na época de Jesus, o uso do *mashal* era provavelmente uma ferramenta de ensino comum que foi influenciada pelo uso da parábola na retórica da cultura helenística.

Mesmo que, certamente, existam parábolas em várias obras da antiguidade, estudos sugerem que a singularidade, frequência e excelência dessas parábolas nos Evangelhos são incomparáveis. Os cenários das parábolas de Jesus situam-se geralmente no contexto da vida quotidiana na antiga Judeia, variando desde histórias que refletem a sociedade rural até à vida das elites, ambas com as quais os ouvintes estariam familiarizados. Situações comuns, como agricultura, pesca, pastoreio, política, religião, família, viagens, hospitalidade, economia e celebração são encontradas nas parábolas. Dentro das histórias e ambientes familiares, são ensinados princípios e conceitos espirituais incomuns, os quais, em geral, os ouvintes não conheceriam.

As parábolas de Jesus são, frequentemente, precedidas por uma declaração especificando que a história é uma parábola, e essas parábolas, embora tenham personagens humanos, não usam nomes nem fazem referências diretas a pessoas reais. Por exemplo, a história do homem rico e Lázaro é, muitas vezes, erroneamente considerada uma parábola, embora o texto não diga que é, não está no contexto de outras parábolas sendo ensinadas, ela ensina explicitamente a respeito da vida após a morte e nomeia pessoas reais como Lázaro, Abraão e Moisés (Lucas 16,19-31).

As parábolas de Jesus também, frequentemente, incluíam o inesperado ou o uso de hipérboles. Embora Jesus indique que ensinava por meio de parábolas a fim de obscurecer essas verdades para certas pessoas, também é óbvio que muitos dos ouvintes entendiam claramente o que estava ensinando (Mateus 13,10-17; 21,45). Outra razão para ensinar por meio de parábolas pode ter sido para que os líderes religiosos não pudessem acusá-lo de quaisquer crimes, como traição ou blasfêmia, uma vez que estava apenas "contando histórias" (Lucas 11,53-54). Jesus também falou em parábolas a fim de cumprir profecias do Antigo Testamento (Mateus 13,34-35; Salmos 78,1-4). Por fim, as parábolas também são uma ferramenta poderosa para comunicar uma mensagem a uma pessoa que pode se opor à lição se ela for declarada sem rodeios, mas permite que a lição seja ensinada sem preconceitos devido à técnica de ensino.

Uma série de métodos de interpretação têm sido usados para as parábolas de Jesus ao longo dos séculos, sendo as duas principais escolas a alegórica ou a metafórica. Durante o período medieval, a interpretação alegórica era extremamente comum, e um significado extra ou oculto era frequentemente atribuído a cada personagem, item, lugar e evento da parábola. Desde a Reforma, a interpretação metafórica de parábolas, que enfatiza um ponto ou princípio central sendo ensinado, tem sido o método mais comum. Além de uma ideia alegórica versus uma metafórica, existem vários princípios interpretativos que devem ser observados para se ter uma compreensão adequada de uma parábola, como o contexto histórico, o público, o simbolismo comum, a importância da conclusão e o fato de que diziam respeito ao reino dos céus (Mateus 13,11).

Nos Evangelhos, embora várias parábolas sejam repetidas e as opiniões variem sobre se certas histórias podem ou não ser classificadas como parábolas, pode haver cerca de quarenta parábolas diferentes de Jesus espalhadas por Mateus, Marcos, Lucas e João. Calculou-se que aproximadamente um terço do ensino de Jesus registrado nos Evangelhos está na forma de parábolas. Os Evangelhos sinópticos, entretanto, contêm a grande maioria, João, por sua vez, narra talvez três, que alguns não consideram parábolas reais (João 10,1-18; 12,24; 15,1-11).

Escritos ligeiramente posteriores da antiguidade, como o *Didache*[19], obras dos pais apostólicos, *1 Clement*, *Gospel of Thomas*, *Gospel of Truth* e *Gospel of the Nazarenes* ["1 Clemente", "Evangelho de Tomás", "Evangelho da Verdade", e "Evangelho dos Nazarenos", em tradução livre], repetem muitas das parábolas que Jesus ensinou nos Evangelhos canônicos, demonstrando ampla ciência desses ensinamentos, mesmo fora do cristianismo ortodoxo, já no início do século II d. C. As parábolas de Jesus continuaram a ser uma fonte de estudo, debate e entendimento em toda a Igreja e, mesmo 2 mil anos depois, muitas das histórias estão entre as mais conhecidas do mundo.

Na Judeia romana, perto e durante a época de Jesus, vários professores influentes viveram e escreveram. Embora as parábolas não fossem comuns no Antigo Testamento, há evidências de que esse estilo fosse usado na tradição rabínica, mas apelos a comentários rabínicos ou à lei oral eram mais comuns do que a formulação de um argumento lógico na Judeia do período romano.

Gamaliel, *o Velho*, foi um famoso fariseu e estudioso da Lei durante o século I d. C. Gamaliel viveu em Jerusalém até sua morte, por volta de 50 d. C., então provavelmente viu e ouviu Jesus em diversas ocasiões. Embora Gamaliel não seja mencionado nos Evangelhos, é referido no Livro de Atos como um respeitado professor da Lei e educador de Paulo (Atos 5,34; 22,3).

Antes de Gamaliel, um renomado estudioso judeu chamado Hillel, *o Velho*, mudou-se da Babilônia para Jerusalém por volta de 30 a. C. e tornou-se líder da comunidade religiosa por quarenta anos. Hillel fundou a Academia de

---

19 *Didache*, ou *didaquê*, os "Ensinamentos do Senhor pelos Apóstolos às Nações", documento anônimo do século I escrito em grego *koiné*. Ver https://www.newadvent.org/fathers/0714. htm. (N. R.)

Hillel, e Gamaliel estudou com ele. A escola Hillel esteve frequentemente em conflito com a escola Shammai, fundada por Shammai, outro proeminente estudioso do judaísmo que viveu cerca de 50 a. C. a 30 d. C. Suas divergências, no entanto, geralmente eram a respeito de interpretações triviais da lei oral; as duas escolas mantiveram relações amistosas.

De acordo com a Mishná, Hillel disse: "Aquilo que é odioso para você, não faça ao seu próximo. Essa é toda a Lei". Isso enfatiza apenas o aspecto negativo do que Jesus instruiu a respeito do amor aos outros (Mateus 7,12; 22,37-40). Shammai era conhecido por seu extremo rigor em seguir e fazer cumprir as leis religiosas, o que é claramente visto nas atitudes e ações de muitos dos fariseus dos Evangelhos, que viveram poucas décadas depois dele. A investigação de um grupo de fariseus perguntando a Jesus sobre o divórcio pode ter sido para ver se ele ficaria do lado da escola de Hillel ou de Shammai, já que uma das principais divergências era sobre as razões permitidas para o divórcio (Mateus 19,3-9).

Como um dos fariseus da Jerusalém do século I d. C., Gamaliel conhecia muito bem a Lei escrita e oral e preocupava-se não apenas em guardar esses mandamentos, mas também em ensiná-los a outros. De acordo com a Mishná, Gamaliel foi o autor de decretos legais adicionais para as leis de Israel, incluindo alguns relativos ao casamento e ao divórcio. Ele também é creditado por enfatizar a importância de se educar e de entregar o dízimo de modo acurado. Sua insistência ao Sinédrio para que não tentassem matar Pedro e alguns dos outros apóstolos, mas deixassem o movimento nas mãos de Deus, pode ter influenciado os primeiros leitores a considerarem Gamaliel simpático ao cristianismo (Atos 5,35-39).

De acordo com as afirmações do *Gospel of Gamaliel* ["Evangelho de Gamaliel", em tradução livre] do século IV, outro dos muitos pseudoevangelhos ou apócrifos do Novo Testamento, Gamaliel foi uma testemunha ocular da ressurreição de Jesus. Não existe nenhuma evidência antiga que corrobore essa afirmação, mas Gamaliel teria estado em Jerusalém durante a ressurreição de Jesus e provavelmente testemunhou a crucificação de Jesus.

Um seguidor posterior de Gamaliel, Akiva Joseph, tornou-se um líder dos fariseus e, de acordo com a Mishná, participou da revolta de Bar Kokhba de 132-136 d. C., reconheceu Simão bar Kokhba como o Messias e foi, ao que tudo indica, executado pelo imperador Adriano.

Gamaliel, Hillel, Shammai e Akiva eram todos estudiosos e professores da Lei na tradição dos fariseus, empregavam táticas alternativas, enfatizavam ideias diferentes e se opunham a muitos dos ensinamentos e reivindicações de Jesus. Além disso, nenhum desses homens afirmou ser Deus, realizou milagres ou viajou pela região ministrando à população em geral.

José Caifás, que também viveu em Jerusalém durante o século I d. C. e serviu como sumo sacerdote c. 18-36 d. C., foi um membro proeminente da comunidade sacerdotal da Judeia e um saduceu em sua ideologia. Embora fosse um líder religioso judeu, Caifás, como saduceu, tinha opiniões muito diferentes daquelas dos líderes dos fariseus. Por exemplo, os saduceus rejeitavam a lei oral que os fariseus tanto valorizavam e aceitavam apenas a lei escrita, não acreditavam na ressurreição ou na imortalidade da alma, não acreditavam na vida após a morte, não acreditavam em anjos, e muitos dos saduceus eram extremamente helenizados, adotando até algumas crenças religiosas do helenismo. Como sacerdote, Caifás não era professor, e é óbvio que os seus pontos de vista estavam drasticamente em oposição a Jesus, já que Caifás foi um dos principais proponentes da execução de Jesus (Mateus 26,3-4).

Mais ou menos na mesma época, fora da Judeia, mas fazendo parte da Diáspora, um famoso filósofo chamado Fílon viveu e escreveu em Alexandria. Embora praticante do judaísmo, Fílon foi um filósofo judeu helenístico que tentou sincretizar e combinar ideias do helenismo e do judaísmo. Fílon adotou muitas ideias do platonismo e também foi influenciado pelo estoicismo, de modo que partes de sua ideologia estavam frequentemente em conflito com as várias filosofias que adotou. Ele interpretou a Bíblia de modo alegórico e via Deus como transcendente. Embora Fílon concordasse mais com os saduceus do que com os fariseus, estava muito distante dos pontos de vista tradicionais das Escrituras. Ao contrário de Jesus, Fílon produziu muitas obras escritas, concentrando-se na filosofia sincrética, e esteve fortemente envolvido na política romana da época. Nem Caifás nem Fílon eram verdadeiramente professores, e suas ideologias estavam muito separadas dos ensinamentos de Jesus, demonstrando que elas eram maus exemplos para comparações intelectuais com Jesus.

As comparações entre Jesus e os acadêmicos helenísticos e romanos que viveram por volta do século I d. C. mostram que as suas diferenças superam em muito as suas semelhanças. Sêneca, *o Jovem*, (4 a. C. a 65 d. C.) passou a maior parte de sua vida em Roma e tornou-se professor e, por fim, conselheiro do imperador Nero. Sêneca era um estoico, como muitos filósofos de sua época, concentrando-se na lógica, na perfeição moral e intelectual com a supressão das emoções e do determinismo. Ele escreveu muitas peças trágicas, mas também, frequentemente, escrevia sobre moralidade, filosofia e visão de mundo (por exemplo, *Epistulae Morales ad Lucilium* ["Epístolas Morais a Lucílio", em tradução livre]; *De Vita Beata* ["Da Vida Abençoada", em tradução livre]; Naturales Quaestiones ["Questões Naturais", em tradução livre]).

Outro filósofo e professor estoico do século I d. C. que viveu em Roma, Caio Musônio Rufus (c. 25-c. 95), foi o mentor do famoso Epiteto (c. 50-138). Musônio foi exilado de Roma duas vezes e tentou persuadir os soldados que marchavam sobre Roma sob o comando de Vespasiano, falando-lhes a respeito dos benefícios da paz versus os perigos da guerra (Tácito, *Histories* ["Histórias", em tradução livre]). Existem cópias de discursos de Musônio, mas não se sabe se ele mesmo os escreveu ou se seus alunos os preservaram. Ele parece ter se preocupado principalmente com a ética e, além das visões que eram padrão da época, defendeu o vegetarianismo, a educação das mulheres em filosofia e argumentou contra o infanticídio.

Seu maior aluno, Epiteto, nasceu escravo na Fírgia, mudou-se para Roma, começou a estudar filosofia e logo alcançou a liberdade. Posteriormente, Epiteto ensinou filosofia em Roma, mas foi banido por Domiciano em 93 d. C., por isso mudou-se para a Grécia e fundou uma escola. É lembrado como um orador excepcional, e seu aluno Arriano compilou muitos de seus ensinamentos (Arriano, *The Discourses of Epictetus* ["Os Discursos de Epiteto", em tradução livre]). Epiteto acreditava no determinismo, mas também na responsabilidade pessoal e na necessidade da ética.

Agripa, *o Cético*, foi um filósofo que viveu no final do século I d. C. Embora nenhuma obra sua tenha sobrevivido, suas opiniões foram supostamente registradas, no final do século II d. C., por outro cético chamado Sexto Empírico. Classificar Jesus como cético também é impossível quando os detalhes são comparados. Outros intelectuais da época, como Enesidemo, Lucrécio e Plutarco, também têm pouco em comum com Jesus, seus ensinamentos ou seu caráter.

De acordo com alguns estudiosos, porém, um filósofo do século I era supostamente um paralelo extremamente próximo de Jesus. Apolônio de Tiana (c. 15-c. 100), um filósofo helenístico neopitagórico da Capadócia, estudou e ensinou durante todo o século I d. C. Embora as datas de seu nascimento e morte sejam incertas, de acordo com sua "biografia" do século III d. C., que, muitas vezes, mais se parece com a mitologia grega, nasceu por volta de 3 a. C.

e morreu por volta de 97 d. C. A maioria das informações sobre Apolônio vem dessa história épica, de uma amostra de seus escritos encontrados em Eusébio e de algumas cartas que podem ou não terem sido escritas por ele (Filóstrato, *Life of Apollonius of Tyana* ["Vida de Apolônio de Tiana", em tradução livre]). A imperatriz Júlia Domna, esposa do imperador Septímio Severo (145-211), sob quem os cristãos, em todo o Império, foram perseguidos, solicitou a Filóstrato que escrevesse sobre a vida de Apolônio, ainda que seja objeto de debate se Severo foi ou não diretamente responsável (Eusébio e Tertuliano, por exemplo, registram opiniões variadas). Além disso, seu filho Caracala (188-217) adorava Apolônio, de modo que o poder sobrenatural e a grandeza atribuídos a Apolônio podem ter sido influenciados por pedidos específicos da família imperial. Muito do que está registrado na biografia é supostamente baseado nas memórias de Damis, um companheiro desconhecido de Apolônio.

Na biografia, Apolônio é descrito em termos tão fantásticos que muitos estudiosos questionam a exatidão de toda a obra. De acordo com Filóstrato, Apolônio era um professor errante de filosofia e um sábio destemido com poderes sobrenaturais. Ele supostamente viajou pela Grécia, Ásia Menor, Itália, Espanha, Norte da África, Mesopotâmia, Índia e Etiópia. Era pitagórico, opunha-se ao sacrifício de animais, acreditava que Deus era um intelecto puro e que não tinha desejo de adoração (Apolônio, *On Sacrifices* ["Sobre Sacrifícios", em tradução livre]). Ao que tudo indica, teve alunos que seguiram suas crenças por um tempo, já que o retórico pagão Luciano criticou toda a escola como fraudulenta e repleta de charlatões (Luciano de Samósata, *Alexander, the False Prophet* ["Alexandre, o Falso Profeta", em tradução livre]).

Em Roma, diz-se que Apolônio desafiou Nero e Domiciano quando estes proibiram os filósofos de estarem na cidade. Outras histórias, como Apolônio realizando sacrifícios humanos, prevendo uma praga, pressentindo a morte de Domiciano a centenas de quilômetros de distância e sendo levado ao céu ao morrer, fizeram com que parecesse ter poderes sobrenaturais e as bênçãos dos deuses (Filóstrato, *Life of Apollonius of Tyana*; Cássio Dio, *Roman History*). Que era um tipo de "mago" ou mágico também é afirmado por um neoplatônico do século III que escreveu que os milagres de Jesus não eram únicos, uma vez que Apolônio também realizou obras semelhantes (Porfírio, *Against the Christians* ["Contra os Cristãos", em tradução livre]). No entanto, como Porfírio era um filósofo anticristão que escreveu depois que Filóstrato completou a biografia de Apolônio, Porfírio provavelmente usou essa informação como sua fonte.

O estudioso cristão dos séculos III e IV, Eusébio, considerava Apolônio um feiticeiro que usava poderes demoníacos para realizar magia. As poucas semelhanças de Apolônio com a vida de Jesus, se não forem coincidência, são possivelmente material derivado dos Evangelhos que circulavam cerca de 150 anos antes da biografia de Apolônio ser escrita.

Um exame de professores e filósofos proeminentes durante e perto da época de Jesus revela que todos eles diferiam de Jesus em suas crenças e ensinamentos. As várias figuras messiânicas da época não eram professores sábios, mas revolucionários violentos, e os seus seguidores morreram quase imediatamente com eles. Embora haja relatos de mágicos no mundo antigo realizando atos sobrenaturais, nenhum dos outros professores teria realizado milagres no mesmo escopo que Jesus, e nenhum afirmou ser o único Deus verdadeiro. Embora alguns dos intelectuais proeminentes da época tenham registrado por escrito os seus próprios ensinamentos, enquanto outros os deixaram para os seus alunos ou seguidores, apenas os ensinamentos únicos de Jesus e dos seus seguidores continuam até hoje.

O TANQUE DE BETESDA

De volta a Jerusalém, talvez para celebrar a Páscoa, Jesus visitou o tanque de Betesda, no lado norte da cidade, onde, segundo João, um famoso milagre de cura foi realizado por Jesus (João 5,1-9). A descrição do local indica a associação do tanque com ovelhas, e, embora a maioria das traduções mencione a "porta das ovelhas", não há a palavra "porta" no texto grego original de João. Outras fontes da antiguidade, de fato, mencionam o tanque ou o tanque das ovelhas. Eusébio, no século IV, mencionou o tanque das ovelhas, mas não a porta das ovelhas, e identificou-a como um local com tanques gêmeos (Eusébio, *Onomasticon*). O Peregrino de Bordeaux, no início do século IV d. C., chamou-os de tanques gêmeos, mas não mencionou nenhuma porta, ao passo que outros escritos dos séculos IV e V também mencionam o local do tanque, demonstrando que as ruínas do tanque eram conhecidas e visitadas durante o período romano tardio e o período bizantino (por exemplo, *Itinerarium Burdigalense*; Cirilo de Jerusalém, *Homily on the Paralytic at the Pool of Bethesda* ["Homilia sobre o Paralítico no Tanque de Betesda", em tradução livre]). Josefo mencionou a área de Betesda e observou que as imediações ficavam ao norte da Fortaleza Antônia, com um pequeno vale no meio, em uma área de Jerusalém que foi murada na época de Herodes

Agripa, por volta de 41-44 d. C. (Josefo, *Wars* 5.146-152). Embora a área fosse conhecida na antiguidade, a localização do Tanque de Betesda pareça ter sido perdida no século VII d. C. e só ter sido redescoberta por meio de investigação arqueológica no final do século XIX.

João também registrou alguns detalhes sobre o tanque que são úteis para sua identificação, como nome, localização em Jerusalém, relação com ovelhas, projeto arquitetônico distinto de cinco pórticos ou estoas, uso como tanque para banho ou lavagem e associação com cura (João 5,2-7). Uma vez identificadas e escavadas no local adjacente à Igreja de Santa Ana em Jerusalém, as ruínas do tanque também demonstraram ainda mais a exatidão histórica do relato de João.

Modelo do Tanque de Betesda.

Originalmente, um tanque foi construído no século VIII a. C., provavelmente durante o reinado de Ezequias, e um tanque superior que parece estar na área de Betesda é mencionado (2 Reis 18:17; Isaías 36:2). Por volta de 200 a. C., durante a época do Império Selêucida, uma extensão do tanque original foi construída para leste, formando essencialmente um par de tanques gêmeos com cerca de 13 metros de profundidade, ou uma divisão superior e inferior de um grande sistema de tanques. O tanque norte mede cerca de 53 metros por 40 metros e coleta água da chuva. Este foi dividido a partir do tanque do sul, medindo cerca de 47 metros por 52 metros, por uma parede leste-oeste com cerca de 6,5 metros de largura.

Estes podem ter sido construídos a fim de coletar água para a lavagem das ovelhas do sacrifício, uma vez que o templo estava localizado logo ao sul do tanque, e a associação com a lavagem das ovelhas sacrificiais poderia ser a origem da referência aos "tanques de ovelhas", embora também houvesse uma "porta das ovelhas" em Jerusalém durante o período persa que provavelmente ainda existia no período romano.

No século I d. C. e na época de Jesus, esse tanque de Betesda existia como um sistema de dois tanques, com seções superior e inferior. O Pergaminho de Cobre encontrado em Qumran, datado de cerca de 25-70 d. C., parece mencionar o Tanque de Betesda em Jerusalém, chamando-o de Beth Eshdathayin ou "Casa dos Dois Tanques", e indica que as pessoas usavam a seção menor para lavagem ritual. João se refere aos tanques de Betesda e Siloé como uma *kolumbethra*, ou um tanque de água que poderia ser usado para banho ou lavagem. Foram construídos degraus para descer ao tanque e, durante o século I, parece ter sido usado para lavagem ritual e cura, em vez da antiga função de lavar as ovelhas do sacrifício.

João também descreveu o tanque como tendo cinco pórticos. A investigação arqueológica esclareceu o que significava essa estranha construção de cinco pórticos. As escavações revelaram um sistema de tanques retangulares delimitados por pórticos nos quatro lados, com o quinto pórtico formando a linha divisória entre os tanques superior e inferior. O líder da Igreja do século IV em Jerusalém, Cirilo, devia estar ciente da arquitetura do tanque antes de uma igreja ser construída no local, pois observou corretamente a disposição dos cinco pórticos que cercavam o tanque em quatro lados, com o quinto pórtico formando uma divisão entre as partes superior e inferior.

As memórias do milagre de cura no tanque de Betesda parecem ter persistido durante décadas depois de Jesus, porque, durante o reinado de Adriano, no início do século II d. C., o imperador tinha um santuário ou templo para Esculápio, o deus grego da cura e da medicina, construído no lado sudeste dos tanques. Isso fez parte de sua campanha para contaminar ou apagar locais associados a Jesus e ao cristianismo, construindo templos romanos sobre eles, como também aconteceu no local da Natividade e do túmulo de Jesus e possivelmente no local do Tanque de Siloé. Durante as escavações, achados significativos incluíram um pé de mármore com uma inscrição a Esculápio que "Pompeia Lucilia dedicou" como agradecimento por ter sido curada. Essa oferenda foi descoberta no pequeno templo construído sobre parte do tanque e data do reinado de Adriano, no início do século II d. C.

Outro artefato descoberto em uma cisterna próxima, conhecido como Vaso de Betesda, é um requintado vaso do período romano decorado com cobras. Isso sugere ainda uma conexão com Esculápio, uma vez que esse deus era retratado com seu bastão entrelaçado em cobras e era regularmente associado a cobras. Na verdade, os rituais em santuários ou templos dedicados a Esculápio, muitas vezes, incluíam aqueles que esperavam pela cura entrando no Asclépio, passando por uma limpeza ritual, oferecendo sacrifícios, bebendo uma poção e depois descendo para o *abaton* ("lugar inacessível", provavelmente associado ao mundo subterrâneo) onde adormeciam num quarto cheio de cobras, esperando um sonho de Esculápio. Ao acordarem, contariam o sonho ao sacerdote que o interpretaria e prescreveria um tratamento curativo. Se curados, os pacientes faziam uma oferenda na forma da parte do corpo que havia sido curada, como o pé de mármore descoberto em Betesda.

Os cristãos em Jerusalém continuaram a transmitir a memória do local, apesar do santuário pagão erguido no tanque; e, finalmente, no século V, durante a época do bispo Juvenal de Jerusalém (séc. IV-458), uma igreja bizantina foi construída ali para comemorar o milagre de cura que Jesus se realizou.

GADARA E OS DEMÔNIOS LANÇADOS NOS PORCOS

Kursi era o local de um mosteiro, igreja e porto no lado leste do Mar da Galileia na antiguidade. Durante a época de Jesus, no século I d. C., parece que não existiam vestígios de povoamento no alto da colina, ao passo que, no período bizantino, esse lugar tornou-se o local de um mosteiro e de uma igreja. Como o antigo nome desse povoado não foi encontrado em nenhuma inscrição no local, os estudiosos costumam identificar Kursi como um lugar dentro do país dos gerasenos, gadarenos ou gergesenos, mencionado nos Evangelhos, como a área onde Jesus expulsou uma legião de demônios para dentro de porcos, que, então, lançaram-se no lago (Mateus 8,28; Marcos 5,1; Lucas 8,26,37).

Todas as passagens demonstram que o evento ocorreu no lado oriental do Mar da Galileia, na área de Cafarnaum, onde certamente Kursi se localiza. No entanto, conectar a expulsão dos demônios especificamente ao local de Kursi requer ligações com a geografia, estruturas e nomes de lugares usados nas passagens. A "margem íngreme" não só se enquadra em Kursi, mas é específica daquela área, além de também terem sido encontrados os túmulos mencionados nos relatos.

Contudo, uma grande dificuldade na identificação desse local é que o nome do lugar usado nos Evangelhos varia entre muitas das cópias manuscritas antigas. Devido a isso, os estudiosos sugeriram inúmeras teorias. A leitura "país dos gerasenos" deve estar relacionada à cidade de Jerash, em Decápolis, mas essa cidade estava localizada a cerca de 60 quilômetros ao sul e leste da região da Galileia, tornando improvável que tivesse qualquer associação com o local na margem oriental do lago. O topônimo Gergesa é desconhecido antes de ser mencionado por Orígenes no século III d. C., e, embora seja repetido por Eusébio e pareça ter afiliação linguística com Kursi, talvez até representando o nome da cidade, parece ser a pior variante atestada nos antigos manuscritos do Evangelho e pode não se enquadrar tão bem na descrição do "território de" encontrada em todos os três relatos.

Como Gadara não está muito distante de Kursi, especialmente o aparente porto de Gadara perto de Tel Samra, no Kibutz Há'on, apenas cerca de 11 quilômetros ao sul de Kursi, pode ser plausível associar a "terra dos Gadarenos" como se estendendo até a área de Kursi. Ou, talvez, a igreja bizantina tenha sido simplesmente construída na área geral, mas não no local exato.

Josefo colocou as cidades de Hipo e Gadara bem próximas e observou que o território de Gadara se estendia até o Mar da Galileia (Josefo, *Life* 42). Uma vez que a cidade de Hipo foi identificada e escavada, localizada logo ao norte do sítio de Kursi, a leitura "terra dos Gadarenos" parece ser apoiada pela maioria das evidências.

O nome do local, Kursi, que é aramaico e significa "assento", aparentemente não é encontrado nos Evangelhos. Esse nome foi preservado em uma aldeia localizada nas proximidades, mas que parece remontar à aldeia de Kursi mencionada no Talmude da antiguidade tardia. O Talmude registra uma Kursi que foi incluída em uma lista de cidades pagãs durante o período romano, o que corresponde aos relatos sobre a área e as pessoas nos Evangelhos. Portanto, é possível que Kursi (transmitido para o grego como Gergesa) fosse o antigo nome da aldeia perto da época em que o milagre aconteceu. Pesquisas e escavações indicam que pode ter existido uma aldeia localizada às margens do lago, a cerca de 300 metros da igreja bizantina, na época de Jesus.

Essa igreja bizantina em Kursi foi construída durante o século V para comemorar um milagre que Jesus realizou na área. A correlação com o relato do Evangelho sugere que provavelmente trata-se da expulsão da legião de demônios para os porcos. A igreja foi construída com dois corredores e uma nave, separados por duas fileiras de colunas, com piso decorativo em mosaico com 296 elementos de desenho compostos por desenhos geométricos, plantas e animais, como pássaros, peixes, romãs e uvas. Infelizmente, a maioria dos desenhos foi destruída durante o período islâmico. A igreja também possuía um batistério, e uma inscrição dedicatória no piso de mosaico na entrada do batistério data a construção desse acréscimo em 585 d. C. Outra capela foi encontrada ao sul da igreja, e algum tipo de estrutura foi construída em torno de uma grande pedra que pode ter sido associada ao evento registrado nos Evangelhos.

Igreja de Kursi e colinas.

Além disso, um mosteiro e um complexo de banhos foram descobertos, sugerindo que uma pousada ou hospedaria esteve localizada ali no período bizantino para os peregrinos permanecerem enquanto viajavam para locais na Terra Santa. Recentemente, uma inscrição de oito linhas, em aramaico, datada de cerca de 500 d. C., esculpida em um pedaço de mármore de cerca de 1,4 metro por 70 centímetros, foi encontrada no local. A inscrição é fragmentária, mas as palavras *amen* e *marmaria* (possivelmente significando "filho de Maria" ou "mármore") são visíveis. Embora as teorias sobre a inscrição afirmem que se tratava de uma dedicação de sinagoga e que o povo era praticante do judaísmo, poderia ser uma inscrição cristã. Não traduzida, apenas demonstra que Kursi foi ocupada até o século VI d. C. por falantes do aramaico.

É possível que essas pessoas praticassem o judaísmo, embora muitos cristãos locais também falassem aramaico, e a presença de uma igreja e de um mosteiro, combinada com o fato de os persas sassânidas terem destruído o local em 614 d. C., demonstra que a aldeia era ocupada, principalmente, por cristãos durante esse período. A igreja foi reconstruída, mas depois que o terremoto de 749 d. C. a destruiu mais uma vez, foi abandonada.

Nenhum vestígio do período romano foi recuperado no local da igreja, mas é possível que existisse uma cidade próxima na época de Jesus. Isso está de acordo com a tradição de que foi o local onde Jesus expulsou os demônios para os porcos que se lançaram no Mar da Galileia, e também explicaria por que o local foi referido, nos Evangelhos, como a "terra" ou "território" dos gadarenos, em vez do nome de uma cidade específica.

Um porto do século I foi descoberto a cerca de 300 metros a oeste da igreja, e as escavações demonstram que uma aldeia da antiguidade esteve situada na costa, também possivelmente durante o século I d. C. Poderia, portanto, ter sido o local onde Jesus e seus discípulos desembarcaram após cruzarem o lado oeste do lago (Marcos 5,1).

As pessoas que viviam nessa região do lado oriental do Mar da Galileia faziam parte da Decápolis e eram geralmente helenísticas em cultura e religião, em vez de judeus que seguiam a Lei mosaica. Isso é atestado pela manada de porcos mencionada na passagem, pela atitude dos habitantes da região em relação a Jesus, não como um blasfemador de Deus, mas como um fazedor de milagres, e pela menção do povo do endemoninhado e da região de Decápolis (Marcos 5,13-20).

A igreja de Kursi, que pode ter sido construída no alto da colina de uma aldeia também conhecida como Gergesa, certamente comemora um acontecimento significativo registrado nos Evangelhos, e provavelmente foi construída no local lembrado como o local onde Jesus expulsou a legião de demônios para os porcos e depois enviou o homem anteriormente possuído por demônios à região de Decápolis a fim de anunciar o que Jesus havia feito.

DECÁPOLIS

As cidades de Decápolis, localizadas próximas e a leste e nordeste do rio Jordão e do Mar da Galileia, eram um grupo de dez cidades no período romano que podem ter sido semiautônomas. O nome é derivado do número e da descrição em grego: *deca* (dez), *polis* (cidade). A maioria das cidades foi originalmente fundada durante o período helenístico, depois que Alexandre, *o Grande*, conquistou a região em c. 323 a. C. Posteriormente, essas cidades ganharam certa independência depois que os romanos, sob o comando de Pompeu, conquistaram a região em c. 64 a. C. e foram libertados da autoridade dos asmoneus, o que resultou em tensões culturais e religiosas entre o judaísmo e o helenismo.

Contudo, tanto Hipo como Gadara foram incluídas no reino de Herodes, *o Grande*, e todas as cidades devem ter tido supervisão governamental por meio de uma autoridade regional que remontava a Roma. Inscrições, moedas e escritos históricos demonstram que a região de Decápolis surgiu depois que Roma conquistou a área, mas isso, possivelmente, já no início do século I d. C. Listas de cidades antigas de Decápolis vêm de escritos de Plínio, *o Velho*, Josefo, Ptolomeu, Eusébio, Epifânio e Estêvão de Bizâncio.

As dez cidades de Plínio, talvez as dez originais, eram Damasco, Canatha, Hipos, Dion, Rapana (também conhecida como Abila), Gadara, Citópolis, Pela, Gerasa e Filadélfia (Plínio, *o Velho*, *Natural History* ["História Natural", em tradução livre]). Rapana, às vezes, é identificada como Abila, nome de cidade encontrado em listas posteriores. Todas essas cidades, exceto Citópolis, estavam localizadas no lado oriental do rio Jordão, e Citópolis (anteriormente Bete-Seã) era aparentemente também a maior cidade de Decápolis (Josefo, *Wars* 3.446).

Uma combinação das diferentes listas mostra um possível total de dezessete ou dezoito cidades, uma vez que as cidades adicionais de Helopolis, Abila (Rapana?), Saana, Hina, Abila Lisânias, Capitolias, Edrei e Samulis podem ter ganho um status semiautônomo e aderido ao grupo ao longo do tempo (Ptolomeu, *Geography* 5.14-22).

Uma variante em Marcos também menciona o país dos gerasenos, que parece estar ligado à área da cidade de Gerasa ou Jerash, em Decápolis (Marcos 5,1). No entanto, a leitura original dessa passagem relativa a uma cidade de Decápolis pode ser "Gadarenos", ligada a outra cidade de Decápolis chamada Gadara e atestada em muitos manuscritos antigos dos Evangelhos (cf. Mateus 8,28; texto bizantino Marcos 5,1 e Lucas 8,26).

Uma inscrição da época do imperador Adriano, por volta de 134 d. C., encontrada perto de Palmira, menciona Abila de Decápolis. A menção literária mais antiga de Decápolis parece ser encontrada nos Evangelhos, onde o termo está registrado, embora as cidades específicas não estejam listadas (Mateus 4,25; Marcos 5,20; 7,31). Jesus alimentou 4 mil pessoas nessa área geral, curou um homem surdo, expulsou demônios e, ao que tudo indica, ensinou (Marcos 5,1-20; 7,31-8,10).

Jerash (Genesaré).

Embora não exista nenhuma evidência de que essas cidades formassem qualquer tipo de coligação ou liga formal, estavam informalmente ligadas pela sua condição independente, geografia e cultura helenística partilhada. Muitas das moedas das cidades mencionam conceitos como liberdade, autonomia e soberania, indicando que exerciam um certo grau de independência no seu estatuto de governo em âmbito local e regional. Uma inscrição em uma moeda emitida por Citópolis, em vez de mencionar o Senado ou Pompeu, homenageava o general Gabínio, que ajudou a libertar e depois reconstruir a cidade. Por outro lado, a província da Judeia tinha moedas romanas emitidas sob o comando dos prefeitos e depois dos procuradores, as quais homenageavam o imperador.

Mesmo mantendo um certo grau de autonomia, as cidades ainda estavam, em última instância, sob a autoridade do Império Romano e encontravam-se anexadas a várias províncias ou reinos, dependendo da época, como o reino herodiano, a província da Síria, a Arábia Petraea e a Síria palestina, embora pareçam ter funcionado de modo semelhante a cidades-estado em âmbito local. As cidades de Decápolis geralmente estavam localizadas em estradas principais e, muitas vezes, em encruzilhadas, tinham fortificações naturais e eram abastecidas por significativas fontes de água. Esses atributos contribuíram para a sua prosperidade econômica e para a sua capacidade de manterem, pelo menos, um certo grau de autonomia.

Durante o período romano, as cidades também tiveram seus traçados refeitos de acordo com o estilo das cidades romanas, com um sistema de ruas em estilo grade construído em torno de um *cardo* central (rua principal norte-sul em uma cidade romana) e a construção de estruturas típicas romanas, como estádios, teatros, ágoras, templos, banhos romanos e aquedutos.

Essas cidades também eram muito helenísticas na sua cultura e religião, embora tenham sido influenciadas pelas ideias das populações semíticas locais vizinhas. No entanto, a maior parte da influência era pagã e politeísta, e essas não eram cidades onde normalmente viveriam aqueles que praticavam o judaísmo.

Uma inscrição de cerca de 90 d. C. e do reinado do imperador Domiciano menciona um administrador romano da classe dos equestres, como um prefeito ou procurador, em Decápolis da Síria, sugerindo que a região tinha seu próprio administrador romano separado dentro da província da Síria, semelhante à Judeia. Há um debate se Decápolis deveria ser considerada apenas um termo geográfico referindo-se a um grupo de cidades da região que compartilhavam uma cultura helenística comum e tinham um grau de autonomia ou uma subseção de uma província que existia como uma unidade administrativa mais distinta. No entanto, antes de 106 d. C., quando as cidades de Decápolis foram divididas entre várias províncias e, provavelmente, o termo se tornou geográfico, a Decápolis pode ter sido uma área administrativa e semiautônoma separada.

Embora se saiba que Jesus pregou e realizou milagres na região de Decápolis, os Evangelhos nunca registam quaisquer problemas com as autoridades ou com os líderes religiosos daquela área. À luz da cultura politeísta helenística da época, que estava rapidamente adotando deuses de regiões de todo o Império, a comunidade religiosa na região de Decápolis provavelmente não teria tido problemas com Jesus realizando milagres ou afirmando ser Deus, ou um deus, como inicialmente o interpretariam devido à visão de mundo politeísta que tinham. No entanto, a mensagem e os milagres de Jesus parecem ter afetado significativamente a região de Decápolis e pavimentado o caminho para a Igreja Primitiva na área.

De acordo com Eusébio, durante o início da Primeira Revolta da Judeia contra Roma e antes da destruição de Jerusalém em 70 d. C., muitos cristãos fugiram da província da Judeia e das regiões vizinhas para Decápolis, e, em particular, para a cidade de Pela (Eusébio, *Historia Ecclesiae*). Nos anos posteriores, Pela foi um importante centro do cristianismo, e toda a região da Decápolis tornou-se predominantemente cristã, como evidenciado pelos escritos da Igreja Primitiva e pelos muitos edifícios religiosos do período bizantino que foram descobertos nas ruínas dessas cidades antigas.

BETSAIDA

A antiga cidade de Betsaida, na região da Galileia, que provavelmente significa "casa de pesca", estava situada na costa nordeste do Mar da Galileia, mas sua localização exata tem sido debatida. Três discípulos de Jesus vieram de Betsaida da Galileia – André, Pedro e Filipe –, que era uma cidade pesqueira na costa do Mar da Galileia, geralmente identificada como o mesmo local (João 1,44; 12,21). A cura de um cego aconteceu em Betsaida, a alimentação de 5 mil pessoas ocorreu em algum lugar nas suas proximidades, e Jesus andou sobre as águas quando os discípulos atravessavam o lago indo de Betsaida para a região de Cafarnaum (Mateus 14,13-34; Marcos 6,31-53; 8,10-26; Lucas 9,10-17; João 6,1-25). Jesus também repreendeu Betsaida pela incredulidade do seu povo, juntamente com a cidade de Corazim, que estava localizada a apenas 4 quilômetros ao norte de Cafarnaum (Mateus 11,21-22; Lucas 10,13).

Josefo observou que a cidade de Betsaida ficava às margens do Mar da Galileia, localizada perto do rio Jordão, e na parte inferior de Gaulanita (Josefo, *Life* 398-399; *Wars* 2.168,3.515). Era uma aldeia ou cidade de pescadores até que Filipe, *o Tetrarca*, a expandiu e a renomeou como Júlia, por volta de 30 d. C., em homenagem a Júlia, filha de Augusto, que era sua única filha biológica (Josefo, *Antiquities* 18.28). Essa localização no reino de Filipe, *o Tetrarca*, e não de Herodes Antipas, pode ser a razão pela qual Jesus e os discípulos atravessaram o lago até a área de Betsaida logo após a execução de João Batista por Herodes Antipas.

Eusébio menciona a cidade no século IV d. C., sugerindo que ainda estava ocupada no período bizantino (Eusébio, *Onamasticon*). Betsaida também é mencionada como estando a 9,6 quilômetros de Cafarnaum, de acordo com um escritor do século VI (Teodósio). Uma igreja bizantina também pode ter estado presente no local já no século VIII, em um local que se pensa ser a casa de Pedro e André (Huneberc, *Hodoeporicon of Saint* Willibad ["Diário de Viagem de São Vilibaldo", em tradução livre], Simão de Basora). Infelizmente, não houve preservação do nome antigo de Betsaida em nenhuma aldeia da região.

Atualmente, a identificação arqueológica mais popular com a antiga Betsaida é um sítio chamado Et-Tell, embora um candidato alternativo, El-Araj, ao sul, tenha sido recentemente estudado, pesquisado e escavado. Um terceiro local proposto, Messadiyeh, não produziu quaisquer provas e deixou de ser considerado um candidato viável.

Alguns estudiosos também propuseram que havia duas cidades diferentes chamadas Betsaida – uma Betsaida Júlia e uma Betsaida da Galileia (cf. João 12,21). Embora seja uma possibilidade, ainda não existe evidência de textos antigos ou de arqueologia para apoiar essa hipótese. Embora Josefo mencione que Betsaida estava localizada na baixa Gaulanita, que fazia parte da tetrarquia de Filipe, João pode ter incluído a Galileia como uma descrição geográfica, e não política. Mesmo que tenham sido feitas sugestões de que os dois locais próximos, El-Araj, na costa e perto do rio, e Et-Tell, cerca de 1,5 milha (2,4 quilômetros) a nordeste da costa e perto do rio, eram duas partes de uma cidade, isso parece implausível devido à distância de cerca de 2,4 quilômetros um do outro.

Et-Tell é atualmente o sítio ao qual mais se faz referência como Betsaida. Está localizado a cerca de 2,4 quilômetros a nordeste da costa atual e aproximadamente a 7 metros acima do nível do lago nos tempos antigos. Aparentemente era uma cidade com uma longa história, pois as escavações revelaram vestígios do início da Idade do Bronze, da Idade do Ferro, do período persa, do período helenístico, do período romano e da época medieval, embora com menos vestígios do século I d. C. e da época de Jesus do que se poderia esperar e nenhum vestígio descoberto do período bizantino, o que também pode ser problemático.

Achados de interesse do período romano incluem um possível templo romano ou helenístico, uma casa, pesos de chumbo e basalto provavelmente usados na pesca, anzóis de ferro, âncoras de basalto e um selo de argila representando duas pessoas em um barco com peixes embaixo. O principal problema com a identificação desse local como Betsaida é a sua distância da margem do lago e a sua maior elevação em contraste com cidades costeiras conhecidas do século I, como Cafarnaum, Magdala, Tiberíades e Kursi, sugerindo que, durante o século I, não estava sequer perto da costa e, portanto, não corresponderia às antigas descrições de Betsaida.

Embora seja possível que o lago se estendesse mais ao norte nos tempos antigos devido ao acúmulo extremo de sedimentos, se o lago, no século I, se estendesse até o local, a cidade ainda não estaria na costa, como outras cidades costeiras conhecidas no Mar da Galileia em razão de sua altitude substancialmente mais elevada. Portanto, os defensores propuseram um evento geológico que elevou toda a área da cidade, incluindo o suposto cais, 7 metros acima do antigo nível do mar. No entanto, esse evento cataclísmico parece ter deixado estruturas intactas, não deixando nenhuma evidência do suposto evento. Em vez disso, a arqueologia do local indica consistência na topografia desde os tempos antigos.

Estruturas escavadas em El-Araj, possível localização de Betsaida.

Além disso, a análise científica dos sedimentos sugere que a área em frente de Et-Tell tinha sido coberta por terra, e não por água, pelo menos já no século I a. C., e isso parece ser confirmado pela descrição geográfica da área em Josefo. A explicação do cataclismo parece basear-se meramente na ideia de que Et-Tell deve ser Betsaida, independentemente dos problemas geográficos.

Se a antiga cidade tinha uma acrópole e também uma seção inferior que se estendia até ao nível da água, ainda não foi encontrada qualquer evidência que indique isso. No entanto, o fato de terem sido descobertos assentamentos do século I a sul de Et-Tell, na margem do lago, parece refutar a hipótese de que o lago se estendia para norte até Et-Tell no século I. Alternativamente, o local de Et-Tell poderia ter sido outra cidade localizada perto do lago, mas não nele, como Hipos. Outro possível problema com a identificação de Et-Tell como Betsaida é a sua proeminência durante os tempos antigos, especialmente na Idade do Ferro, e ainda assim nenhum material escrito anterior ao período romano menciona uma Betsaida ou qualquer cidade com um nome semelhante.

El-Araj está localizada às margens do lago, perto do rio Jordão, e sua altitude é aproximadamente a mesma de outras cidades costeiras do século I d. C., como Cafarnaum, Magdala, Kursi e Tiberíades. Embora avaliações anteriores de El-Araj afirmassem que o local surgiu no período bizantino e, portanto, não existia durante o século I d. C., a investigação arqueológica demonstrou que foi colonizado pela primeira vez durante o final do período helenístico, por volta do século II a. C., ocupado durante o período romano e a época de Jesus no século I d. C. e depois se estendeu para dentro do período bizantino.

Também foram descobertos, no local, fragmentos arquitetônicos de calcário e basalto, típicos de edifícios públicos, além de mosaicos. Explorações anteriores em El-Araj revelaram cerâmica e moedas do século I d. C., incluindo moedas emitidas durante a época de Pôncio Pilatos. Escavações recentes descobriram fragmentos de vasos de pedra usados em rituais de purificação do judaísmo, uma casa de banhos romana e uma igreja bizantina visitada pelo bispo Willibald da Baviera por volta de 725 d. C., provavelmente construída para comemorar a casa de Pedro e André.

Portanto, o local de El-Araj cumpre os requisitos necessários de período de ocupação e localização para Betsaida, de acordo com textos antigos, como os Evangelhos, Josefo e os primeiros pais da Igreja, embora, atualmente, careça de evidências definitivas, como uma inscrição mencionando o nome da cidade.

BIBLIOGRAFIA SELECIONADA
(CAPÍTULO 4)

ALEXANDER, Yardena. "'Cana in Galilee': A Jewish Settlement in Kerem a-Ras, near Kafr Cana of the Second Temple Period". Israel Antiquities Authority.

ANDERSON, Paul. "Aspects of Historicity in the Gospel of John: Implications for Investigations of Jesus and Archaeology". *Jesus and Archaeology*, ed. James Charlesworth. Grand Rapids: Eerdmans, 2006.

ANDERSON, Robert. "The Elusive Samaritan Temple". *Biblical Archaeologist* 54, nº 2, 1991.

ARAV, Rami. "Bethsaida: A Response to Steven Notley". *Near Eastern Archaeology* 74, nº 2, 2011.

_____. "Bethsaida". *Jesus and Archaeology*, ed. James Charlesworth. Grand Rapids: Eerdmans, 2006.

_____. "Et-Tell and El-Araj". *Israel Exploration Journal* 38:3, 1988.

BAHAT, Dan. "Jesus and the Herodian Temple Mount". *Jesus and Archaeology*, ed. James Charlesworth. Grand Rapids: Eerdmans, 2006.

BARTON, George. "Parables Outside the Gospels". *Biblical World* 33, nº 5, 1909.

BROWN, Francis *et al.*, *Enhanced Brown-Driver-Briggs Hebrew and English Lexicon*. Oak Harbor, WA: Logos, 2000.

BULL, Robert. "An Archaeological Context for Understanding John 4:20". *Biblical Archaeologist* 38, nº 2, 1975.

CROY, N. Clayton. "The Messianic Whippersnapper: Did Jesus Use a Whip on People in the Temple (John 2:15)?". *Journal of Biblical Literature* 128, nº 3, 2009.

EHRMAN, Bart. *Did Jesus Exist? The Historical Argument for Jesus of Nazareth*. San Francisco: HarperOne, 2012.

EVANS, Craig. *Jesus and His World: The Archaeological Evidence*. Louisville: Westminster, 2012.

FELDMAN, Steven. "The Case for el-Araj". *Biblical Archaeology Review* 26:01, 2000.

GIBSON, Shimon. "Excavations at the Bethesda Pool in Jerusalem". Bouwen, ed., Sainte-Anne de Jérusalem. *La Piscine Probatiquen de Jésus À Saladin. Proche-Orient Chrétien Numéro Spécial*.

HUFFMAN, Norman. "Atypical Features in the Parables of Jesus". *Journal of Biblical Literature* 97, nº 2, 1978.

HULTGREN, Arland. *The Parables of Jesus*. Grand Rapids: Eerdmans, 2000.

ISAAC, Benjamin. "The Decapolis in Syria, a Neglected Inscription". *Zeitschrift für Papyrologie und Epigraphik Bd.* 44, 1981.

____. "A Donation for Herod's Temple in Jerusalem". *Israel Exploration Journal* 33, n° 1/2, 1983.

KOPP, Clemens. *The Holy Places of the Gospels*. New York: Herder and Herder, 1963.

LAPP, Paul e LAPP, Nancy, eds. *Discoveries in the Wadi ed-Daliyeh. The Annual of the American Schools of Oriental Research* 41, 1974.

LIDDELL *et al.*, *A Greek-English Lexicon*. Oxford: Clarendon, 1996.

MAGEN, Yitzhak. "The Dating of the First Phase of the Samaritan Temple on Mount Gerizim in Light of the Archaeological Evidence". *Judah and the Judeans in the Fourth Century BCE*, ed. Lipschits, *et al.* Winona Lake, IN: Eisenbrauns, 2007.

____. "Jerusalem as a Center of the Stone Vessel Industry during the Second Temple Period". H. Geva, ed. *Ancient Jerusalem Revealed*. Jerusalem: Israel Exploration Society, 1994.

____. "The Sacred Precinct on Mount Gerizim". *Bible and Spade* 14:2, 2001.

MARE, Harold. "Abila of the Decapolis Excavations, Northern Jordan". https://bibleinterp.arizona.edu/excavations/Abila_of_the_Decapolis, 2004.

MASTERMAN, E. W. G. "The Pool of Bethesda". *Biblical World* 25, n° 2, 1905.

MAZAR, Benjamin. "The Royal Stoa in the Southern Part of the Temple Mount". *Proceedings of the American Academy for Jewish Research* 46-47, 1979-80.

MCCOLLOUGH, C. Thomas. "Searching for Cana: Where Jesus Turned Water into Wine". *Biblical Archaeology Review* 41:6, 2015.

MCRAY, John. *Archaeology and the New Testament*. Grand Rapids: Baker Academic, 1991.

MENNINGA, Clarence. "The Unique Church at Abila of the Decapolis". *Near Eastern Archaeology* 67:1, 2004.

METZGER, Bruce. *A Textual Commentary on the Greek New Testament*. New York: United Bible Societies, 1994.

NETZER, Ehud. *The Architecture of Herod, the Great Builder*. Grand Rapids: Baker Academic, 2008.

NOTLEY, Steven. "Et-Tell Is Not Bethsaida". *Near Eastern Archaeology* 70, n° 4, 2007.

____. "Reply to Arav". *Near Eastern Archaeology* 74, n° 2, 2011.

NOTLEY, Steven e AVIAM, Mordechai. "Searching for Bethsaida: The Case for El-Araj". *Biblical Archaeology Review* 46:2, 2020.

PARKER, S. Thomas. "The Decapolis Reviewed". *Journal of Biblical Literature* 94, n° 3, 1975.

PENTECOST, J. Dwight. *The Parables of Jesus*. Grand Rapids: Kregel, 1998.

QUINTUS CURTIUS RUFUS, *Histories of Alexander the Great*.

REED, Jonathan. *Archaeology and the Galilean Jesus*. Harrisburg, PA: Trinity, 2000.

RICHARDSON, Peter. "Khirbet Qana (and Other Villages) as a Context for Jesus". *Jesus and Archaeology*, ed. James Charlesworth. Grand Rapids: Eerdmans, 2006.

SEGAL, Arthur e EISENBERG, Michael. "Sussita-Hippos of the Decapolis: Town Planning and Architecture of a Roman-Byzantine City". *Near Eastern Archaeology* 70, n° 2, 2007.

SPIJKERMAN, Augustus. *The Coins of the Decapolis and Provincia Arabia*. Jerusalem: Fran- ciscan, 1978.

SWANSON, James. *Dictionary of Biblical Languages with Semantic Domains*. Oak Harbor, WA: Logos, 1997.

ZANGENBERG, Jurgen. "Between Jerusalem and the Galilee: Samaria in the Time of Jesus". *Jesus and Archaeology*, ed. James Charlesworth. Grand Rapids: Eerdmans, 2006.

FAMA E OPOSIÇÃO

A ntes de Jesus começar seu ministério e enquanto ainda trabalhava como artesão situado em Nazaré, Herodes Antipas, *o Tetrarca*, decidiu mudar sua capital de Séforis para um novo local na costa ocidental do Mar da Galileia. Séforis ficava perto de Nazaré e, portanto, é possível, e até provável, que Jesus tenha visitado Séforis. Escavações na cidade mostraram que, durante a época de Jesus, no século I, eram usados vasos de pedra e banhos de imersão (*miqvah*) para purificação ritual no judaísmo, e não foram encontrados ossos de porcos indicando adesão à Lei mosaica.

Como o teatro de Séforis foi, possivelmente, ampliado durante a época de Jesus por ordem de Herodes Antipas, foi proposto que José e Jesus, e talvez seus irmãos, tivessem trabalhado nesse projeto. Mas José e Jesus quase certamente se recusariam a trabalhar num teatro helenístico e pagão ordenado por um governante que mais tarde procurou matar Jesus e a quem este posteriormente é contra em seus ensinamentos. Trabalhar em Séforis também teria sido desnecessário, pois havia trabalho suficiente em Nazaré e em outras aldeias próximas, como Caná.

A CIDADE DE TIBERÍADES

Por volta do ano 18 d. C., Antipas iniciou a construção de sua nova capital. Essa cidade, Tiberíades, foi construída e nomeada em homenagem ao imperador vigente, Tibério, e povoada por pobres, soldados, colonos de fora da área e ricos que eram mais simpáticos ao helenismo e a Roma (Josefo, *Antiquities* 18.36-38). A fim de tornar grandiosa a aparência de Tiberíades e para ajudar a sua força econômica, Antipas construiu casas e deu terras aos pobres, que foram realocados para a cidade, a fim de que efetivamente não houvesse pobres em Tiberíades.

Anteriormente, a capital de Antipas estava localizada em Séforis, nas colinas a oeste e perto das aldeias de Nazaré e Caná, e, embora Séforis continuasse sendo a maior cidade da Galileia, seu status como principal local na Galileia foi substituído por Tiberíades, que pode ter crescido para uma população de cerca de 30 mil pessoas no século I (Josefo, *Life* 37-38). A cidade de Tiberíades tinha as vantagens de ser um local mais central que Séforis para Antipas governar seus territórios da Galileia e Pereia, estava localizada às margens do lago e também era uma cidade completamente nova que poderia projetar e povoar de acordo com seu gosto. A cidade foi provavelmente concluída e oficialmente fundada por volta de 23 d. C., de acordo com evidências numismáticas.

Tiberíades foi construída em um terreno anteriormente ocupado por um cemitério, em violação às leis de pureza do judaísmo, mas aparentemente era um local tão privilegiado que Antipas estava disposto a ir contra a tradição e arriscar-se a ofender um segmento da população da Galileia. No entanto, havia sinagogas em Tiberíades, e foram encontrados fragmentos de vasos de pedra e banhos rituais, demonstrando que, pelo menos, parte da população, até um determinado ponto, praticava o judaísmo, embora muitos provavelmente também adotassem facetas do helenismo.

Agripa I, cunhado de Antipas, parece ter sido nomeado *agoranomos* (superintendente do mercado) de Tiberíades por alguns anos, por volta de 30 d. C., de acordo com os registros de Josefo e um peso inscrito encontrado na cidade. Esse foi um trampolim político para Agripa I, um herodiano com cidadania romana e um nome romano ligado ao imperador Cláudio, aparentemente contrário a Jesus, e que mais tarde governou toda a área como rei para os romanos e cristãos perseguidos.

Tiberíades era comparável a outras cidades de estilo helenístico e romano em todo o Império no que diz respeito ao seu traçado, edifícios e governo. Foi autorizada a cunhar sua própria moeda, eleger um arconte e um comitê de dez pessoas, juntamente com um conselho municipal de seiscentos, e foi reconhecida como distinta do resto da região da Galileia, mesmo durante a Primeira Revolta da Judeia, quando se aliou a Roma e foi poupada (Josefo, *Wars* 3.446-461).

A cidade tinha um traçado de grade de ruas que se cruzavam em ângulos de 90 graus, e o típico *cardo* romano norte-sul e *decumanus maximus* leste-oeste (as principais ruas norte-sul e leste-oeste nas cidades romanas), conectando-a a Séforis e Cesareia Marítima a oeste, a Citópolis e Jerusalém ao sul e, posteriormente, até a província da Síria ao norte.

O antigo teatro de Tiberíades.

Semelhantemente a muitas cidades romanas da região, nenhuma muralha foi construída quando Tiberíades foi fundada. É provável que isso se deva a razões econômicas e políticas, poupando tempo e recursos e garantindo que a cidade não poderia se fortificar contra os romanos em caso de rebelião. Por fim, contudo, durante o reinado de Septímio Severo, por volta de 200 d. C., um muro foi construído.

Os edifícios em Tiberíades do século I d. C. incluíam um estádio, uma sinagoga, banhos romanos, um mercado, um porto, uma casa da moeda, um teatro, duas torres e um palácio (Josefo, *Wars* 3.539; *Life* 65-68, 85, 277). Com base na superfície da cidade, provavelmente, era a segunda mais populosa da região da Galileia. A casa da moeda, importante marcador de poder econômico e político, britava nas moedas "Herodes Tetrarca" e o nome da cidade envolto numa coroa de flores. O teatro, situado na base do Monte Berenice, teria capacidade para cerca de 5 mil pessoas. Antipas, o tetrarca da Galileia, esteve baseado aqui durante o ministério de Jesus (Mateus 14,1; Marcos 6,14; Lucas 3,1).

O palácio de Herodes Antipas, construído no estilo de uma *villa* romana, incluindo piso de mármore importado e colunas decoradas, parece ter sido a definição de luxo (Lucas 7,25). O pedido para a execução de João Batista surgiu numa festa de aniversário de Antipas, que parece ter sido realizada nesse palácio de Tiberíades. A cidade foi provavelmente o local onde a cabeça de João foi entregue, embora tenha sido preso anteriormente em Maquero e provavelmente também executado em Maquero (Mateus 14,6-12; Josefo, *Antiquities* 18.119).

A cidade de Tiberíades é mencionada apenas uma vez nos Evangelhos (João 6,23), e Jesus pode ter evitado visitar a cidade a fim de escapar das garras de Antipas, que prendeu e executou João Batista e estava à caça de Jesus (Lucas 13,31-35; 23,8-12).

A DECAPITAÇÃO DE JOÃO BATISTA

Durante a pregação de João, *o Batizador*, que incluía a predição da vinda do Messias e mensagens contra o pecado, ele se manifestou contra certas ações de Herodes Antipas. Além de outras coisas perversas que não chegaram a ser nomeadas, as quais foram realizadas por Antipas, João se opôs publicamente a ele por se casar com Herodias, a esposa de seu irmão Herodes Filipe (Mateus 14,3; Marcos 6,17-18; Lucas 3,19-20; Josefo, *Antiquities* 18.109-113).

Herodes Antipas, *o Tetrarca*, era casado com Phasaelis, filha de Aretas IV, rei de Nabateia, mas, enquanto estava em Roma, Antipas ficou com seu irmão Filipe (provavelmente filho de Mariamme II) e se apaixonou pela indisponível Herodias. Posteriormente, Antipas divorciou-se de Phasaelis e casou-se com Herodias. Isso acabou, por fim, causando uma guerra entre Antipas e Aretas IV, na qual o exército de Antipas foi totalmente destruído (Josefo, *Antiquities* 18.113-115).

João proclamava que o casamento entre Antipas e Herodias era contra a Lei de Moisés (Levítico 20,21). Mas, por se manifestar contra essa violação, João foi preso por Antipas numa fortaleza chamada Machaerus, reconstruída por Herodes, *o Grande*, que estava localizada no topo de uma alta colina no lado nordeste do Mar Morto (Josefo, *Antiquities* 18.119; Mateus 14,3-4).

Machaerus era supostamente o segundo lugar mais fortificado da região, depois de Jerusalém (Plínio, *Natural History* 5.15-72). Josefo referiu-se a Machaerus como um lugar nas fronteiras dos domínios de Aretas IV e Herodes, uma fortaleza, e sujeita a Aretas. Machaerus foi originalmente construída por Alexandre Jannaeus, segundo rei da dinastia dos asmoneus, por volta de 90 a. C., como um posto avançado na fronteira oriental. Os romanos destruíram parcialmente a fortaleza quando Pompeu supervisionava a conquista da região, mas ela foi posteriormente reconstruída por Herodes, *o Grande*, que a transformou em uma extravagante fortaleza palaciana em 30 a. C. Após a morte de Herodes, *o Grande*, o controle desse palácio-fortaleza e do território circundante da Pereia aparentemente passou para Herodes Antipas, *o Tetrarca*. As ruínas da fortaleza permanecem até hoje, embora não tenha sido localizada uma sala de prisão.

Herodias parece ter ficado particularmente com raiva de João Batista por falar contra eles e quis silenciar e executar João por isso. Contudo, Antipas tinha medo de João, porque este era um homem justo e santo que também tinha influência substancial sobre o povo. Assim, por um tempo, Antipas o manteve preso, mas também o manteve seguro, e, com frequência, gostava de ouvir João (Marcos 6,19-20).

Josefo construiu a situação de uma perspectiva diferente, vendo a denúncia pública de Antipas como um problema que poderia minar politicamente o tetrarca. Visto que ambos os casamentos tiveram sérias implicações políticas, a pregação pública de João sobre a lei de Deus e as escolhas imorais de Antipas poderia ter sido interpretada como sedição ou incitação à rebelião contra o tetrarca.

O palácio-fortaleza de Machaerus, onde João Batista foi preso e provavelmente executado.

Enquanto João Batista estava na prisão, ouviu falar de algumas das obras milagrosas de Jesus. Embora já conhecesse Jesus anteriormente, o tivesse batizado e proclamado que Jesus era o Messias profetizado, ele fez seus discípulos perguntarem a Jesus se era "Aquele que há de vir, ou devemos esperar um outro?" (Mateus 11:12-3). Aparentemente, enquanto estava na prisão, João começou a ter dúvidas sobre Jesus e queria ouvir respostas diretamente do próprio Jesus. Jesus enviou uma mensagem a João de que os cegos, os coxos, os surdos e os enfermos são curados, os mortos são ressuscitados, e o Evangelho está sendo pregado (Mateus 11,4-5; cf. Isaías 35,5- 6). Depois de enviar a mensagem a João, Jesus pregou uma lição relacionada à vida de João na qual Jesus falou contra Antipas sem nomeá-lo, mas chamou-o de cana sacudida pelo vento e de homem com roupas macias (Lucas 7:24-27).

Essa descrição era completamente oposta à do profeta João, um homem que vivia no deserto com roupas de pelo de camelo e que comia gafanhotos e mel silvestre. O insulto de uma "cana agitada pelo vento" que Jesus usou foi provavelmente uma referência às moedas de Herodes Antipas com a iconografia de uma cana nelas, emitidas por volta de 20 d. C. e em uso durante a vida e ministério de Jesus. Talvez tenha sido apenas coincidência, mas Antipas mais tarde mudou a iconografia de suas moedas de uma cana para um ramo de palmeira.

Numa celebração de aniversário de Antipas, provavelmente por volta de 31 d. C., houve um grande banquete para os líderes civis, comandantes militares e elites da Galileia. Salomé, filha de Herodias, dançou como entretenimento nessa festa. Sua dança agradou tanto a Antipas e aos convidados do jantar que Antipas prometeu que lhe daria tudo o que ela quisesse, até metade de seu reino. Salomé consultou sua mãe a esse respeito, e Herodias aconselhou-a a pedir a cabeça de João Batista. Salomé fez o pedido, e Antipas sentiu-se compelido a cumprir seu juramento, embora estivesse angustiado por ter de executar João. Antipas, portanto, deu a ordem, e João foi executado por decapitação na prisão. A cabeça de João Batista foi então trazida de volta em uma bandeja, dada a Salomé, e Salomé a deu a Herodias (Mateus 14,1-12; Marcos 6,14-29; Lucas 9,7-9).

Os Evangelhos sinópticos e Josefo fazem referência à execução de João, *o Batizador*, e Josefo acrescenta informações específicas de que João havia sido preso em Machaerus, onde provavelmente foi executado e sua cabeça posteriormente levada de volta a Tiberíades, na Galileia, para Salomé (Josefo, *Antiquities* 18.110-119). Salomé, filha de Herodias e enteada de Herodes Antipas, *o Tetrarca*, em uma estranha e complicada teia de relações familiares, era tanto neta quanto bisneta de Herodes, *o Grande*. Também se casou com um de seus tios e, mais tarde, com um de seus primos. Salomé casou-se primeiro com Filipe, *o Tetrarca*, e, algum tempo depois de sua morte, em 34 d. C., casou-se com Aristóbulo de Cálcis, tornando-se rainha de Cálcis e da Armênia Menor. Alguns manuscritos antigos de Marcos sugerem que ela também pode ter tido o nome de Herodias, como sua mãe, mas era normalmente chamada por seu outro nome, Salomé (ou Shlomit), para evitar confusão.

Uma moeda extremamente rara de Cálcis, das quais apenas três são conhecidas atualmente, mostra um retrato de Salomé em uma moeda emitida por seu marido, Aristóbulo, por volta de 56 d. C. O anverso mostra a cabeça de Aristóbulo com a inscrição grega "Rei Aristóbulo", e o reverso mostra Salomé com a inscrição grega "Rainha Salomé".

Embora um pátio escavado em Machaerus tenha sido alternativamente sugerido como o local do banquete e da dança do aniversário, essa ideia parece improvável quando avaliada com o que se sabe sobre Herodes Antipas, seu reino e a história de João, *o Batizador*. Tiberíades era a capital e o local do palácio principal de Herodes Antipas, os escritos de Josefo indicam que a fortaleza de Machaerus não era um local tão significativo para Antipas, e não era referida como um grande palácio, e a narrativa no Evangelho de Marcos afirma especificamente que o banquete foi oferecido aos líderes da Galileia, indicando que a celebração ocorreu na Galileia, na capital Tiberíades.

Salomé, filha de Herodias, retratada em uma moeda de seu marido, Aristóbulo de Cálcis.

A notícia da decapitação se espalhou pelos seguidores de João, que então pegaram e enterraram o corpo e depois foram contar a Jesus e seus discípulos (Marcos 6,29-32). O fato de Herodes Antipas temer a grande influência que João tinha sobre o povo, e de muitos atribuírem a derrota e destruição do exército de Herodes Antipas por Aretas como pagamento de Deus pela execução injusta de João, demonstra o efeito significativo que João e seu ministério tiveram na região (Josefo, *Antiquities* 18.119).

Na época da Igreja no período bizantino, João continuou a ser considerado um crente exemplar e um dos primeiros mártires de Jesus e do cristianismo. Evidências datam, pelo menos, do século IV, como seu local de sepultamento tradicional em Sebaste, uma representação inscrita do que parece ser João, *o Batizador*, encontrada em uma caverna perto de Ein Kerem, e muitas obras de arte antigas retratando João em eventos de sua vida sugerem que era visto como uma figura importante pelos primeiros cristãos, e a memória de suas palavras e atos permanece viva nos Evangelhos e em vários outros textos da antiguidade, apesar de sua prisão e execução terem encerrado uma vida relativamente curta.

VISITA A TIRO E SIDOM

A província romana da Síria foi fundada em 64 a. C., e Tiro era uma das cidades mais importantes com o seu porto e comércio, incluindo a famosa tintura púrpura de Tiro, feita a partir do caracol marinho murex. Sidom estava localizada perto do norte. Embora Antioquia fosse a capital da província, as antigas cidades de Tiro e Sidom ainda eram influentes no século I, e Jesus visitou a região de Tiro e Sidom pelo menos uma vez (Mateus 15,21-28; Marcos 7,24-30).

Escavações em Tiro revelaram uma estrada principal e muitos túmulos da época de Jesus, e túmulos desse período também foram descobertos em Sidom. Embora a área fosse principalmente pagã, alguns seguidores de Jesus eram de lá, talvez devido a uma visita anterior ou porque a notícia se espalhou para o norte a respeito dos ensinamentos e milagres de Jesus (Marcos 3,7-8; Lucas 6,17-19).

Tiro também foi o local onde foi cunhado o famoso siclo de Tiro, que ironicamente era usado para pagar o imposto do templo em Jerusalém, embora houvesse imagens do deus pagão Melqart (associado a Héracles) e uma águia na moeda. Esse valioso siclo de prata ou *tetradracma* provavelmente circulou na Judeia pelo menos já no século II a. C., embora novas moedas continuassem a ser cunhadas (Mishna *Bekhoroth* 8:7). Essa moeda tinha um maior teor de prata do que as moedas típicas e, por isso, passou a ser comumente usada para pagar o imposto do templo, dado que a pureza da prata era muito valorizada. Uma moeda de meio *shekel* [siclo] ou dois dracmas com a mesma iconografia e inscrição também foi cunhada e distribuída, embora houvesse uma taxa adicional cobrada sobre o pagamento de meio siclo.

Essas moedas seriam vendidas em troca da moeda romana comum, para que o imposto do templo pudesse ser pago com uma moeda "adequada" ou aceita. Embora tenha a imagem de uma divindade pagã proibida pela Lei de Moisés, essa moeda foi o padrão usado para os impostos do templo e para as transações de câmbio nos tribunais do templo de Jerusalém durante os períodos asmoneu e romano. Numa visita ao templo, Jesus derrubou as mesas dos cambistas corruptos que continham essas moedas e interrompeu as transações (Mateus 21,12; Marcos 11,15-17; João 2,13-16).

Na época de Jesus, a prática de pagar o imposto do templo já existia de alguma forma há mais de um milênio, mas não havia sido instituída como um imposto anual ou regular até o período persa ou mais tarde (Josefo, *Antiquities* 3.194-195). Documentos de Qumran indicam que a comunidade local continuou a entender o imposto como um pagamento único e não anual (Magness, "Two Notes on the Archaeology of Qumran" ["Duas Notas sobre a Arqueologia de Qumran", em tradução livre]).

De acordo com a Mishná, mesmo depois de 70 d. C., quando o templo foi destruído pelos romanos, o imposto do templo continuou por um curto período, talvez com a ideia de que o templo seria reconstruído. Independentemente de onde um homem israelita vivesse no período romano, ele era responsável por submeter o imposto anual do templo a Jerusalém como parte da lei religiosa, cultural e nacional (Fílon, *The Special Laws* ["As Leis Especiais", em tradução livre]; Mishná *Shekalim*).

Depois que o tesouro Ifsya foi encontrado e analisado, descobriu-se que continha 3,4 mil siclos de Tiro, mil meios siclos e 160 denários romanos, o que equivale perfeitamente ao pagamento do imposto do templo e ao pagamento adicional de 8%, mencionado na Mishná, exigido daqueles que pagam com meio siclo. Parece que os romanos exigiam que essas moedas continuassem a ser cunhadas com imagens pagãs, mesmo para aquelas moedas feitas principalmente com o propósito de pagar o imposto do templo.

Em Cafarnaum, Pedro foi questionado sobre esse imposto de duas dracmas, que equivalia ao siclo do santuário (Mateus 17,24-27; cf. Números 3,44-48 LXX). Jesus disse a Pedro que, quando abrisse a boca do peixe, encontraria uma moeda padrão (*stater*), que poderia usar para pagar o imposto de ambos. Geralmente presume-se que essa moeda seria um siclo de Tiro. O *stater* romano era uma moeda padrão que poderia equivaler a quatro dracmas, e o tetradracma de Tiro tinha esse valor. Descobertas de tesouros de moedas consistindo principalmente de tetradracmas de Tiro do século I foram encontradas em toda a região da antiga Judeia, sugerindo o uso generalizado da moeda para o imposto anual. Embora a passagem indique que Jesus provavelmente não estava pagando esse imposto adicional anteriormente, ele escolheu que Pedro pagasse por ambos nesse caso, para que não ofendessem os cobradores de impostos.

Um siclo de Tiro prateado representando Melqart-Herakles e uma águia.

MAGDALA

A cidade de Magdala estava localizada na costa ocidental do Mar da Galileia no século I, e o nome foi preservado até hoje como Al-Majdal. Magdala, que parece também ser referida no Talmude como Magdala Nunnaya, que significa "Torre do Peixe" em aramaico, enquanto, de acordo com documentos romanos do período, era chamada de Taricheae que, em grego, significa "Peixe Salgado" (Pesahim 46a; Josefo, *Life*; Estrabão, *Geography*; Plínio, *Natural History*). A cidade ficava ao norte de Tiberíades e ao sul de Cafarnaum, perto do Monte Arbel. Plínio localizou erroneamente Magdala ao sul de Tiberíades, mas, como era natural da Itália, não é de surpreender que pudesse ter cometido um pequeno erro geográfico em seu relatório sobre a Judeia.

Escavações arqueológicas em Magdala sugerem que foi fundada já no século III a. C., durante o período do domínio selêucida na região, e atingiu seu auge no período romano antes de ser destruída na Primeira Revolta da Judeia por volta de 66-70 d. C. O general romano, e mais tarde imperador, Tito derrotou a cidade de Magdala, o que resultou na morte e na escravidão de milhares de pessoas. A cidade nunca se recuperou totalmente, e grande parte dela ficou abandonada, o que levou à excelente preservação de extensas ruínas do século I d. C.

O Evangelho de Mateus menciona que Jesus levou o barco até o limite ou região de Magdala, talvez indicando o limite da cidade (Mateus 15,39). Embora alguns manuscritos antigos tenham copiado o nome desse lugar como "Magadan", não existe nenhuma evidência desse nome ou local na antiga Galileia. No Evangelho de Marcos, a passagem paralela afirma que Jesus levou o barco para o distrito de Dalmanuta, que é desconhecido, mas que pode ter sido um nome regional para a área onde Magdala estava localizada (Marcos 8,10). É possível que Dalmanuta seja uma transliteração grega da palavra siríaca para porto.

Maria Madalena, ou Maria de Magdala, parece ter sido dessa cidade (Mateus 27,56). De acordo com várias fontes da antiguidade e do período medieval, uma igreja do período bizantino foi construída em Magdala, dentro ou ao redor da casa de Maria Madalena, embora as ruínas desse edifício ainda não tenham sido encontradas (Teodósio; Epifânio, *o Monge*; Eusébio, *Life of Constantine*; Eutíquio de Alexandria).

Muitas cidades estavam situadas ao redor do Mar da Galileia durante a época de Jesus, e a pesca era a principal fonte de renda ao redor do lago. Isso é ressaltado pelo fato de a maioria dos discípulos de Jesus da Galileia serem pescadores profissionais (Mateus 4,18-22; Marcos 1,16-20). Tal como outras cidades costeiras, a principal economia de Magdala também deve ter sido a pesca, o que é ainda apoiado pelos nomes aramaicos e gregos da cidade. Os peixes capturados no Mar da Galileia teriam sido levados de volta à cidade para serem salgados e preservados e, presumivelmente, enviados para outras cidades e regiões (Estrabão, *Geography*). Essa indústria de peixe salgado foi provavelmente a origem do nome alternativo da cidade, Taricheae. Outras descobertas na cidade, como edifícios comerciais situados junto ao porto, pesos para redes de pesca, um mosaico do século I representando um barco de pesca galileu encontrado numa casa e tanques utilizados para o processamento de pescado, demonstram a importância da indústria pesqueira na antiga Magdala e em toda a área do Mar da Galileia.

As primeiras escavações no local também revelaram um grande edifício público com fileiras de colunas dóricas em três lados, cinco degraus no quarto lado, um canal de água ao redor do edifício e um tanque além dos degraus. Inicialmente, foi identificado como uma sinagoga da época de Jesus.

No entanto, estudos subsequentes argumentaram de modo convincente que se tratava, em vez disso, de um tipo de casa de fonte helenística ou romana. Como outras cidades da região, Magdala, no século I, foi influenciada pela cultura helenística e romana, como fica evidenciado pela arquitetura, inscrições e cultura material.

O mosaico de barco do século I d. C. de Magdala.

No entanto, uma sinagoga do século I também foi descoberta no extremo oeste da cidade. Essa sinagoga está localizada perto da entrada principal da cidade, sendo similar ao traçado arquitetônico de Gamla. É hoje uma das várias sinagogas do século I descobertas na Judeia e na Galileia, mas o seu estado de conservação do século I é também um dos melhores devido ao destino da cidade.

A sala principal dessa sinagoga é cercada por bancos escalonados, e o edifício apresentava piso de mosaico, pilares e paredes pintadas a fresco. Uma segunda sala, identificada como sala de estudos, fica contígua à sala de reuniões do edifício. Descoberta dentro da sala principal da sinagoga, havia uma pedra esculpida decorada com uma menorá, jarros de água ritual, pilares, palmeiras e vários desenhos geométricos e florais.

Vários estudiosos pensam que as esculturas representam aspectos do templo em Jerusalém e fornecem uma ligação religiosa entre a sinagoga e o templo. A forma geral da pedra também se assemelha ao que é frequentemente chamado de "Cadeira de Moisés" da sinagoga de Corazim, ao norte. Essas pedras podem ter sido usadas como mesa para os pergaminhos da Bíblia hebraica, tendo os livros de Moisés como fundamentais. Jesus mencionou os escribas e fariseus colocando a si próprios na cadeira de Moisés, o que implica que eles tentaram igualar a sua autoridade e ensino com a Lei de Moisés (Mateus 23,2).

As ruínas dessa sinagoga do século I d. C., que também pode ter funcionado como uma espécie de centro comunitário, dão uma visão detalhada de como eram as sinagogas na Galileia na época de Jesus.

MARIA MADALENA E JESUS

Maria Madalena, ou Maria da cidade de Magdala, foi uma das discípulas de Jesus mencionadas pelo nome em todos os quatro Evangelhos. Não se sabe quantos anos Maria tinha, ou se tinha marido ou filhos, mas era uma seguidora dedicada de Jesus mesmo depois da crucificação (Marcos 16,1). Embora a conversão dessa Maria não esteja especificamente registrada em nenhum dos Evangelhos, Lucas menciona que sete demônios foram expulsos dela, e pode-se sugerir que Maria tornou-se uma crente e começou a seguir Jesus após esse evento significativo (Lucas 8,1-3; cf. Marcos 16:9). Isso ocorreu enquanto Jesus estava morando em Cafarnaum, que ficava a apenas uma curta caminhada ou viagem de barco da vizinha Magdala.

Embora os Evangelhos e outros escritos cristãos primitivos não mencionem nada que sugira que Jesus tivesse um relacionamento romântico ou fosse casado, ocasionalmente são feitas afirmações de que Jesus tinha uma esposa e que essa mulher poderia ter sido Maria Madalena. A ideia parece ter se originado de reconstruções especulativas extraídas de livros pseudepígrafos e gnósticos, como o *Evangelho de Maria* e o *Evangelho de Filipe*. O *Evangelho de Maria*, que existe num manuscrito copta do século V d. C. e em dois fragmentos gregos do século III ou IV d. C., sugere que Jesus amava Maria Madalena mais do que os doze discípulos, embora nunca registre nada sobre um casamento ou relacionamento romântico. O *Evangelho de Filipe*, encontrado em um manuscrito copta do século IV d. C., parece expandir isso, alegando que Maria Madalena era a companheira de Jesus, e reconstruções fragmentárias alegaram que, quando o texto mencionou que alguém a beijara na boca, tratava-se de Jesus.

Com base nessas ideias imaginativas de um relacionamento romântico ou matrimonial entre Jesus e Maria Madalena, uma hipótese com o Túmulo de Talpiot ou "Túmulo da Família de Jesus" afirma que os ossos de Jesus foram encontrados em um túmulo de família, junto com Maria Madalena como a esposa de Jesus. Supostamente indicada por inscrições em ossuários, geologia e DNA, essa hipótese falha quando colocada sob escrutínio.

Em 1980, durante a construção e a escavação de recuperação resultante, dez ossuários (caixas de ossos normalmente esculpidas em calcário) do período romano da Judeia, datando aproximadamente do século I a. C. até o século I d. C., foram descobertos em um túmulo na região de Talpiot de Jerusalém, ao sul da Cidade Velha. Ossuários são encontrados em muitas cavernas funerárias em toda a região, desde o século I a. C. até o século II d. C. Dos dez ossuários descobertos no túmulo, cinco estavam inscritos em aramaico e um em grego, enquanto os outros quatro estavam em branco. Um dos ossuários vazios e sem decoração foi quebrado e os fragmentos acabaram perdidos. Os resultados foram publicados, mas a descoberta nunca ganhou grande interesse até que foi feito um documentário afirmando que o túmulo era de Jesus de Nazaré e sua família, e que Jesus e Maria Madalena eram casados e tinham filhos. No entanto, quase todos os estudiosos discordaram dessa hipótese, independentemente da sua visão do mundo, porque essas conclusões vão além e até entram em conflito com os dados.

Os nomes encontrados gravados nos seis ossuários de Talpiot com inscrições eram nomes extremamente comuns para o período romano em Jerusalém e arredores. O uso de um ossuário de pedra, uma caixa ou baú para sepultamento secundário de restos de esqueletos humanos, era comum na Judeia desde o final do século I a. C. até cerca de 70 d. C. As inscrições nos ossuários são as seguintes: 1) "filho [desconhecido] de José", que foi sugerido como sendo "Yeshua/ Jesus filho de José", mas vários estudiosos seguem a leitura mais provável de

"Hanun filho de José" ou admitem que a primeira parte da inscrição é, em grande parte, indecifrável; 2) "Mariamne/Maria" e "e Mara/Marta", que foi uma segunda inscrição posteriormente adicionada ao ossuário "Mariamne" por outro escriba; 3) "Judas/Judá filho de Jesus"; 4) "Yoseh/Joseh", que parece diferir na grafia do nome de Joses, irmão de Jesus, no *Evangelho de Marcos*, e é um diminutivo de José; 5) "Maria/Mary"; 6) "Matias/Mateus".

Ossuários de "Judá, filho de Jesus" e "[desconhecido] filho de José" do túmulo de Talpiot.

De acordo com um estudo de nomes pessoais, José representa aproximadamente 8,3% dos nomes masculinos nesse período e região, Maria foi usado por cerca de 21,3% das mulheres, Marta por cerca de 6,1%, Judá por cerca de 6,2%, Jesus por cerca de 3,8% e Mateus por cerca de 2,4%. Alegou-se que esses nomes representavam Jesus de Nazaré, seu pai José, sua mãe Maria, sua esposa Maria Madalena, seu filho Judas, seu irmão Yose e um amigo ou parente chamado Matias. A suposta leitura de Jesus, no entanto, é mais provavelmente "Hanun" ou outro nome. E, de acordo com fontes antigas, Jesus raramente era referido como "Jesus filho de José", mas, em vez disso, inscrições e manuscritos antigos que o mencionam geralmente incluem títulos ou Nazaré.

A suposta inscrição de Maria Madalena refere-se a duas pessoas que partilham o ossuário, Mariamne e Mara. Nenhuma fonte antiga, incluindo os evangelhos gnósticos, afirma especificamente que Jesus de Nazaré era casado ou tinha um filho. Os nomes encontrados nos ossuários também eram extremamente comuns na Judeia da época e, por si só, não sugerem nada além de que a tumba foi usada pelos judeus durante o período romano. Além disso, o túmulo provavelmente já estava em uso décadas antes da vida de Jesus, quando as famílias de José e Maria viviam em Nazaré e Belém, e não em Jerusalém.

A evidência de DNA mitocondrial do túmulo de Talpiot também era completamente sem valor para a hipótese da família de Jesus, uma vez que o único teste realizado mostrou que os ossos do ossuário do "filho [desconhecido] de José" não compartilhavam uma mãe com um conjunto de ossos do ossuário "Mariamne e Mara", nem que as pessoas cujos restos mortais foram testados fossem casadas – algo que um teste de DNA não pode demonstrar.

Além disso, havia restos de ossos de cerca de dezessete pessoas nos ossuários e de outras dezoito ou mais nas prateleiras ou no chão do túmulo. Conter restos de esqueletos de muitas pessoas é típico desses ossuários, e, uma vez que esses tipos de túmulos na área de Jerusalém foram usados durante pelo menos um século, se não mais, os nomes nos ossuários podem representar pessoas que eram separadas por várias gerações. Em outra tumba, por exemplo, havia quinze ossuários, mas restos de esqueletos de 88 pessoas representando quatro ou cinco gerações.

Não há, também, marcas cristãs antigas no túmulo de Talpiot, como âncoras, peixes, cruzes e navios, que possam indicar que ele tinha qualquer tradição antiga associada a Jesus ou ao cristianismo primitivo, e não há absolutamente nenhuma referência ao túmulo como estando relacionado a Jesus em qualquer texto da antiguidade.

Posteriormente, aqueles que promoviam a ideia do túmulo da família de Jesus começaram a sugerir que o ossuário de Tiago, com a inscrição "Tiago, filho de José, irmão de Jesus", também veio originalmente do túmulo de Talpiot a fim de incluir uma associação mais clara com Jesus de Nazaré. Um terremoto na área de Jerusalém em 363 d. C. provavelmente selou o túmulo com destroços, embora o saque feito dele possa ter ocorrido antes disso, no final do período romano e no início do período bizantino. Como os ossuários estiveram encerrados no solo durante muitos séculos, foi feito um estudo geológico, utilizando amostras dos próprios ossuários a fim de determinar a origem do ossuário de Tiago e se ele pode estar diretamente relacionado com os ossuários do túmulo de Talpiot. Para fazer isso, foram colhidas amostras dos ossuários de Talpiot, do ossuário de Tiago e de mais doze ossuários aleatórios para o estudo. Dado que os artefatos de calcário, como os ossuários, absorveriam o solo e vestígios do ambiente do túmulo em que foram colocados, o estudo tentou mostrar que o ossuário de Tiago veio do túmulo de Talpiot. Os resultados demonstraram que o calcário e os elementos químicos analisados no ossuário de Tiago apresentam assinaturas químicas semelhantes. Contudo, os dados indicam apenas que os ossuários poderiam ter sido originários da mesma pedreira de calcário na área de Jerusalém. O solo na área de Jerusalém não varia muito e, portanto, muitos túmulos e muitos ossuários de diferentes locais apresentam assinaturas semelhantes. A semelhança no calcário e no solo apenas demonstra que os ossuários foram extraídos e depois enterrados na área de Jerusalém, e não que os ossuários foram enterrados no mesmo túmulo.

Os escavadores do túmulo, tanto nos seus relatórios como nas declarações subsequentes, afirmaram que havia apenas dez ossuários, não havia marcas adicionais no solo indicando um ossuário que tivesse, de alguma forma, sido roubado, e os ossuários estavam todos enterrados e não visíveis sob a terra acumulada. Além disso, o proprietário do ossuário de Tiago comprou o artefato na década de 1970, anos antes da abertura do túmulo de Talpiot, e evidências fotográficas confirmam isso. Ademais, a pessoa de quem comprou o ossuário de Tiago disse que ele veio da área de Silwan, não de Talpiot. Todos esses dados demonstram que o ossuário de Tiago não poderia estar no túmulo de Talpiot, e que esse túmulo em particular não é o túmulo de Jesus, nem nunca foi considerado como tal.

Além de uma extrapolação de evangelhos gnósticos e de afirmações infundadas sobre um túmulo de Jesus, Maria Madalena e a família deles, foi publicado um pequeno fragmento de papiro do mercado de antiguidades que contém as palavras "Jesus disse-lhes minha esposa…". Esse fragmentário *Evangelho da Esposa de Jesus* foi inicialmente considerado por alguns estudiosos como um texto antigo autêntico. No entanto, um exame mais aprofundado revelou uma maioria cada vez maior de estudiosos afirmando que se tratava de uma falsificação.

Pelo menos duas avaliações separadas apontaram que o fragmento parece ter copiado e reorganizado frases e sentenças de um texto moderno do *Evangelho Gnóstico de Tomé*, e talvez de escritos gnósticos adicionais da antiguidade. Outros estudiosos questionaram as formas das letras, sugerindo que o estilo não corresponde aos documentos coptas conhecidos da antiguidade. Além disso, como o papiro veio do mercado de antiguidades, e não de uma escavação arqueológica ou descoberta *in situ*, muitas questões sobre a sua origem ficaram sem resposta.

Os testes mais recentes concluíram que o material do papiro é da antiguidade, datando de entre os séculos VII e VIII d. C., e que a composição de carbono da tinta é consistente com os tipos de tinta antigos. No entanto, a análise demonstrou uma estranha e significativa semelhança na composição com outro fragmento de papiro "antigo" não comprovado do *Evangelho de João*. Isso levou à sugestão de que o documento pode ter sido forjado usando um antigo fragmento de papiro e técnicas para recriar tinta antiga, e que provavelmente foi copiado de uma seção do *Evangelho de Tomé*. Embora o debate não tenha sido totalmente resolvido quanto à autenticidade do papiro, mesmo que autêntico, o papiro não seria historicamente preciso ou significativo.

O fragmento de papiro pode ter se originado no Egito, e a epigrafia e a linguagem utilizadas (um dialeto copta chamado licopolitano) tentam situá-lo no período dos séculos IV a VI d. C. Ele mede aproximadamente 4 centímetros por 8 centímetros e contém oito linhas parciais escritas em copta, uma descendente da antiga língua egípcia, mas com uma escrita semelhante ao grego. As oito linhas foram traduzidas como: "[…] não eu. Minha mãe me deu vida […] os discípulos disseram a Jesus […] negue. Maria é digna disso […] Jesus disse-lhes minha esposa […] ela poderá ser minha discípula […] deixai crescer os ímpios […] quanto a mim eu moro com ela a fim de […] uma imagem […]".

No verso, apenas algumas palavras são legíveis e não contribuem em nada para o contexto ou compreensão do documento. As linhas mais dignas de nota contêm referências aos discípulos e a Jesus, menção a Maria, Jesus mencionando "minha esposa" e "eu moro com ela". Se simplesmente lermos as frases como uma narrativa contínua, essas linhas parecem sugerir que o autor afirmou que Jesus de Nazaré tinha uma esposa, tinha discípulos, estava associado a alguém chamado Maria e talvez morasse com uma mulher.

No entanto, deve-se notar que apenas partes de cada frase são representadas e que todo o papiro está sem contexto, portanto, pouquíssima informação pode realmente ser compreendida. Parece que o Jesus a que se refere é Jesus de Nazaré, o Cristo, uma vez que são mencionados discípulos de Jesus e pode haver algum tipo de referência espiritual sobre punição para os ímpios.

A Maria que aparece não é especificada e pode ser qualquer Maria mencionada no Novo Testamento ou mesmo outra pessoa chamada Maria. Maria Madalena é geralmente especificada como Maria Madalena ou Maria de Magdala, enquanto a mãe de Jesus, sem título ou local de origem anexado e com uma referência antiga a "minha mãe", é a candidata mais provável.

As palavras "[…] Jesus disse-lhes que minha mulher […]" junto com "Eu moro com ela" parecem sugerir que o texto afirma que Jesus era casado. No entanto, existem vários problemas com essa ideia. "Jesus disse-lhes" pode ser o fim de uma frase, e "minha esposa" pode ser o início da frase seguinte. A frase "Eu moro com ela" pode não estar se referindo a Jesus, mas ao autor do papiro. No entanto, mesmo que se presuma que Jesus esteja dizendo "minha esposa" e afirmando "eu moro com ela", referindo-se à linha anterior, isso não significa necessariamente que o autor do papiro estava afirmando que Jesus era casado.

As palavras coptas para "mulher" e "esposa" podem ser as mesmas e, portanto, Jesus pode estar apenas dizendo "minha mulher" e se referindo a uma mulher com quem está falando ou de quem está falando, que poderia ser "ela poderá ser minha discípula".

Se a expressão realmente se refere a Jesus ter uma esposa, há um precedente comum encontrado em todo o Novo Testamento para esse tipo de linguagem metafórica referindo-se à igreja. Por exemplo, a igreja é referida como "a noiva, a esposa do Cordeiro [Jesus]" (Apocalipse 21,9). O papiro pode estar seguindo esse uso metafórico e falando sobre a igreja como sua esposa e que Deus "habitará" com a igreja – outra ideia comum apresentada no Novo Testamento (cf. Romanos 8,11; 2 Coríntios 6,16; Apocalipse 21,3).

Por fim, mesmo que se presuma que o papiro seja autêntico e se afirme que Jesus tinha uma esposa humana, devido à data e origem tardia do papiro, isso ainda não fundamenta a afirmação de que Jesus de Nazaré tinha uma esposa humana. O papiro provavelmente vem do século IV d. C. ou mais tarde, pelo menos 350 anos depois da morte de Jesus, e do Egito – uma região onde o gnosticismo se desenvolveu no século II d. C. e a qual, muitas vezes, via Jesus como simplesmente humano ou alguém que havia alcançado alguma forma de divindade, mas distintamente diferente e herética em comparação com a forma como Jesus é apresentado na Bíblia.

Hoje, muitos pseudoevangelhos gnósticos surgiram com afirmações bizarras, completamente contrárias a todos os relatos de Jesus dos séculos I e II d. C. Nesse ambiente, é de se esperar encontrar um papiro que fizesse afirmações que faziam Jesus parecer mais humano e menos divino. No entanto, a ideia de que Jesus tinha uma esposa é completamente contrária aos documentos originais e contemporâneos sobre a sua vida. A alegação sensacionalista de que esse papiro prova que Jesus tinha uma esposa humana pode ser desconsiderada por vários motivos – data, ambiente teológico, falta de contexto, significado pouco claro, usos metafóricos e contradição com as fontes primárias.

Embora seja quase certamente uma falsificação moderna, se fosse antiga, ainda assim, seria irrelevante, pois não fornece nenhuma evidência histórica de que Jesus de Nazaré tivesse uma esposa ou que essa esposa fosse Maria Madalena. Portanto, as evidências antigas demonstram que, embora Maria Madalena seja mencionada diversas vezes nos Evangelhos, ela não tinha nenhuma relação especial ou romântica com Jesus, como afirmam algumas obras gnósticas ou modernas. Em vez disso, Maria Madalena foi simplesmente uma das primeiras convertidas e uma seguidora dedicada de Jesus.

CESAREIA DE FILIPE

A cidade de Cesareia de Filipe (distinta de Cesareia Marítima) estava localizada a cerca de 40 quilômetros ao norte do Mar da Galileia e perto da base sudoeste do Monte Hermon e foi renomeada em homenagem ao imperador e ao tetrarca Filipe, que governava a área. Jesus e os discípulos visitaram a área pelo menos uma vez, e a significativa "confissão de Pedro" ocorreu lá (Mateus 16,13-20; Marcos 8,27-30). O evento também foi registrado por Lucas, embora não mencione o local (Lucas 9,18-22).

Antigamente, a cidade de Baal-Gade estava localizada na região, e foi sugerido que o local pode ter tido um santuário para um dos deuses de Canaã, como Baal-Hermon, que estava associado à montanha vizinha de Hermon (Josué 11,16-17; Juízes 3,3; 1 Crônicas 5,23).

Após as conquistas de Alexandre, *o Grande*, e a difusão do helenismo, uma grande caverna no local tornou-se um santuário ao deus Pan, e o local passou a ser chamado de Paneas. Pan era o deus grego da natureza, da vida selvagem, dos pastores, dos rebanhos, das cabras, da música rústica e associado à fertilidade. Pan era representado como um ser com pernas, cascos e chifres de cabra e torso, braços e cabeça de homem. O uso de um santuário religioso em Paneas, já no século III a. C., é evidenciado pela sua menção num relato sobre a época de Antíoco III, além de artefatos no local e de uma inscrição dedicada "a Pan e as Ninfas" abaixo de um nicho adjacente à caverna.

Caverna sagrada em Paneas (Cesareia de Filipe),
talvez referida como um portão para o Hades.

O santuário ao deus Pan existiu na cidade desde o século III a. C. até o século V d. C., quando a população e o governo eram tão totalmente cristãos que os santuários pagãos no local foram finalmente abandonados. Assim, o santuário teve uma longa história de uso antes do século I d. C., e provavelmente havia adoradores de Pan indo ao local durante a época de Jesus (Políbio; cf. Plínio, *Natural History* 5.16).

Depois que a região foi conquistada por Roma em 63 a. C., e o controle da área finalmente passou para Filipe, *o Tetrarca*, após a morte de seu pai, Herodes, *o Grande*, Filipe mandou construir uma cidade lá por volta de 2 a. C., primeiro chamando-a de Cesareia Paneas e, depois, de Cesareia de Filipe em homenagem ao imperador Augusto e a si mesmo (Josefo, *Antiquities* 18.28). Foram encontradas moedas de seu reinado no início do século

I d. C. que diziam "Filipe Tetrarca" em grego, exatamente como Lucas se referiu a ele ao mencionar uma lista de funcionários do governo na época de Jesus (Lucas 3,1).

Cesareia de Filipe tornou-se a capital da região governada por Filipe, *o Tetrarca*, e sua residência oficial. Filipe construiu um palácio localizado a oeste do maior e mais magnífico palácio de Agripa II. Quando Agripa I se tornou rei da região por um breve reinado de quatro anos na época de Calígula, o controle de Cesareia de Filipe passou para ele. Mais tarde, quando Agripa II assumiu o poder, a cidade foi ampliada em 61 d. C. e, temporariamente, renomeada como Neroneias em homenagem ao imperador Nero até cerca de 68 d. C. (Josefo, *Antiquities* 20.214). Outras cidades do Império oriental também eram chamadas de Neroneias, como sugerido por evidências numismáticas, mas nomes ligados a Nero não sobreviveram por muito tempo devido à sua impopularidade, que culminou em seu suicídio. Durante a época de Agripa II, muitas construções foram feitas na cidade, incluindo um grande palácio construído em mármore que parcialmente sobreviveu aos séculos.

A cidade do período romano era bastante extensa e incluía um impressionante cardo[20], pontes, aquedutos, banhos, casas decoradas com chão em mosaico, tubulação de barro para esgotos, templos, o palácio e a porta de propileu[21]. Por fim, o nome foi revertido para Paneas perto do final do século II a. C., depois se transformou em Banias quando a língua principal da área fez a transição para o árabe após as conquistas islâmicas.

Originalmente, a face rochosa e a caverna podem ter sido um santuário para um deus cananeu, depois adaptado para o deus helenístico Pan, embora essa seja apenas uma sugestão baseada na grande caverna com uma nascente – recursos frequentemente utilizados em contexto religioso nos tempos antigos – além da tradição secular de um santuário. Evidências

---

20 Termo latino para a rua principal de um forte ou cidade, teoricamente correndo de norte a sul e perpendicularmente ao *decamus maximus* (Termo latino para a rua principal de uma cidade romana, teoricamente no sentido leste-oeste e perpendicular ao *cardo maximus)*.
DARVILL, Timothy. *Dicionário Conciso de Arqueologia de Oxford* (Referência Rápida de Oxford) (p. 125-26). OUP Oxford. Edição do *Kindle*.
DARVILL, Timothy. *Dicionário Conciso de Arqueologia de Oxford* (Referência Rápida de Oxford) (p. 73). OUP Oxford. Edição do *Kindle*. (N. T.)
21 *Na Grécia, uma entrada digna entre colunas para um santuário, um templo, uma ágora ou um edifício importante dentro de um recinto: uma ideia da arquitetura minóica adaptada pelos micênicos e mantida no período clássico. DARVILL, Timothy. Dicionário Conciso de Arqueologia de Oxford (Referência Rápida de Oxford) (p. 367). OUP Oxford. Edição do Kindle. (N. T.)*

de adoração no local, desde o período helenístico até o período bizantino, incluem ossos de animais e oferendas de cerâmica, e, durante séculos, o santuário de culto referido como "o Panion" existiu sem qualquer cidade adjacente (Políbio, *Histories* 16.18; Josefo, *Antiquities* 15.10. 3; Eusébio, *Historia Ecclesiae* 7.17).

Nichos na encosta rochosa próxima à caverna, ao que tudo indica, abrigavam estátuas de Pan que provavelmente foram feitas a partir de pedra ou metal. Sobre um dos nichos, uma inscrição grega menciona o deus Pan e as ninfas. A enorme caverna que descia profundamente na terra era, inclusive, considerada por muitos pagãos como uma porta de entrada para o Hades e, por causa disso, as associações com o mundo subterrâneo eram fortes no santuário. Então, em 2 a. C., Herodes Filipe estabeleceu uma cidade perto dos locais de culto. Durante a época de Jesus, santuários e templos para Pan e um templo para Augusto estavam localizados perto da caverna. No século II d. C. havia também o pátio de Pan e das Ninfas, o Templo de Zeus e Pan, o pátio de Nêmesis, o Templo de Pan e as Cabras e outro edifício não identificado, mas nem todos estavam presentes quando Jesus e o discípulos visitaram a área.

Evidências da cerâmica ali encontrada sugerem que as pessoas faziam refeições rituais no santuário, talvez usando a comida que sacrificavam aos deuses, e que dedicavam lâmpadas em miniatura como oferendas. Pouco depois da época de Jesus, moedas do final do século I d. C., durante o reinado de Agripa II, cunhadas na casa da moeda de Cesareia de Filipe, atestam que a cidade foi novamente modificada e nomeada em homenagem a César e ao deus Pan, usando o nome do lugar Paneas (Meshorer, "A New Type of Coins of Agrippa II" ["Um Novo Tipo de Moedas de Agripa II", em tradução livre]). As imagens nas várias moedas incluem Herodes Filipe, o imperador Augusto, um templo a Augusto na cidade, a caverna sagrada de Paneas e o deus Pan, as quais ajudaram a decifrar os vestígios arqueológicos encontrados no local.

Sendo uma cidade pagã e politeísta, múltiplas divindades eram adoradas na área sagrada, embora Pan fosse o deus principal. Um altar encontrado no santuário de Cesareia de Filipe tinha uma inscrição dedicatória em latim a Júpiter Olybraeus, que parece ter sido um deus ligado à região da Cilícia. Ruínas de um templo a Augusto, construído por Herodes, *o Grande*, em mármore branco, em 19 a. C., também foram encontradas no local

(Josefo, *Antiquities* 15.363-364). Esse templo em "Pânio" é mencionado como estando próximo à caverna de Pan, que tinha uma caverna profunda embaixo, cheia de água vinda de uma fonte subterrânea que também é uma das fontes do rio Jordão.

Nichos escavados para a adoração de Pan e a enorme rocha em Cesareia de Filipe.

Em Cesareia de Filipe, Jesus fez uma declaração famosa a Pedro e aos discípulos, a qual se relacionava com o cenário geográfico e religioso ali, referindo-se tanto à rocha quanto à caverna: "Eu também te digo que tu és Pedro, e sobre esta rocha eu construirei Minha igreja; e as portas do Hades não a vencerão" (Mateus 16,18). Observando que Pedro (*petros*) significa "pedra", e *petra* significa "rocha" ou "formações rochosas maciças", algo também evidente no nome da antiga cidade de Petra, e a história da caverna ser considerada uma entrada ou portão para o Hades, os exemplos teriam sido óbvios para ouvintes ou leitores que estiveram em Cesareia de Filipe. Como a cidade também era extremamente pagã na época de Jesus, suas declarações sobre "o Deus vivo" e que as "portas do Hades" não venceriam a igreja teriam sido ainda mais impactantes.

O MONTE DA TRANSFIGURAÇÃO

O local da transfiguração de Jesus foi descrito como um "alto monte" (Mateus 17,1-2; Marcos 9,2; Lucas 9,28-29; cf. 2 Pedro 1,16-18; João 1,14). Foi aqui que Jesus foi transformado (*metamorphoo*) [metamorfose] diante de Pedro, João e Tiago. No entanto, nenhum dos relatos especifica em que montanha ocorreu esse evento, levando a especulações sobre o possível local. Embora os estudiosos modernos tenham sugerido uma série de possibilidades, o Monte Hermon tornou-se o mais amplamente aceito devido ao seu status de montanha mais alta da região e à sua proximidade com Cesareia de Filipe, onde Jesus e os discípulos haviam estado anteriormente. Os argumentos contra isso incluem um período de seis dias entre o episódio de Cesareia de Filipe e a partida para o Monte da Transfiguração, ao qual parecem ter levado dois dias a mais para chegar, e o fato de que todos os antigos escritos e tradições cristãs conhecidas colocam o evento no Monte Tabor.

Embora alguns estudiosos tenham tentado desqualificar o Monte Tabor sob a alegação de que havia uma cidade ou fortaleza no topo da montanha devido aos vestígios de uma fortaleza do século III a. C. construída por Antíoco, *o Grande*, e uma referência nos escritos de Josefo, essa informação pode ter sido mal interpretada. A fortaleza do século III a. C. estava aparentemente abandonada e poderia não estar em uso há muitos anos, já que, durante a revolta, Josefo foi ao Monte Tabor e mandou construir uma muralha no topo num período de quarenta dias (Josefo, *Wars* 2.573, 4,54-56; *Life* 188). Esses relatos afirmam que a nova construção de uma pequena fortaleza foi feita no topo do Monte Tabor, mais de trinta anos depois da época de Jesus, sugerindo que o local provavelmente estava vago no início do século I d. C.

Portanto, o Monte Tabor teria sido um candidato viável para o topo de uma montanha desabitada na época de Jesus. No século III, o estudioso Orígenes de Alexandria afirmou que a transfiguração de Jesus aconteceu no Monte Tabor (Orígenes, *Commentary on Psalm* ["Comentário sobre o Salmo", em tradução livre] 58). No século IV, Cirilo, o bispo de Jerusalém, e o prolífico autor Jerônimo também registraram que o Monte Tabor foi o local da transfiguração (Cirilo, *Catechetical Lectures* ["Palestras Catequéticas", em tradução livre]; Jerônimo, *Epistles* ["Epístolas", em tradução livre]). Sua menção por Eusébio de Cesareia, no século IV, pode colocá-la no Monte Tabor ou no Monte Hermon, já que ambos os locais são mencionados e as interpretações diferem, mas pode estar se referindo à transfiguração em Tabor e ao encontro com os outros discípulos no Hermon (Eusébio, *Commentary on Psalm*). Uma igreja comemorativa da transfiguração foi construída no topo do Monte Tabor no período bizantino, provavelmente no final do século IV d. C., e, por volta de 570 d. C., havia três igrejas na montanha (Peregrino de Piacenza). Todos os primeiros escritores cristãos parecem ter associado o monte da transfiguração ao Monte Tabor, embora a identificação seja preliminar, uma vez que nenhum dos relatos dos Evangelhos especifica um local.

O TANQUE DE SILOÉ

Enquanto estava novamente em Jerusalém, e provavelmente no último ano de seu ministério, Jesus realizou um milagre associado ao tanque de Siloé, que causou considerável controvérsia, especialmente entre a seita dos fariseus. Depois de se aproximar de um cego e colocar lodo sobre seus olhos, Jesus instruiu o homem a ir lavar-se no tanque de Siloé. Quando o homem, anteriormente cego, voltou podendo ver, os fariseus criticaram a cura tanto por causa do elemento milagroso como por ter sido feita no sábado (João 9,1-22).

O Tanque de Siloé estava localizado perto do canto sudeste de Jerusalém, perto do ponto de viragem do muro, mas dentro dos muros da cidade, ao contrário do Tanque de Betesda, e os registros de Josefo foram uma referência importante para localizar corretamente os restos do tanque (Josefo, *Wars* 5.140-145). O nome Siloé, do verbo hebraico *shalach*, que significa "enviado", aparentemente designava uma área ou um bairro da antiga Jerusalém, que também foi mencionado por Lucas, mas que estava em uso, pelo menos, desde o século VIII a. C. e na época do reino de Judá (Lucas 13,4; cf. Isaías 8,6; Neemias 3,15).

Embora o Tanque de Siloé fosse um recurso proeminente em Jerusalém e estivesse em uso durante a época de Jesus, acabou sendo coberto após a destruição da cidade em 70 d. C. e, posteriormente, perdido na história ao longo dos séculos. Porque a área do Tanque de Siloé ficava no canto baixo do sudeste de Jerusalém, descendo as encostas do resto da cidade que se eleva ao norte e ao oeste, depósitos de detritos e lama que foram descendo pela encosta após a destruição da cidade provavelmente cobriram a área com relativa rapidez. Isso fica indicado pela confusão a respeito da localização exata do Tanque de Siloé do século I, já no século V, quando uma igreja foi construída nas proximidades, e provavelmente ainda no século II, quando Jerusalém foi reconstruída como Aelia Capitolina.

Escavações arqueológicas no bairro de Siloé encontraram um tanque superior que foi originalmente construído na época de Ezequias, no século VIII a. C., aparentemente em conjunto com o entalho de um túnel de água de aproximadamente 1.750 pés (533 metros) conectando-se à Fonte de Giom, e usado em períodos subsequentes (2 Reis 20,20; Isaías 22,9; cf. Neemias 3,15).

O tanque superior de Ezequias passou a ser tradicionalmente considerado o Tanque de Siloé, pelo menos, já no século V d. C., quando a imperatriz bizantina Élia Eudócia (c. 401-460) encomendou a construção de uma igreja ali, o que era típico de locais associados a Jesus durante o período bizantino. A igreja foi destruída pelos persas em 614 d. C., mas as ruínas da igreja indicaram aos arqueólogos que o Tanque de Siloé, na época de Jesus, estava localizado ali, já que, em muitos lugares, as igrejas bizantinas marcavam corretamente os locais de eventos significativos ligados à vida de Jesus.

Investigações arqueológicas encontraram vestígios dos séculos II e III d. C. nesse tanque superior sob as ruínas bizantinas, mas nenhum material do século I foi descoberto, indicando que o local havia sido incorretamente identificado como o Tanque de Siloé durante a época de Jesus. Nesse caso, a confusão foi provavelmente resultado da cobertura do reservatório inferior após a destruição de Jerusalém.

No entanto, alguns estudiosos propuseram uma solução segundo a qual o Tanque de Siloé do século I estava ligeiramente a sudeste do "tanque superior" devido às descrições em Josefo e a uma análise da geografia, mas que tinha sido coberto. Isso não foi confirmado até 2004, quando o tanque inferior de Siloé, em uso durante a época de Jesus, foi redescoberto por acidente, devido a trabalhos de reparo no sistema de esgoto, cerca de 60 metros a sudeste do taque superior. Embora apenas parcialmente escavado, é provável que o tanque todo esteja intacto.

Com base em escavações parciais, o Tanque de Siloé tinha aproximadamente 225 pés (70 metros) de comprimento e formato aproximadamente retangular, com outra estimativa sugerindo 190 pés por 160 pés (60 metros por 50 metros). No entanto, com ângulos medindo um pouco mais de 90 graus, é mais corretamente descrito como um trapézio, assim como o Tanque de Betesda, no norte de Jerusalém. As pedras utilizadas na construção eram de calcário branco extraído localmente e cortado em blocos retangulares. As escavações também revelaram um projeto de três conjuntos de cinco degraus que descem para o tanque, com uma área aberta logo acima do conjunto de degraus mais baixo, que pode ter sido construída para acomodar diferentes níveis de água.

O restante do tanque ainda não foi escavado, pois grande parte da terra acima dele está coberta por um pomar que a Igreja Ortodoxa Grega identifica como o jardim do rei (Neemias 3,15). Do tanque superior, um canal corria para o tanque inferior, onde a água era retida no que parece ter sido um tanque de lavagem ritual no século I d. C. Como a Fonte de Giom era a fonte de água do tanque, teria sido uma escolha óbvia para a lavagem ritual devido à "água viva" que fluía para o tanque.

O extenso tamanho do tanque levou muitos a sugerir que ele pode ter sido usado por peregrinos que visitavam Jerusalém para as três principais festas anuais, antes de caminharem até o templo. Isso também é apoiado pela descoberta de uma enorme rua do século I composta por degraus que conduziam ao Monte do Templo, proporcionando fácil acesso a partir do tanque e da parte sudeste da cidade.

O Tanque de Siloé do século I, no sul de Jerusalém.

A descobertas de artefatos no tanque, como um sino que poderia ter feito parte do traje sacerdotal e a gravura de uma menorá, também indicam o seu uso ritual. Isso está de acordo com os registros do Talmude sobre uma tradição realizada durante a Festa dos Tabernáculos, na qual um sacerdote levava um vaso de ouro para o Tanque de Siloé, enchia-o com água, trazia-o de volta ao templo e depois derramava a água sobre um dos lados do altar como oferta de libação enquanto outro sacerdote derramava uma oferta de libação de vinho do outro lado (Sucot 4.9).

No século II, é possível que o tanque superior, aparentemente ainda visível, tenha sido transformado no Ninfeu, ou Santuário das Quatro Ninfas, por Adriano durante a construção de Aelia Capitolina (*Chronicon Paschale* ["Crônica de Pascal", em tradução livre] 119). Embora isso seja consistente com o padrão de construção de templos e santuários pagãos por Adriano em locais associados a Jesus, as evidências numismáticas e cerâmicas indicam que o tanque inferior não estava em uso desde 70 d. C. até a sua recente redescoberta, mas vestígios do século II d. C. foram descobertos no tanque superior. Talvez o Ninfeu cobrisse a seção superior do Tanque de Siloé, e é por isso que os bizantinos, mais tarde, construíram uma igreja naquele local, em vez de no tanque inferior "perdido".

No solo, em um canto do tanque, várias moedas foram encontradas desde a época de Alexandre Janeu (c. 104-76 a. C.) até a primeira revolta da Judeia contra Roma (c. 66-70 d. C.), com a última moeda ostentando a inscrição "quatro anos no dia da Grande Revolta", indicando 69 d. C. como o ano. Enquanto o tanque estava em construção, moedas cunhadas por Alexandre Janeu foram colocadas nos degraus originais rebocados, indicando a data aproximada da construção ou, pelo menos, mostrando que não foi construída antes do seu reinado. Posteriormente, esses degraus foram revestidos com pedra na remodelação do tanque que provavelmente ocorreu quer no tempo de Herodes, *o Grande*, e dos seus extensos projetos de construção, quer no de Herodes Agripa I, que deu continuidade ao legado do seu avô.

Junto com as moedas, cerâmica do século I também foi descoberta em escavações do tanque, e juntas demonstram que o tanque inferior estava em uso pelo menos desde o século I a. C. até a queda de Jerusalém, em 70 d. C., o que significa que esse era o tanque de Siloé a que Jesus se referiu.

JESUS EM JERICÓ

Jericó, na época de Jesus, não estava localizada dentro das ruínas daquelas famosas muralhas antigas conhecidas na história de Josué. Em vez disso, uma Jericó mais recente havia sido construída perto das muralhas caídas, num local conhecido como Tulul Abu el Alaiq, cerca de 1,5 quilômetro a sul e ligeiramente a oeste. Embora mencionados seis vezes nos Evangelhos, os vestígios arqueológicos da Jericó do século I a. C. e d. C. são atualmente conhecidos principalmente por palácios e grandes estruturas públicas (Mateus 20,29; Marcos 10,46; Lucas 10,30; 18,35; 19,1). No entanto, múltiplas fontes escritas dos períodos helenístico e romano também confirmam essa Jericó que existiu no século I (1 Macabeus 9,50; 16,11-17; Estrabão, *Geography*; Josefo, *Antiquities*).

Localizada a cerca de 21 quilômetros a nordeste de Jerusalém e 250 metros abaixo do nível do mar, Jericó era quente no inverno e, portanto, ideal para um palácio de inverno, mas terrivelmente quente no verão. No período helenístico, os palácios asmoneus foram construídos a sul e a oeste do atual centro da cidade. As ruínas do antigo palácio asmoneu, medindo cerca de 50 metros por 50 metros, eram sem dúvida impressionantes na época, mas não se equiparavam às preferências de Herodes, *o Grande*.

Casas dos períodos helenístico e romano também foram descobertas nas proximidades, juntamente com banhos rituais, demonstrando que os moradores de Jericó seguiam as leis de pureza do judaísmo. Herodes, *o Grande*, construiu seu próprio novo complexo palaciano em três fases, logo a leste do palácio asmoneu, nos lados norte e sul do Wadi Qelt. No lado norte do wadi (uma ravina, canal ou leito sazonal de rio), Herodes expandiu um palácio que havia sido originalmente construído pela dinastia governante anterior dos asmoneus. Quando Herodes concluiu as ampliações do complexo, Jericó tinha quatro palácios, um tanque gigantesco, aquedutos, um teatro, um estádio e talvez um ginásio.

Três grandes piscinas foram construídas nessa área – uma com cerca de 30 metros de comprimento, 18 metros de largura e 3,6 metros de profundidade, outra com 90 metros de comprimento e 40 metros de largura, e a maior, uma enorme piscina de 176,2 metros por 144,7 metros que poderia ser descrita como um pequeno lago. A água era fornecida por diversas nascentes da região e trazida por aquedutos. Essa água abastecia não apenas as piscinas e os banhos, mas também os extensos e impressionantes jardins, incluindo valiosos bálsamos e palmeiras que Herodes havia plantado no complexo do seu palácio. De acordo com uma descrição do século I, a área de Jericó foi utilizada como uma área agrícola de sucesso com cerca de cem estádios, ou quase 18,5 quilômetros, de comprimento (Estrabão, *Geography*).

Mais tarde em seu reinado, Herodes construiu um segundo palácio impressionante no lado norte do Wadi Qelt, usando um projeto arquitetônico chamado *opus reticulum* (alvenaria de concreto revestida com cubos colocados em um ângulo de 45 graus dando a aparência de uma rede) e decorando os edifícios com *opus sectile* (materiais como mármore cortado em formas específicas e colocado em pisos e paredes para formar um padrão ou imagem), pisos de mosaico, afrescos de parede e capitéis jônicos e coríntios. As estruturas do complexo palaciano incluíam um triclínio e um banho romano.

Ao norte, mais perto da cidade, foi construído um estádio ou hipódromo com mais de 300 metros de comprimento e 85 metros de largura. O estádio (ou hipódromo) também parece ter tido um teatro integrado na sua extremidade norte e funcionado como uma estrutura híbrida. Esse estádio em Jericó também foi o local de detenção de muitos líderes da Judeia que Herodes, *o Grande*, planejava executar após a sua morte, embora a ordem não tenha sido executada por seus filhos. Um edifício adjacente poderia ter sido um ginásio, mas apenas as fundações permanecem. Túmulos do período romano também foram encontrados em toda a área, indicando, além disso, uma cidade povoada durante o século I.

A falta de vestígios arquitetônicos descobertos na cidade sugere que Jericó, na época de Jesus, era composta por casas espalhadas por uma grande planície usada para a agricultura, em vez de densamente compactadas em uma estrutura urbanizada.

A cidade de Jericó foi o local da cura do cego Bartimeu e de outro cego anônimo na estrada, o local da parábola do Bom Samaritano, e a cidade de Zaqueu, o coletor-chefe de impostos que se tornou seguidor de Jesus. Zaqueu, que foi descrito como rico, pode ter vivido numa *villa* nos arredores de Jericó, embora fosse modesta em comparação com os palácios próximos de Herodes, *o Grande* (Lucas 19,1-2). Um antigo sicômoro fica em um mosteiro na moderna Jericó, construído sobre a cidade do período bizantino, e serve como uma lembrança do sicômoro que Zaqueu escalou para ver Jesus.

Ruínas do complexo do palácio em Jericó do século I.

A alegada discrepância entre a cura de Bartimeu, enquanto Jesus estava saindo de Jericó, conforme descrito em Mateus e Marcos, versus a aproximação de Jericó, em Lucas, poderia ser explicada linguística ou historicamente. Lucas poderia estar se referindo a um dos cegos que se aproximava de Jericó, talvez sentando-se para descansar e mendigar em sua viagem entre as cidades, pois o Evangelho de Lucas não especifica que era Jesus quem estava se aproximando de Jericó.

Infelizmente, certas traduções poderiam ter criado confusão adicional ao fornecerem erroneamente "Jesus" quando o texto original grego traduz apenas como "ele" e está no contexto de uma narrativa da perspectiva de "um homem que era cego" que continua a ser referido apenas com um pronome, enquanto Jesus é especificamente nomeado (Lucas 18,35-43).

Alternativamente, o verbo traduzido "estava se aproximando" é frequentemente traduzido como "estar perto" ou "estar perto" e, portanto, a passagem que se refere a Jesus estar perto de Jericó enquanto partia pode ser uma opção viável (Lucas 18,35; cf. Lucas 19,1; Mateus 3,2).

Os estudiosos também sugeriram que Mateus e Marcos registraram Jesus saindo das ruínas da antiga Jericó, enquanto Lucas registrou Jesus se aproximando de Jericó no século I, embora deva ser salientado que mencionar as ruínas há muito abandonadas, em vez da cidade contemporânea de Jericó, parece um cenário improvável.

BIBLIOGRAFIA SELECIONADA
(CAPÍTULO 5)

ARNDT, W., GINGRICH, F. W., Danker, F. W. e BAUER, W. *A Greek-English Lexicon of the New Testament and Other Early Christian Literature*. Chicago: University of Chicago Press, 1996.

AVI-YONAH, M. "The Foundation of Tiberias". *Israel Exploration Journal* 1, n° 3, 1950-51.

BATEY, Richard. "Did Antipas Build the Sepphoris Theater?". *Jesus and Archaeology*, ed. James Charlesworth. Grand Rapids: Eerdmans, 2006.

BERLIN, Andrea. "The Archaeology of Ritual: The Sanctuary of Pan at Banias/Caesarea Philippi". *Bulletin of the American Schools of Oriental Research* 315, 1999.

BONNIE, Rick e RICHARD, Julian. "Building D1 at Magdala Revisited". *Israel Exploration Journal* 62, n° 1, 2012.

BROWN, Francis *et al*. *Enhanced Brown-Driver-Briggs Hebrew and English Lexicon*. Oak Harbor, WA: Logos, 2000.

GIBSON, Shimon. *The Cave of John the Baptist*. New York: Doubleday, 2004.

_____. "Is the Talpiot Tomb Really the Family Tomb of Jesus?". *Near Eastern Archaeology* 69, 2006.

HIRSCHFELD, Yizhar e GALOR, Katharina. "New Excavations in Tiberias". *Religion, Ethnicity and Identity in Ancient Galilee*, ed. Zangenburg *et al*. Tubingen, Germany: Mohr Siebeck, 2007.

HIRSCHFELD, Yizhar. *Excavations at Tiberias 1989-1994*. Jerusalem: IAA, 2004.

HOEHNER, Harold. *Herod Antipas: A Contemporary of Jesus Christ*. Grand Rapids: Zondervan, 1980.

HORSELEY, Richard. "Archaeology and the Villages of Upper Galilee". *Bulletin of the American Schools of Oriental Research*, n° 297, 1995.

ISAAC, Benjamin. "Dedications to Zeus Olybris". *Zeitschrift für Papyrologie und Epigraphik Bd.* 117, 1997.

KADMAN, Leo. "Temple Dues and Currency in Ancient Palestine in Light of Recent Discovered Coin-Hoards". *Israel Numismatic Bulletin* n° 1, 1962.

KELSO, James. "New Testament Jericho". *Biblical Archaeologist* 14, n° 2, 1951.

KING, Karen. "Jesus said to them, 'My wife…': A New Coptic Papyrus Fragment". *Harvard Theological Review* 107, 2014.

KOKKINOS, Nikos. *The Herodian Dynasty*. London: Spink, 2010.

LEEPER, J. L. "Sources of the Jordan River". *Biblical World* 16, n° 5, 1900.

LIVER, Jacob. "The Half-Shekel Offering in Biblical and Post-Biblical Literature". *Harvard Theological Review* 56, 1963.

LIDDELL *et al. A Greek-English Lexicon*. Oxford: Clarendon, 1996.

MAGNESS, Jodi. "Two Notes on the Archaeology of Qumran". *Bulletin of the American Schools of Oriental Research* 312, 1998.

MANNS, Frederic. "Mount Tabor." *Jesus and Archaeology*, ed. James Charlesworth. Grand Rapids: Eerdmans, 2006.

MCRAY, John. *Archaeology and the New Testament*. Grand Rapids: Baker Academic, 1991.

MEYERS, Eric. "The Jesus Tomb Controversy: An Overview". *Near Eastern Archaeology* 69, 2006.

MEYERS, Eric e CHANCEY, Mark. "Alexander to Constantine": *Archaeology of the Land of the Bible*, vol. 3. New Haven, CT: Yale, 2012.

NETZER, Ehud. *The Architecture of Herod, the Great Builder*. Grand Rapids: Baker Academic, 2008.

PATON, Lewis Bayles. *Jerusalem in Bible Times*. Chicago: University of Chicago, 1908.

PFANN, Stephen. "Mary Magdalene Has Left the Room: A Suggested New Reading of Ossuary CJO 701". *Near Eastern Archaeology* 69, 2006.

RAHMANI, Levi. "Ancient Jerusalem's Funerary Customs and Tombs". *Biblical Archaeologist* 44, 1981.

REED, Jonathan. *Archaeology and the Galilean Jesus*. Harrisburg, PA: Trinity, 2000.

SABAR, Ariel. *Veritas: A Harvard Professor, a Con Man and the Gospel of Jesus's Wife*. New York: Doubleday, 2020.

SEYRIG, Henri. "Irenopolis-Neronias-Sepphoris". *Numismatic Chronicle and Journal of the Royal Numismatic Society* 15, n° 45, 1955.

STEIN, Alla. "Gaius Julius, an Agoranomos from Tiberias". *Zeitschrift für Papyrologie und Epigraphik Bd.* 93, 1992.

TABOR, James. "Testing a Hypothesis". *Near Eastern Archaeology* 69, 2006.

TEASDALE, Andrew. "Herod the Great's Building Program". *BYU Studies Quarterly* 36, 1996.

ZANGENBERG, Jurgen. "Archaeological News from the Galilee". *Early Christianity* 1, 2010.

ZAPATA-MEZA, Marcela. "Migdal 2015 Preliminary Report". *Hadashot Arkheologiyot* 129, 2017.

ZAPATA-MEZA, Marcela e SANZ-RINCÓN, Rosaura. "Excavating Mary Magdalene's Hometown". *Biblical Archaeology Review* 43:3, 2017.

BETÂNIA, A ENTRADA TRIUNFAL E O GETSÊMANI

D urante a época de Jesus, Betânia era uma aldeia localizada a cerca de 2,4 quilômetros diretamente a leste das antigas muralhas de Jerusalém, no Monte das Oliveiras. Estabelecida em termos antigos, Betânia ficava a cerca de 15 estádios (aproximadamente 2,7 quilômetros) de Jerusalém, o que provavelmente era medido a uma distância a pé (João 11,18). Essa Betânia distingue-se da "Betânia além do Jordão", que foi o local do batismo de Jesus, localizada a leste de Jericó (João 1,28).

BETÂNIA E LÁZARO

O significado de Betânia não é conhecido com certeza, mas pode ser derivado do aramaico *beth anya*, traduzido como "casa dos pobres" (*Bethania* em grego). Alguns estudiosos também sugeriram equiparar Betânia a Ananias do período persa (Neemias 11,32). Escavações arqueológicas indicam que a área de Betânia foi usada para túmulos a partir do final da Idade do Bronze, depois foi colonizada, pelo menos, já no século VI a. C., incluindo a aldeia do período romano.

Casas, lagares e cisternas foram escavados desde a antiguidade, embora nenhuma das casas pudesse ser identificada com alguém mencionado nos Evangelhos. Jesus visitou Betânia muitas vezes, e seguidores como Simão, *o Leproso*, Maria, Marta e Lázaro viveram lá (Mateus 26,6; João 11,1). Um dos residentes de Betânia visitados por Jesus, Simão, *o Leproso*, reflete a presença de uma colônia de leprosos durante o século I, o que foi confirmado pela referência a essa colônia de leprosos de Betânia no *Pergaminho do Templo de Qumran* (11QTemple 46; Mateus 26,6; Marcos 14,3).

Vários ossuários do século I recuperados em um túmulo no Monte das Oliveiras, perto de Betânia, tinham nomes como Marta, Maria, Lázaro e Simão, entre muitos outros, inscritos neles. Embora nenhuma evidência ligue esses sepultamentos às pessoas mencionadas nos Evangelhos, as inscrições demonstram o uso desses nomes na área de Betânia, durante o século I, refletindo um contexto histórico preciso para o local e para as pessoas mencionadas nos Evangelhos.

Jesus interagiu com muitas pessoas em Betânia, mas, perto do fim do seu ministério, o evento nessa aldeia a leste de Jerusalém que atraiu mais publicidade foi a ressurreição de Lázaro (João 11,1-46). O nome árabe da cidade, el-Azariah, que significa "o lugar de Lázaro", ajudou a preservar a memória histórica do evento e do local.

Existe um túmulo específico em Betânia que foi homenageado e preservado ao longo dos séculos devido à sua associação com esse milagre de Jesus. O túmulo, escavado na rocha calcária e originalmente selado com uma grande pedra, tem uma pequena passagem que leva à câmara funerária principal, medindo cerca de 2,5 metros por 2,5 metros, o que corresponde à breve descrição da narrativa (João 11,38). Esse túmulo foi provisoriamente datado por arqueólogos como sendo do século I d. C. com base numa tipologia semelhante, a presença de outros túmulos do século I d. C. nas proximidades, os achados arqueológicos do período romano na aldeia e o fato de que a igreja bizantina original do século IV foi construída adjacente ao túmulo.

Interior do túmulo de Lázaro do século I, em Betânia.

Além disso, registros escritos de cerca de 330 d. C., 333 d. C. e 381 d. C. afirmam que as pessoas na área consideravam o local como o túmulo de Lázaro desde o século I, mesmo antes de o cristianismo ter sido legalizado e antes de uma igreja ter sido construída perto do túmulo (Eusébio, *Onomasticon* 58.15; Peregrino de Bordeaux, *Itinerarium Burdigalense*; Egéria, *Itinerarium Egeriae*). Segundo Jerônimo, em sua tradução de Eusébio, no final do século IV, foi construída uma igreja ao lado do túmulo para comemorar um acontecimento importante na vida de Jesus. A localização, a data e o tipo de túmulo, a tradição antiga e os registros escritos em conjunto indicam a possibilidade de que esse possa ter sido o túmulo de Lázaro.

Depois que Lázaro morreu em Betânia e foi colocado no túmulo, sua família, amigos e muitos na comunidade acreditaram que ele havia passado para a vida após a morte ou para o mundo subterrâneo. Embora, em geral, os saduceus não acreditassem na vida após a morte, embora alguns pareçam ter adotado ideias helenísticas sobre a vida após a morte, a maioria da população da Judeia, durante a época de Jesus, acreditava que uma pessoa descia ao mundo subterrâneo após a morte (Josefo, *Antiquities* 18.16; *Wars* 2.165; Fílon, *On Dreams*). Quer fosse uma pessoa relacionada ao judaísmo ou ao helenismo, havia ideias semelhantes sobre a existência da vida após a morte ou do mundo subterrâneo, e até a mesma palavra grega foi usada.

Por exemplo, no túmulo de Caifás, do século I d. C., nos arredores da antiga Jerusalém, uma moeda do barqueiro Caronte foi encontrada em um dos crânios do sepultado. Em hebraico, *Sheol* era a palavra para mundo subterrâneo, enquanto *Hades* era o termo grego e o qual foi usado para traduzir Sheol na Septuaginta. No pensamento helenístico, *Hades* não era apenas o mundo subterrâneo, mas era o nome do deus que governava o mundo subterrâneo. Os romanos chamavam esse deus de Plutão e, semelhantemente às ideias gregas antigas, acreditavam que o Hades era um lugar de recompensa e punição (Virgílio, *Eneida*; Homero, *Odisseia*).

Na Bíblia hebraica/Antigo Testamento, o Sheol é descrito como um lugar para onde vão os mortos, debaixo da terra, escuro, com portas, um lugar para onde vão tanto os pecadores quanto os justos e é controlado por Deus (Jó 17,16; Salmo 49,14-15; 89,48; 139,8; Isaías 38,10; 1 Samuel 28,13-14). Também foi reconhecido como distinto do céu, onde Deus e os anjos residem (Deuteronômio 10,14; 1 Reis 8,27; 22,19; Neemias 9,6; Salmo 68,33; Isaías 63,15).

As crenças sobre o Sheol ou o Hádes persistiram até o século I, embora existissem variantes dentro do judaísmo (Josefo, *Antiquities* 18.14-16; João 11,24). As principais diferenças entre as visões a respeito do mundo subterrâneo no pensamento helenístico e romano e na Bíblia incluem a entrada no Paraíso por meio de boas obras, grandes feitos ou engenhosidade; a personificação do Hades e aspectos do mundo subterrâneo como deuses; a possibilidade de que as pessoas saíssem do Hades por meio do seu próprio poder versus a entrada no Paraíso pela fé em Deus; o Hades ser apenas um nome para o mundo subterrâneo que Deus controla; e o mundo subterrâneo como inescapável pelos humanos.

Vista aérea mostrando Betânia, Betfagé, o Getsêmani e Jerusalém.

O próprio Jesus ensinou sobre o Hades, também dividindo o mundo subterrâneo em Paraíso e Geena, que eram lugares separados dentro do mundo subterrâneo para os justos e os pecadores (Mateus 5,21-22; 11,23; 16,18; 23,33; Lucas 10,15; 12,4-5; 16,22-23; 23,42-43). Geena, um nome derivado do Vale de Hinom, ao sul de Jerusalém, também se transformou em uma palavra usada para a seção de punição do mundo subterrâneo devido ao Tophet estar localizado naquele vale por volta do século VII a. C., durante o reino de Judá, e talvez também seu uso posterior no período romano como depósito de lixo onde o refugo era frequentemente queimado (2 Reis 23,10). Portanto, as pessoas na época de Jesus associavam o Geena ao fogo e ao mundo subterrâneo.

A crença no mundo subterrâneo e seus dois compartimentos é detalhada em um ensinamento de Jesus registrado no Evangelho de Lucas, no qual um homem rico, injusto e incrédulo morreu e foi para o Geena, mas Lázaro morreu e foi para o Paraíso, onde Abraão também residia (Lucas 16,19-31). Na cruz, Jesus disse ao criminoso que acreditou nele que ele iria para o Paraíso depois de morrer (Lucas 23,39-43). De acordo com os escritos dos apóstolos Pedro e Paulo, Jesus desceu ao Hades, onde proclamou a sua vitória sobre o pecado (1 Pedro 3,18-20; Efésios 4,9-10).

Os ensinamentos dos Evangelhos, tanto do Antigo quanto do Novo Testamento afirmam que os crentes, ao final, iriam para o céu, o reino de Deus; e que o Hades, que se tornou o local de retenção dos pecadores, seria lançado no lago de fogo (Gênesis 5,24; 2 Reis 2,11; Jó 19,25-27; Salmos 49,15; João 14,1-6; 2 Coríntios 5,6-8; 1 Tessalonicenses 4:13-14; Apocalipse 20:13-14). Quando Lázaro morreu em Betânia, a maioria das pessoas acreditava que ele havia ido para o Paraíso após a morte, mas que era impossível para ele retornar do túmulo, tornando o milagre realizado por Jesus ainda mais surpreendente e perturbador do que qualquer outro que havia feito antes.

OS MILAGRES DE JESUS

Os Evangelhos registram muitos milagres diferentes que Jesus realizou ao longo de seu ministério público, no decurso de alguns anos na Judeia, Galileia e Samaria. Esses milagres variaram desde transformar ou multiplicar alimentos e bebidas até curas, controlar a natureza e até mesmo ressuscitar os mortos (Mateus 9,20-30; Marcos 2,3-12; 6,47-52; Lucas 9,12-17; João 2,1-11; 11,38-45). Seus milagres, que desafiavam as leis físicas do universo, foram usados principalmente para validar as afirmações de Jesus Cristo como enviado de Deus e para demonstrar sua natureza divina (Mateus 8,16-17; 9,2-8; João 4,46-54; 6,14).

Os Evangelhos descrevem milagres com palavras como *dunamis* (poder), *semion* (sinal) e *teras* (maravilha). O termo "milagre" vem da palavra latina *miraculum* (maravilha) durante o período romano, que passou a ser usada na literatura cristã primitiva para descrever atos sobrenaturais de Deus. Embora Jesus seja geralmente reconhecido como um professor brilhante com vasto conhecimento e sabedoria, suas afirmações de que era Deus foram validadas por obras milagrosas que demonstraram seu poder sobre a matéria, o reino angélico e a própria vida.

No entanto, os céticos modernos têm frequentemente acusado os relatos dos Evangelhos de serem propaganda religiosa não histórica que atribuiu falsamente atos milagrosos a Jesus, algo que, numa visão de mundo puramente naturalista, seria impossível e, portanto, supostamente nunca aconteceu. Se Deus, um ser que criou o universo, não existisse, e, se Jesus fosse apenas um homem, então essas obras milagrosas teriam sido impossíveis. No entanto, vários escritores do mundo antigo, mesmo aqueles que se opuseram a Jesus, reconheceram que realizou milagres e, desse modo, confirmaram os milagres de Jesus registados nos Evangelhos como historicamente precisos.

O filósofo, pagão e oponente do cristianismo chamado Celso, que viveu no século II d. C., escreveu uma obra extremamente crítica atacando o cristianismo e Jesus, à qual o pai da igreja, Orígenes, respondeu em defesa. Numa passagem, Celso afirmou que, enquanto Jesus estava no Egito, de alguma forma, adquiriu poderes milagrosos que mais tarde usou na Judeia para demonstrar suas afirmações de que era um deus (Celso, *The True Word*, *Contra Celsum*). Portanto, Celso confirma que o conhecimento de Jesus e de seus milagres se espalhou por todo o Império Romano, até mesmo entre os pagãos céticos a respeito de Jesus, e reconheceu que Jesus realizou obras sobrenaturais e milagrosas, mas as atribuiu à magia egípcia. Outro documento antigo de possível relevância é um texto mágico de oitenta linhas chamado "encanto de Pibechis", que era um mágico ou feiticeiro egípcio, possivelmente também conhecido como Apollobex. Parte das instruções que descrevem um método para expulsar demônios usa uma fórmula que apela ao "deus dos hebreus, Jesus" (PGM IV.3007-3086). Os papiros mágicos aos quais pertence foram compilados e datam de cerca de 300 d. C., mas as origens de alguns dos encantamentos remontam ao início do período romano.

Essa referência a Jesus num feitiço para expulsar demônios teria sido influenciada por relatos orais e escritos dos feitos de Jesus no século I, e o feitiço parece ter adotado um ponto de vista semelhante ao dos Filhos de Ceva em Éfeso, que tentaram expulsar demônios invocando o nome de Jesus na época do apóstolo Paulo (Atos 19,13-19). Uma taça de cerâmica encontrada no antigo porto de Alexandria com uma inscrição datada do século I d. C. pode fazer referência a Cristo como um mágico ou feiticeiro, embora a associação com Jesus seja provisória. É incerto se essa inscrição na taça se refere a Jesus Cristo, mas é uma possível menção de Jesus no século I num contexto pagão, o que indica um conhecimento generalizado dos seus milagres. Mais ou menos na mesma época, quando o ex-estudioso pagão que se tornou cristão Justino Mártir (c. 100-165) escreveu uma carta ao imperador Antonino Pio (86-161), por volta de 150 d. C., também mencionou os milagres de Jesus. Antonino Pio sucedeu ao imperador Adriano, que tentou substituir muitos locais cristãos por santuários e templos pagãos. Embora Antonino Pio tenha sido um politeísta romano tradicional, parece ter sido um imperador que não oprimia os cristãos (Cássio Dio, *Roman History*). Em sua carta, Justino aproveitou a oportunidade para argumentar com o imperador a respeito da legitimidade do cristianismo, apresentando evidências e encaminhando-o para registros romanos acessíveis sobre a vida de Jesus, compilados durante a época de Pôncio Pilatos, na Judeia. Numa seção dessa carta, Justino escreveu que, se o imperador lesse os registros romanos, aos quais ele se referia como *Atos de Pôncio Pilatos*, poderia ver que Jesus realizou vários milagres (Justino Mártir, *Letter to Emperor Antoninus Pius* ["Carta ao Imperador Antonino Pio", em tradução livre]).

Parece que cada prefeito ou procurador romano mantinha registros sobre eventos importantes que ocorreram na província que governavam, e os registros de Pôncio Pilatos enquanto estava na província da Judeia, os quais aparentemente incluíam informações sobre Jesus e os atos milagrosos que realizou, ainda estavam acessíveis ao governo romano.

A Mishná, um componente do Talmude, que foi compilada por volta de 200 d. C., mas que contém muitas informações históricas de tempos anteriores, parece preservar alguns eventos associados a Jesus que provavelmente foram registrados no século I. Uma passagem em particular menciona como Jesus supostamente praticou feitiçaria ou magia e desencaminhou Israel, o que é uma referência óbvia às obras milagrosas e sobrenaturais que Jesus realizou (Sinédrio 43a; Sinédrio 107b; Sotá 47a). A acusação de que seu poder derivava de uma fonte maligna, e não de Deus, é evidenciada nas afirmações dos fariseus, escribas e outros oponentes de Jesus, conforme registrado nos Evangelhos (Mateus 9,31-35; 12,22-29; Marcos 3,20-30; Lucas 11,14-20; João 7,20-25; 8,48-59; 10,19-21).

Por fim, Flávio Josefo, natural da Judeia, nascido por volta de 37 d. C. e historiador romano oficial por volta de 75-99 d. C., pode ter mencionado Jesus realizando milagres. Numa curta passagem resumindo a vida de Jesus, o historiador Flávio Josefo escreveu que Jesus realizou obras descritas como incríveis, paradoxais ou contrárias às expectativas normais (Josefo, *Antiquities* 18.63). Essas obras "incríveis" são consistentes com a descrição de obras sobrenaturais ou milagrosas em outras fontes de língua grega, sugerindo que Josefo também estava ciente e se referia aos milagres de Jesus (2 Macabeus 3,30).

Ruínas e reconstruções da escadaria sul do século I que conduzia ao complexo do templo em Jerusalém, onde Jesus provavelmente encontrou seguidores e adversários.

Ocasionalmente, o filósofo pitagórico Apolônio é comparado a Jesus como outro milagreiro do período romano, mas um exame dos supostos milagres de Apolônio e a fonte de sua vida e aventuras demonstra que os relatos de Apolônio não eram testemunhos oculares nem eram os tipos de milagres equivalentes. O *Life of Apollonius of Tyana* foi escrito por Filóstrato, por volta de 220 d. C., embora Apolônio provavelmente tenha nascido por volta de 15-20 d. C. e morrido depois de 96 d. C., o que significa que o registro de sua vida foi composto por um autor aproximadamente 130 anos após sua morte.

Apolônio, que era vegetariano, ensinou que Deus não queria adoração, orações ou sacrifícios, e que Deus só poderia ser alcançado por meio do intelecto. Estava situado, principalmente, na província da Ásia (oeste da Turquia) e na Grécia, mas, ao que tudo indica, também viajou para a Síria, Roma e, possivelmente, até para a Índia. Apolônio pode ter aparecido diante do imperador Domiciano por volta dos anos 90 d. C., ele era apenas um adolescente quando Jesus foi crucificado e provavelmente nunca visitou os lugares onde Jesus andou, embora quase certamente tenha entrado em contato com os cristãos no final do século I d. C.

Os "milagres" de Apolônio, como ordenar o apedrejamento de um mendigo cego, o qual era supostamente um demônio, para deter uma praga em Éfeso, trazer uma menina "de volta à vida" quando ela ainda respirava, e supostamente alegar intuir que Domiciano foi assassinado em Roma, enquanto estava presente em Éfeso, eram bastante distintos dos milagres de Jesus, e as menções às obras maravilhosas de Apolônio estão ausentes dos escritos dos séculos I e II.

Significativamente, as pessoas próximas da e na época de Jesus não negavam que ele realizava milagres, embora tivessem amplas oportunidades. Em vez disso, quatro fontes distintas de uma variedade de pontos de vista na antiguidade, que remontam aos séculos I e II – Celso, Justino, Josefo e a Mishná – atestam o fato de que Jesus realizou milagres, tal como registram os Evangelhos.

A RETIRADA PARA EFRAIM

Depois que Jesus trouxe Lázaro de volta da sepultura, rapidamente a notícia se espalhou por toda a região de Jerusalém a respeito dele e de seus feitos milagrosos. Muitos em posições de liderança religiosa, incluindo certos saduceus, fariseus e o sumo sacerdote em exercício, Caifás, estavam preocupados com o fato de o número crescente de seguidores de Jesus acabar resultando na vinda dos romanos e na tomada da sua nação, removendo-os do poder. Foi elaborado um plano para capturar e matar Jesus "para que toda a nação não perecesse", e, portanto, Jesus evitou aparecer em público e retirou-se para uma cidade perto do deserto chamada Efraim (João 11,47-54).

Essa cidade de Efraim para onde Jesus foi também é mencionada em textos antigos de Macabeus, Josefo e Eusébio, mas a localização não é conhecida com certeza absoluta. Josefo registrou que Vespasiano tomou as duas pequenas cidades de Betel e Efraim, o que significa que, por volta de 70 d. C., havia uma cidade de Efraim na área de Betel, ao norte de Jerusalém (Josefo, *Wars* 4.9.551). Essa Efraim (Aphaerima) também pode ser mencionada no contexto de ter sido adicionada à Judeia a partir de Samaria por volta de 145 a. C., e talvez fosse uma cidade fortificada em uma estrada (1 Macabeus 11,27-34; cf. 1 Macabeus 5,46; 2 Macabeus 12,27; 2 Crônicas 13,19).

No entanto, as referências geograficamente mais específicas a uma cidade de Efraim nessa região são preservadas nos escritos de Eusébio. De acordo com o *Onomasticon*, uma cidade chamada Efraim, para onde Jesus e seus discípulos foram, ficava perto do deserto, cerca de 32 quilômetros ao norte de Jerusalém e de 8 quilômetros a leste de Betel (Eusébio, *Onomasticon* 28:4, 86:1, 90:18). Esse critério, incluindo distâncias de Betel e Jerusalém, e numa estrada antiga, corresponde quase precisamente à localização da moderna Taybeh. Embora uma igreja bizantina do século V seja conhecida em Taybeh, as investigações arqueológicas ainda não descobriram uma cidade do século I, e outros locais na região têm sido propostos como alternativa.

A ENTRADA TRIUNFAL DE JESUS

A entrada triunfal de Jesus em Jerusalém foi um evento importante registrado por todos os quatro escritores dos Evangelhos (Mateus 21,1-16; Marcos 11,1-11; Lucas 19,28-46; João 12,12-19). O nome do evento, derivado da celebração do triunfo romano, não é encontrado nos Evangelhos, mas foi sugerido como uma descrição apropriada para um rei ou governante que entrava na sua capital durante uma procissão dos seus súditos ou seguidores.

Na encosta oriental do Monte das Oliveiras, havia uma pequena aldeia chamada Betfagé, para onde Jesus enviou dois discípulos a fim de obterem o jumentinho no qual montaria para a sua entrada triunfal em Jerusalém (Mateus 21,1; Marcos 11,1; Lucas 19,29; Eusébio, *Onomasticon*). O nome Betfagé é derivado do aramaico *beth pagy*, que significa "casa de figos verdes", embora a tradução "casa de comer" também tenha sido sugerida, e o local seja mencionado várias vezes no Talmude. A cerca de 2 quilômetros ou menos a pé das muralhas orientais de Jerusalém, Betfagé estava no caminho de Betânia para Jerusalém.

A moderna aldeia de Al Tur provavelmente está situada sobre o local antigo, embora a aldeia vizinha de Abu Dis, mais ao sul e mais perto de Betânia, também tenha sido sugerida. Hoje, a Igreja de Betfagé está dentro dos limites do que se acredita ser a antiga Betfagé. Essa igreja foi construída sobre uma igreja do período das Cruzadas do século XII e, embora um piso de mosaico do período bizantino tenha sido descoberto no local proposto para Betfagé, não há nenhuma evidência arqueológica clara de uma igreja bizantina.

Os escritos de Epifânio Hagiopolita, do século VIII, em Jerusalém, parecem situar a vila de Betfagé nesse local, mas não mencionaram uma igreja ali. Descobertas ao redor da área da antiga Betfagé, incluindo cerâmica, moedas, túmulos, peças de ossuários, cisternas, piso de mosaico e um lagar bizantino, indicam que a vila foi provavelmente ocupada por volta do século II a. C. ao século VIII d. C. Embora nenhum edifício identificável do século I tenha sido escavado em Betfagé, sua localização a leste de Jerusalém e a ocupação durante a época de Jesus são conhecidas, fornecendo mais informações sobre a geografia e a cultura das narrativas do Evangelho.

No domingo anterior à crucificação, 9 de nissan (29 de março) de 33 d. C., Jesus de Nazaré aproximou-se de Jerusalém pelo leste, cruzou o Vale do Cédron e finalmente entrou no complexo do templo e na cidade pela Porta Oriental, também conhecida como Porta de Susã. Embora as opiniões tenham divergido sobre qual porta Jesus usou para entrar na cidade, uma vez que Marcos registra que "Jesus entrou em Jerusalém e entrou na área do templo" (Marcos 11,11), e essa entrada em Jerusalém e no templo só poderia ser feita pela Porta de Susã, esse parece ser o cenário mais provável. Foi até sugerido que Ezequiel aludiu à entrada de Deus pela Porta Oriental, que foi fechada e selada quando a cidade foi sitiada e depois destruída em 70 d. C. (Ezequiel 44,1-3).

O Vale do Cédron, os muros orientais de Jerusalém
e os muros de contenção do Monte do Templo.

Enquanto Jesus ia em direção à cidade montado em um jumento, o povo estendia mantos e galhos na estrada à sua frente enquanto gritava "Hosana", citando um Salmo e proclamando que Jesus era o rei, descendente de Davi e aquele enviado de Deus (Salmo 118,26). Essa entrada em Jerusalém montado num jumento ou jumentinho foi profetizada em Zacarias, depois citada por Mateus e João e aludida por Marcos e Lucas (Zacarias 9,9; Mateus 21,4-5; João 12,14-15; cf. Gênesis 49,11 para uma possível conexão).

Quanto à alegada discrepância sobre se Jesus montou um jumento, um jumentinho ou ambos, parece que Jesus instruiu os discípulos a obter tanto o jumento quanto seu jumentinho (um jumento jovem), então trouxeram ambos, mas Jesus montou apenas no jumentinho em cumprimento da profecia (Mateus 21,5-7; Marcos 11,7; Lucas 19,35; João 12,14-15). Parece que Mateus é o único Evangelho que registra os discípulos trazendo os dois animais, já que os outros relatos se concentram no jumentinho que Jesus montou.

A associação da unção de um rei de Israel com uma procissão em que o rei passa por cima das vestes que o povo colocou à sua frente, ao mesmo tempo que é proclamado rei ao som de trombetas, remonta a tradições realizadas no tempo de David e Salomão, que continuaram a ser repetidas durante o reino de Judá (1 Reis 1,33-34; 2 Reis 9,11-13).

A linguagem usada e as ações descritas na entrada triunfal de Jesus também trariam à mente registros de reis e conquistadores sendo recebidos nas cidades durante os períodos helenístico e romano inicial, incluindo o general espartano Brásidas, o general macedônio Apeles, Alexandre, *o Grande*, Antígono I Monoftalmo, Antíoco III, Judas Macabeu, Simão Macabeu, Cícero e Marco Agripa (Josefo, *Antiquities* e *Wars*; 1 Macabeus 4,19-25; 5,45-54; 13,51).

Isso se desenvolveu em um cortejo definido na época do Império e no século I. Na cultura romana antiga, um vencedor triunfante, conhecido como *vir triunfalis* ("homem do triunfo") entrava na cidade em um desfile de celebração vestindo uma coroa de louros e uma vestimenta púrpura, que o identificava com o real e o divino, enquanto cavalgava uma carruagem puxada por quatro cavalos, em alusão a *Sol*, o deus sol. Após entrar na cidade, o vencedor iria ao templo de Júpiter e faria um sacrifício em agradecimento aos deuses. Em Roma, essa procissão começaria no *Campus Martius* [Campo de Marte] fora dos limites da cidade, na margem ocidental do rio Tibre. Depois o vencedor entraria na cidade por uma porta triunfal, continuaria pelo *Circus Flaminius* [Circo Flamínio] perto do Monte Capitolino, seguiria pelo caminho triunfal em direção ao *Circus Maximus* [Circo Máximo], pela *Via Sacrum* [Via Sacra], entraria no Foro e depois iria até o Templo de Júpiter, no Monte Capitolino, onde o sacrifício era oferecido (Beard, *The Roman Triumph* ["O Triunfo Romano", em tradução livre]).

Na época do Império Romano e da vida de Jesus, os requisitos e o significado de uma entrada triunfal mudaram ligeiramente das suas raízes anteriores, que a associavam a um herói conquistador, à medida que se tornava ainda mais significativa e representativa de realeza e divindade. De acordo com a lista de Triunfos dos *Fasti Triumphales*[22], que termina com um triunfo em 19 a. C., na época de Augusto, o triunfo já havia passado a fazer parte do culto imperial, e somente o imperador poderia receber essa honra e reconhecimento como rei e divino (Cássio Dio, *Roman History*; Suetônio; Plínio).

Uma entrada triunfal romana de Tito,
retratada no Arco de Tito do século I d. C.

De forma comparável, Jesus iniciou a entrada triunfal fora dos limites de Jerusalém, em Betfagé, no Monte das Oliveiras, montou num jumento como os reis do antigo Israel, desceu a estrada para o vale do Cédrom, entrou na cidade pela Porta de Susã, depois foi ao templo onde o purificou de mercadores e cambistas. As semelhanças com o triunfo imperial romano e a antiga procissão da realeza israelita teriam sido óbvias para o observador informado.

Portanto, a entrada triunfal de Jesus teve significado e implicações para ambas as culturas de Israel e de Roma, pois Jesus realizou as tradições associadas tanto a um rei antigo, a um vencedor conquistador, como ao divino, tudo em uma única procissão. Embora isso pudesse ter sido visto como subversivo ou

---

22 Documento publicado em c. 12 d. C. que relata os triunfos romanos desde a fundação de Roma até o reinado de Augusto. Partes de suas inscrições estão preservadas nos Museus Capitolinos. Ver https://www.attalus.org/translate/fasti.html. (N. R.)

como uma reivindicação de realeza pelos romanos, aparentemente a procissão passou despercebida ou foi amplamente ignorada pelas autoridades romanas. Isso pode ter sido devido à natureza discreta da procissão em que Jesus montou um burro, sem coroa ou roupa púrpura, e foi notada principalmente por seus seguidores e alguns líderes religiosos oponentes.

Na verdade, um suposto rei montado num burro teria sido cômico para os romanos. Essa ridicularização de Jesus associada a um burro pelos pagãos romanos é exibida no Grafite de Alexamenos, encontrado gravado na parede de um edifício no Monte Palatino, em Roma.

Os principais sacerdotes, escribas e fariseus certamente observaram as aclamações do povo a Jesus como rei, pois ficaram surpresos e disseram a Jesus que repreendesse seus seguidores por essas declarações. Embora Jesus tenha entrado em Jerusalém como Rei, Deus e Messias, não foi recebido como tal pela maioria dos líderes religiosos, políticos e acadêmicos da cidade. Devido à rejeição, Jesus profetizou o destino de Jerusalém (Lucas 19,36-44). Em 70 d. C., Jerusalém foi destruída pelos romanos, e, por essa vitória, o general e futuro imperador Tito, juntamente com seu pai, o imperador Vespasiano, receberam uma celebração de triunfo com louvor e boas-vindas de toda a cidade quando retornaram a Roma no ano seguinte.

A PORTA DOURADA

A porta comumente chamada de Porta Dourada era uma característica arquitetônica proeminente no lado oriental do antigo complexo do templo de Jerusalém do século I, e foi provavelmente a porta pela qual Jesus entrou em Jerusalém e no templo durante a entrada triunfal (Mateus 21,10-12; Marcos 11,11; Lucas 19,37-46). De acordo com a Mishná, havia cinco portões externos ao redor do complexo do templo, mas apenas um no lado leste, chamada Porta Oriental, que tinha uma imagem da cidade de Shushan/Susã e era usada para acesso ao e do Monte das Oliveiras (Middoth 1.3; cf. Neemias 3,29). Essa representação de Susã na porta é a razão pela qual é frequentemente chamada de Porta de Shushan, em vez de seu nome mais antigo, Porta Oriental.

Visto que essa porta era a única no lado oriental do complexo do templo de Jerusalém durante o tempo de Jesus, e o profeta Ezequiel mencionou a Porta Oriental como aquela pela qual Deus entra no templo (Ezequiel 44:1-3), a geografia e a associação divina parecem apontar para a Porta Dourada como o ponto de entrada usado por Jesus.

O nome popular Porta Dourada remonta a um apelido que começou a ser usado no período cristão bizantino. Como o latim *aurea* ("dourado") e o grego *horaios* ("belo") soam semelhantes, a Porta Oriental era frequentemente equiparada à Porta Formosa mencionada em Atos 3,2. Mas a Porta Formosa era a Porta de Nicanor, também chamada de Porta de Corinto, dentro do verdadeiro complexo do templo, de acordo com Josefo e com a Mishná (Josefo, *Wars* 5.201-206; Middoth 1.4). Essa era uma porta enorme entre o pátio do templo e o Pátio das Mulheres ou Pátio das Nações, em vez da Porta Oriental no lado leste do Monte do Templo. Josefo descreveu essa Porta de Nicanor como feita de bronze, com 22 metros de altura e 18 metros de largura, o que torna a descrição "formosa" apropriada.

Embora a Porta Dourada possa ser vista hoje, essa não é a mesma Porta Dourada ou Porta Oriental pela qual Jesus passou em 33 d. C. A porta atual foi construída no século VI ou VII d. C. A porta parece aparecer no mapa de Madaba, sugerindo que foi reconstruída no período bizantino, talvez antes de os persas tomarem Jerusalém em 614 d. C. ou logo depois. O imperador bizantino Heráclio (c. 575-641) supostamente entrou em Jerusalém pela Porta Dourada, embora pudesse ter usado a Porta de Estêvão, que fica no lado nordeste da cidade e teria fornecido acesso mais direto à Igreja do Santo Sepulcro.

A Porta Oriental ainda estava em ruínas no século VI e parece ter sido reconstruída no final do século VI ou VII, então talvez o imperador tenha caminhado pelas ruínas da porta (Peregrino de Piacenza). Foi selada várias vezes, desde a destruição de Jerusalém em 70 d. C. até a reconstrução e selamento da porta pelo sultão Suleiman (1494-1566) em 1541, e permanece nessa condição até hoje.

De acordo com uma breve investigação arqueológica, a atual Porta Dourada foi construída diretamente sobre as ruínas da antiga Porta Oriental ou Porta Dourada. Por acidente, o que parece ser ruínas da antiga Porta Oriental foi descoberto cerca de 2,5 metros abaixo da base da atual Porta Dourada e abaixo do que hoje é um cemitério islâmico. Mais especificamente, parte de um arco de um portão anterior foi revelado, e uma lâmpada a óleo do século I foi descoberta em frente às ruínas da porta, e foi sugerido, com base na descoberta, que provavelmente havia dois arcos, um norte e um sul, semelhantes ao projeto da estrutura da porta que atualmente se vê. No entanto, o nível do solo original da Porta Dourada estava provavelmente a mais de 9 metros abaixo do nível do solo atual, como evidenciado pela descoberta de um muro a leste do portão. Um grande muro, a cerca de 15 metros a leste da Porta Dourada, formava o que provavelmente era um muro para uma estrada que conduzia à Porta Dourada pelo leste, e pode ter sido construído no século II ou I a. C., antes da época de Herodes, *o Grande*, embora pudesse ter sido reparado durante o período romano ou bizantino.

A Porta Leste reconstruída, sob a qual as ruínas de uma porta anterior foram descobertas e identificadas como a possível Porta Dourada do século I.

Exatamente como era a Porta Dourada durante a época de Jesus é principalmente conjectura baseada em vestígios arquitetônicos limitados e paralelos de outras portas. As pedras em arco, que podem ter estado acima de um lintel horizontal, parecem ter sido lisas, como provavelmente também era o caso da Porta Dupla do século I, no lado sul do complexo do templo. Herodes ocasionalmente usava pedras alisadas em seus projetos de construção, como no mausoléu do Heródio, bem como na comumente conhecida técnica bosse (margens ou moldura ao redor da borda da face da pedra). A porta de Herodes Agripa II do século I d. C., na parede norte de Jerusalém, também utiliza uma estrutura arquitetônica semelhante e pedras alisadas, como as vistas nas fotografias dos restos subterrâneos da Porta Dourada.

Dentro da atual Porta Dourada, dois enormes postes de pedra podem ter feito originalmente parte da Porta Oriental desde o século I. Embora a forma e o tamanho exatos da Porta Oriental da época de Jesus não sejam conhecidos, a porta existia aproximadamente onde hoje está a Porta Dourada atual e servia como ponto de entrada em Jerusalém, e no complexo do templo do leste, que Jesus teria usado na conclusão da entrada triunfal.

O QUARTO SUPERIOR

O quarto superior mencionado nos Evangelhos é o nome típico dado ao local onde ocorreu a Última Ceia de Jesus (Marcos 14:12-16; Lucas 22:7-13). Também é conhecido como cenáculo da palavra latina *cenaculum*, que significa "quarto superior", e foi adotado da Vulgata Latina. Nos Evangelhos, a palavra usada para descrever o quarto geralmente se refere a um andar superior de uma casa, o que geralmente não deixava vestígios arqueológicos discerníveis.

O local tradicional do cenáculo ou Quarto Superior fica próximo ao topo do Monte Sião, na parte sudoeste da antiga Jerusalém. A evidência estrutural para a localização precisa é circunstancial, mas tem sido aceita pelo menos desde o século IV d. C., quando uma igreja foi construída por Teodósio I, adjacente à Igreja dos Apóstolos no Monte Sião original. Textos anteriores sugerem a tradição de uma reunião da igreja no edifício que remonta ao século I, já que os escritores mencionam uma igreja cenáculo no Monte Sião que existia durante a época do imperador Adriano, c. 130 d. C., a qual, por sua vez, supostamente se originou de uma igreja doméstica do século I – talvez até mesmo a casa que continha o Quarto Superior (Cirilo de Jerusalém; Epifânio, *Treatise on Weights and Measures* ["Tratado sobre Pesos e Medidas", em tradução livre]; *Itinerarium Egeriae*).

De acordo com essas fontes antigas, o edifício aparentemente sobreviveu à destruição de 70 d. C. e continuou a ser usado como igreja no período bizantino, embora tenha sido provavelmente abandonado por vários anos quando os cristãos deixaram temporariamente Jerusalém durante a revolta (Eusébio, *Historia Ecclesiae*). Ainda que o edifício identificado no século IV não seja a localização exata do Quarto Superior, ele provavelmente encontrava-se nas imediações, além disso vestígios arquitetônicos do século I foram encontrados por baixo das ruínas da igreja posterior os quais verificam a presença de um edifício do tempo de Jesus e dos discípulos. A orientação do edifício aponta para a Igreja do Santo Sepulcro, e uma igreja nesse local está representada no mosaico Pudenziana do século IV, no mosaico de Santa Maria Maggiore do século V e no mapa de Madaba do século VI, com a obra de arte parecendo mostrar a antiga igreja doméstica e o antigo Quarto Superior adjacente à igreja bizantina.

Para os primeiros cristãos, os quartos dentro das casas tornaram-se algumas das primeiras igrejas ou locais de encontro devido à falta de quaisquer edifícios reais designados para esse fim. O layout arquitetônico permitiu que muitas pessoas se reunissem em uma grande sala, como a casa de Maria em Jerusalém, que era grande o suficiente para que muitas pessoas se reunissem (Atos 12,12-14). Na Judeia do século I, muitas casas tinham um andar superior que servia como espaço de convivência, locais de reunião ou quartos e era acessado por uma escadinha presa a uma parede ou por uma escada.

Interior do tradicional local do Quarto Superior com arquitetura de diversas épocas.

Grandes casas decorativas ou mansões com vários andares, correspondentes à descrição do Quarto Superior, foram descobertas na área do sudoeste de Jerusalém, onde se localizava um bairro rico. A vizinha Casa Queimada, que data de antes da destruição de Jerusalém em 70 d. C., é uma mansão maravilhosamente preservada que incluía afrescos nas paredes, pisos de mosaico colorido, banheiras e banhos rituais. Um pouco a noroeste, no Bairro Armênio, a "casa de Caifás", no Monte Sião, é outro exemplo de residência do século I que parece pertencer a uma rica família sacerdotal, embora a sua identificação com Caifás seja especulativa. Um pouco ao sul e fora das atuais muralhas da Cidade Velha, as escavações descobriram restos de uma terceira grande mansão do século I.

Com base nos vestígios de edifícios semelhantes, a casa que contém o Quarto Superior teria sido construída essencialmente em pedra calcária, com chão em mosaico, paredes rebocadas que poderiam ter sido pintadas, janelas altas e provavelmente uma casa de banho e banho ritual. Embora não possamos ver as ruínas reais do Quarto Superior, podemos identificar a sua provável localização e ter uma ideia do seu aspecto com base em paralelos arquitetônicos.

O JARDIM DO GETSÊMANI

Do outro lado do Vale do Cédrom, a leste de Jerusalém, na encosta inferior do Monte das Oliveiras, havia um lugar chamado Getsêmani, que tem sido lembrado em conexão com Jesus há mais de 2 mil anos (Mateus 26,36; Marcos 14,32; Lucas 22,39-40; João 18,1). Mateus e Marcos dão o nome de Getsêmani, enquanto João especifica que era um jardim ou pomar. Lucas registrou os eventos que ocorreram no Getsêmani, mas apenas mencionou que ocorreram no Monte das Oliveiras.

O nome Getsêmani é aramaico, de *gat shemane* que significa "prensa de óleo", embora a versão hebraica do nome seja quase idêntica. Esse pomar aparentemente continha oliveiras das quais as azeitonas eram colhidas e depois transformadas em azeite, e ainda hoje muitas oliveiras antigas ainda existem na área geral. No entanto, de acordo com testes recentes, as mais antigas dessas árvores têm cerca de mil anos, com a possibilidade de terem voltado a crescer a partir de raízes de árvores séculos depois.

Todas as árvores do Getsêmani da época de Jesus foram provavelmente cortadas com o resto das árvores ao redor de Jerusalém para uso durante o cerco romano à cidade em 70 d. C., enquanto as árvores que cresceram novamente após o século I provavelmente também foram cortadas ou queimadas durante ataques posteriores à cidade (Josefo, *Wars* 5.522-523).

O antigo Jardim do Getsêmani estava localizado na encosta inferior noroeste do Monte das Oliveiras, embora a localização exata dos acontecimentos nos Evangelhos não possa ser determinada a partir das fontes escritas do século IV (Eusébio, *Onomasticon*; Peregrino de Bordeaux, *Itinerarium Burdigalense*). O edifício atual no local, denominado Igreja de Todas as Nações, foi erguido sobre as ruínas de uma igreja bizantina do século IV construída para comemorar os acontecimentos da vida de Jesus ocorridos no Jardim do Getsêmani. A rocha agora dentro da igreja, mencionada pelo Peregrino de Bordeaux, por volta de 333 d. C., é supostamente o local onde Jesus rezou, embora isso seja conjectura. No entanto, um banho ritual do período romano foi descoberto em escavações sob a igreja moderna, indicando o uso da área por volta do século I, ao passo que, ao norte da igreja, um antigo lagar de azeite foi encontrado em uma caverna.

Jardim e ruínas antigas adjacentes à Igreja de Todas as Nações, no Getsêmani.

Na solidão do Getsêmani, à noite, Jesus orou ao Pai para que seu cálice passasse, mas estava pronto para executar o plano de Deus, por mais difícil ou doloroso que fosse (Mateus 26,36-46; Marcos 14,32-42; Lucas 22,39-46). Os acontecimentos nesse jardim podem ser contrastados com o Éden, onde

Adão cedeu à tentação, enquanto, no Getsêmani, Jesus Cristo prevaleceu sobre a tentação (Gênesis 3,6; Romanos 5,12-21; 1 Coríntios 15,20-22,45).

Jesus, ajoelhando-se, durante essa oração no jardim, também pode ter sido a origem da prática cristã da oração de joelhos, que mais tarde foi imitada por Pedro, Paulo e Lucas (Mateus 26,39; Marcos 14,35; Lucas 22,41; Atos 9,40; 20,36; 21,5).

Durante essa oração, o Evangelho de Lucas relata que Jesus estava tão dominado pela ansiedade que seu suor era "como gotas de sangue" (Lucas 22,44). Na medicina moderna, essa condição rara é chamada *hematidrosis* [hematidrose] – termo que se origina de duas palavras gregas, *haimatos* que significa "sangue" e *hidros* que significa "suor". O fenômeno pode ocorrer em situações de estresse extremo, como o tomar conhecimento da morte iminente, o que causa uma reação na qual os vasos sanguíneos capilares que alimentam as glândulas sudoríparas se rompem, misturando sangue com suor e criando um "suor de sangue". Embora seja uma ocorrência extremamente rara, a hematidrose era conhecida nos tempos antigos, pelo menos já na época de Aristóteles no século IV a. C., e também foi mencionada por Apolônio de Rodes, Teofrasto e Lucano (Aristóteles, *Historia Animalium* ["História dos Animais", em tradução livre] 3.19; Apolônio de Rodes). Sendo médico, é compreensível que Lucas fosse o único autor a incluir esse detalhe, e Lucas também especifica corretamente que, enquanto Jesus orava, seu suor tornou-se "como" ou "igual a" sangue, e não que fosse simplesmente e apenas sangue. Essa é uma distinção importante porque, segundo estudos médicos, a hematidrose causa uma mistura de sangue e suor, mas não é a transpiração de sangue puro. Embora vários manuscritos antigos omitam a oração e o suor de sangue registrados no Evangelho de Lucas, alguns dos primeiros manuscritos do Evangelho também incluem a seção, e a análise indica que a seção foi removida propositalmente devido a variações teológicas, provavelmente pelos marcionitas.

O Getsêmani era um lugar real fora da Jerusalém do século I d. C. que tinha um jardim ou pomar incluindo oliveiras, era o local onde Jesus orava para que a vontade do Pai fosse feita e é onde Jesus foi preso pelos líderes religiosos. Graças às descrições dos Evangelhos, aos escritos da Igreja Primitiva e a uma igreja bizantina que preserva a memória do local, a área ainda pode ser identificada quase dois milênios depois desses acontecimentos.

A TRAIÇÃO DE JUDAS ISCARIOTES

Judas Iscariotes, o discípulo famoso por trair Jesus, cuidava da caixa de dinheiro para o grupo e foi lembrado por João como um ladrão egoísta que roubava do tesouro (João 12,4-6). Esse amor ao dinheiro e egoísmo foi demonstrado sobretudo quando Judas aceitou o pagamento dos principais sacerdotes, certamente incluindo Anás e Caifás, em troca de conduzi-los a Jesus e identificá-lo para que pudessem prendê-lo (Mateus 26,14-16; Marcos 14,10-11; Lucas 22,4-6). O pagamento, trinta moedas de prata de denominação não especificada, teria sido equivalente a, pelo menos, um mês de salário, mas, talvez, significativamente mais. O tipo de moeda referida como "trinta moedas de prata" pagas a Judas pelos sacerdotes era provavelmente o siclo de Tiro, embora várias denominações de moedas de prata, como a dracma e o denário, também circulassem por toda a região do Mediterrâneo Oriental no século I (Lucas 15:8). Se essas moedas fossem siclos de Tiro, seria uma quantia substancial para um plebeu, mas certamente não se trataria de uma fortuna.

Na noite anterior à crucificação, Judas conduziu os principais sacerdotes, escribas, anciãos e seus guardas até Jesus, no Jardim do Getsêmani, onde eles o prenderam (Mateus 26,47-50; Marcos 14,43-46; Lucas 22,47-54; João 18,2-12). Na manhã seguinte, depois que o Sinédrio decidiu executar Jesus e depois entregá-lo a Pilatos, Judas sentiu remorso pela traição e decidiu devolver as trinta moedas de prata, reconhecendo seu pecado e traição, jogando a prata no interior do templo (Mateus 27,1-3). Os principais sacerdotes, observando que era contra a Lei colocar a sua prata no tesouro do templo, porque era dinheiro de sangue, em vez disso compraram o Campo do Oleiro como local de sepultamento para estrangeiros (Mateus 27,6-8).

Esse campo, comumente conhecido como Akeldama [Aceldama] de *haqel dama* ("campo de sangue") em aramaico, está localizado ao sul da antiga Jerusalém e também aparece no mapa de Madaba do século VI (Atos 1,19). Escavações arqueológicas demonstraram que o campo se tornou um cemitério para estrangeiros no período romano, de acordo com a afirmação de Mateus sobre ser esse o novo uso do campo a partir do século I d. C.

Nessa área, na intersecção dos vales do Cédron e Hinom, túmulos foram escavados na rocha calcária. A análise arqueológica desses túmulos, incluindo testes de radiocarbono, mostrou que o local não foi utilizado para sepultamentos até meados do século I d. C. As investigações também descobriram inscrições em grego e aramaico que deram pistas sobre a identidade do falecido, incluindo "Ariston de Apamea", e um túmulo da família "Eros" da Síria, demonstrando que o campo foi de fato usado para túmulos e sepultamentos de pessoas que vieram de fora da Judeia.

Um túmulo primorosamente decorado identificado como o possível Túmulo de Anás localizado em Aceldama, perto do Túmulo do Sudário.

Outra descoberta de túmulo particularmente significativa em Aceldama revelou não apenas o esqueleto de um homem que sofria de tuberculose e lepra (*Mycobacterium leprae*), mas também restos de sua mortalha[23]. Devido a essa descoberta, o túmulo foi designado Túmulo do Sudário. Embora os leprosos sejam mencionados nos três Evangelhos sinópticos, essa foi a primeira evidência arqueológica da existência de lepra em Jerusalém e na Judeia na época de Jesus (Mateus 8,1-3; Marcos 1,40-42; Lucas 5,12-13).

---

23 Embora mortalha e sudário sejam sinônimos, em português, certos contextos empregam com mais frequência o termo sudário especialmente quando fazem referência à mortalha supostamente usada em Jesus. O emprego do termo, ao ser traduzido, observa essa convenção de uso. (N. T.)

BIBLIOGRAFIA SELECIONADA
(CAPÍTULO 6)

ARNDT, W., GINGRICH, F. W., DANKER, F. W. e BAUER, W. *A Greek-English Lexicon of the New Testament and Other Early Christian Literature*. Chicago: University of Chicago Press, 1996.

AVNI, Gideon e GREENHUT, Zvi. *The Akeldama Tombs: Three Burial Caves in the Kidron Valley, Jerusalem*. Jerusalem: IAA, 1996.

BOTHA, Pieter. "Houses in the World of Jesus". *Neotestamentica* 32, n° 1, 1998.

BROWN, Francis *et al*. *Enhanced Brown-Driver-Briggs Hebrew and English Lexicon*. Oak Harbor, WA: Logos, 2000.

CAPPER, Brian. "Essene Community Houses". *Jesus and Archaeology*, ed. James Charlesworth. Grand Rapids: Eerdmans, 2006.

CHEN, Doron. "On the Golden Gate in Jerusalem and the Baptistery at Emmaus--Nicopolis". *Zeitschrift des Deutschen Palästina-Vereins* 97, 1981.

CLERMONT-GANNEAU, Charles. *Archaeological Researches in Palestine*. London: Palestine Exploration Fund, 1899.

CLIVAZ, Claire. "The Angel and the Sweat Like 'Drops of Blood' (Lk 22:43-44): P69 and f13". *Harvard Theological Review* 98, 2006.

COAKLEY, J. F. "Jesus' Messianic Entry into Jerusalem". *Journal of Theological Studies* 46, n° 2, 1995.

DEBLOOIS, Nancy. "Coins in the New Testament". *BYU Studies Quarterly* 36, 1996.

DUFF, Paul. "The March of the Divine Warrior and the Advent of the Greco-Roman King". *Journal of Biblical Literature* 111, 1992.

EVANS, Craig. *Jesus and the Manuscripts*. Peabody, MA: Hendrickson, 2020.

FELSENTHAL, B. "Additional Aramaic Words in the New Testament". *Hebraica* 1, n° 3, 1885.

FLEMING, James. "The Undiscovered Gate Beneath Jerusalem's Golden Gate". *Biblical Archaeology Review* 9:1, 1983.

HESEMANN, Michael. *Jesus of Nazareth: Archaeologists Retracing the Footsteps of Christ*. San Francisco: Ignatius, 2021.

HOLOUBEK, J. E. e HOLOUBEK, A. B. "Blood, Sweat and Fear: A Classification of Hematidrosis". *Journal of Medicine* 27, 1996.

KERESZTES, Paul. "The Emperor Antoninus Pius and the Christians". *Journal of Ecclesiastical History* 22, 1971.

KINMAN, Brent. "Parousia, Jesus' 'A-Triumphal' Entry, and the Fate of Jerusalem". *Journal of Biblical Literature* 118, n° 2, 1999.

LIDDELL *et al*. *A Greek-English Lexicon*. Oxford: Clarendon, 1996.

MAGNESS, Jodi. "Ossuaries and the Burials of Jesus and James". *Journal of Biblical Literature* 124, 2005.

MATHESON, Carney D. *et al*. *Molecular Exploration of the First-Century Tomb of the Shroud in Akeldama, Jerusalem*. PLOS One, 2009; 4 (12): e8319.

MCRAY, John. *Archaeology and the New Testament*. Grand Rapids: Baker Academic, 1991.

MEYERS, Eric e CHANCEY, Mark. *Alexander to Constantine: Archaeology of the Land of the Bible, Volume 3*. New Haven, CT: Yale, 2012.

MURPHEY-O'CONNOR, Jerome. "The Cenacle and Community: The Background of Acts 2:44-45". Coogan *et al*. eds. *Scripture and Other Artifacts*. Louisville: Westminster John Knox, 1994.

NAVEH, Joseph. "Nameless People". *Israel Exploration Journal* 40, 1990.

NEGEV, Avraham e GIBSON, Shimon, eds. *Archaeological Encyclopedia of the Holy Land*. New York: Bloomsbury Academic, 2003.

PETERSEN, Joan. "House-Churches in Rome". *Vigiliae Christianae* 23, n° 4, 1969.

PIXNER, Bargil. "The Church of the Apostles Found on Mount Zion". *Biblical Archaeology Review* 16:3, 1990.

_____. "Mount Zion, Jesus, and Archaeology". *Jesus and Archaeology*, ed. James Charlesworth. Grand Rapids: Eerdmans, 2006.

SALLER, Sylvester. *Excavations at Bethany (1949-1953)*. Jerusalem: Franciscan, 1957.

SALLER, Sylvester e TESTA, Emmanuele. *The Archaeological Setting of the Shrine of Bethphage*. Jerusalem: Franciscan, 1961.

STRIPLING, Scott. "Have We Walked in the Footsteps of Jesus?". *Bible and Spade* 27.4, 2014.

TSAFRIR, Yoram. "The 'Massive Wall' East of the Golden Gate, Jerusalem". *Israel Exploration Journal* 40, 1990.

WELCH, John. "Miracles, Maleficium, and Maiestas in the Trial of Jesus". *Jesus and Archaeology*, ed. James Charlesworth. Grand Rapids: Eerdmans, 2006.

Capítulo 7

O JULGAMENTO E A CRUCIFICAÇÃO DE JESUS

〜 ⋙⋘ ✕ ✛ ✕ ⋙⋘ 〜

Em Nissan de 33 d. C., após a traição de Judas Iscariotes e a prisão no Jardim do Getsêmani à noite, Jesus foi levado a uma série de julgamentos informais e formais diante dos sumos sacerdotes, do Sinédrio e do prefeito romano da Judeia, incluindo os líderes Anás, Caifás, Herodes Antipas e Pôncio Pilatos (Mateus 26,57-68; 27,11-26; Marcos 14,53-65; 15,1-15; Lucas 22,66-23,25; João 18,12-19,16).

O JULGAMENTO DE JESUS

Esse julgamento começou quando Jesus foi levado perante os líderes religiosos do judaísmo, incluindo o antigo sumo sacerdote Anás, para responder a várias acusações que incluíam a sua previsão de que "este templo" seria destruído, feitiçaria ou milagres e blasfêmia ou apostasia. O Talmude babilônico também pode conter referência a um documento contemporâneo sobre Jesus e o motivo de seu julgamento. Uma seção registrou uma acusação contra Yeshu, *o Nazareno*, que prescrevia o apedrejamento por sua prática de feitiçaria e incitação de Israel à apostasia, solicitava que qualquer pessoa com informações sobre sua localização contasse ao Sinédrio, em Jerusalém, e afirmava que foi enforcado na véspera da Páscoa (Tracate Sinédrio 43a; cf. Deuteronômio 18,10-14 e Levítico 19,26-31; 20,27). Da mesma forma, Trifão, *o Judeu*, registrou que Jesus foi executado como um suposto feiticeiro e sedutor do povo, de acordo com os escritos do século II de Justino Mártir, um politeísta romano que se converteu ao cristianismo (Justino Mártir, *Dialogue with Trypho* 69).

O primeiro encontro foi com Anás, um antigo sumo sacerdote que ainda detinha considerável influência e que era sogro de Caifás, o sumo sacerdote interino (João 18,12-24). Essa aparição diante de Anás, em sua mansão sacerdotal, pode ter ocorrido no mesmo complexo palaciano em que vivia Caifás, compartilhado pela família. Após um breve interrogatório, Jesus foi levado a Caifás (Mateus 26,57; Lucas 22,66). De acordo com fontes do século I, José, filho de Caifás, era o nome completo desse sumo sacerdote (Josefo, *Antiquities* 18.34-35). Embora a localização da "Casa de Caifás", e possivelmente da casa de Anás, não tenha sido definitivamente identificada, existem vestígios de mansões sacerdotais do século I na área sudoeste da antiga Jerusalém que poderiam ter sido a casa de Caifás ou, pelo menos, terem servido de exemplo de como era aquela residência. Os sítios, localizados no Monte Sião e perto do antigo palácio de Herodes, incluem elaborados vestígios de mansões sacerdotais do século I d. C., além das ruínas de uma casa no Monte Sião com banhos rituais, porões preservados, artefatos rituais como jarros de purificação de pedra e tigelas, e até mesmo uma taça ritual com a inscrição contendo o nome Yahweh e talvez música e letras cantadas pelos sacerdotes.

Além disso, escavações no Bairro Judeu da Cidade Velha de Jerusalém, também conhecido como Bairro Herodiano, revelaram uma impressionante mansão sacerdotal do século I d. C. com pisos decorativos em mosaico, afrescos nas paredes, banhos rituais de purificação, vasos rituais e até uma inscrição em aramaico "filho de Kathros" encontrado em um peso de pedra. As descobertas ali atestam a presença de uma residência ampla e ornamentada, ocupada por uma família sacerdotal. A "casa de Kathros" foi mencionada no Talmude como sendo uma família de um sumo sacerdote (Pesahim 57a).

Essa mansão também é conhecida como "Casa Queimada", porque foi encontrada destruída por um incêndio. Pode ser significativo que o palácio do sumo sacerdote Anás tenha sido queimado junto com o palácio de Agripa e Berenice (Josefo, *Wars* 2.426). A localização, a decoração, os banhos e vasos rituais, a associação com uma família sacerdotal e o seu incêndio no século I sugerem uma possível identificação com a casa do sumo sacerdote Anás, que pode ter sido a mesma casa ou conjunto habitacional do seu genro Caifás.

Embora não se saiba definitivamente quem viveu nessas casas sacerdotais durante o julgamento de Jesus, é possível que uma delas tenha sido a casa de Caifás ou de Anás. Descobertas arqueológicas como o túmulo da família Caifás e de três ossuários inscritos, juntamente com registros antigos, também demonstram que o sumo sacerdote José Caifás, que desempenhou um papel fundamental na condenação de Jesus à morte por crucificação, foi uma pessoa proeminente na Jerusalém do século I d. C. e o sumo sacerdote interino do judaísmo de 18 a 36 d. C. (Josefo, *Antiquities* 18.34-35; Mateus 26,3-4; Lucas 3,2; João 18,24). A menção de Anás nos registros de Josefo e a possível identificação do túmulo da família de Anás na área de Aceldama também coincidem com as informações dos Evangelhos e ampliam nosso conhecimento sobre a vida e os tempos de Jesus.

Uma mansão sacerdotal do século I d. C. em Jerusalém destruída em 70 d. C., onde uma inscrição da família do sumo sacerdote Kathros foi encontrada.

Terminados os interrogatórios de Anás e Caifás, Jesus foi conduzido à assembleia do Sinédrio após o nascer do sol. De acordo com o Talmude, em 30 d. C., o local de reunião do Sinédrio havia sido mudado para o Salão das Pedras Lavradas no Monte do Templo, que pode ter sido localizado no lado norte ou, mais provavelmente, dentro da Estoa Real, no lado sul do complexo do templo, perto da entrada principal do Monte do Templo (Talmud Shabat 15a; Babylonian Talmud Sanhedrin 88b). Embora a localização exata desse edifício seja especulativa, existem áreas no lado sul que poderiam ter acomodado o local de encontro, e as reconstruções, muitas vezes, colocam o edifício nesse local.

Nessa reunião do Sinédrio, os líderes religiosos do judaísmo podem ter sido convencidos de que Jesus devia ser executado, mas, em última instância, foi necessário que o prefeito romano da província tomasse a decisão final sobre a pena capital, uma vez que o Sinédrio tinha perdido autoridade para impor penas de morte quando Roma assumiu o controle direto da Judeia em 6 d. C. (Josefo, *Antiquities* 18.2).

Provável localização do local de reunião do Sinédrio,
no lado sul do complexo do templo de Jerusalém.

No ano seguinte à crucificação de Jesus, Estêvão foi apedrejado ilegalmente por uma multidão enfurecida (Atos 6,8-7:60), e, décadas depois, por volta de 62 d. C., quando Tiago foi apedrejado por ordem do sumo sacerdote Ananus, o procurador romano removeu Ananus do cargo por exceder sua autoridade (Josefo, *Antiquities* 20.9). A única pena capital religiosa que os romanos permitiam na Judeia era a execução de estrangeiros que violassem a área sagrada do templo (Josefo, *Wars* 6.2).

Ao mesmo tempo, de manhã cedo, quando o Sinédrio discutia entre si o destino de Jesus, todos os quatro Evangelhos relatam que Pedro ouviu o "canto do galo" (Mateus 26,31-75; Marcos 14,27-72; Lucas 22,31-62; João 18,15-27). Durante escavações em Jerusalém, no canto sudoeste do muro de contenção do Monte do Templo, um fragmento de calcário finamente trabalhado com uma inscrição do século I d. C. foi descoberto nos escombros, resultado da destruição de Jerusalém e do templo em 70 d. C. O artefato preservado tem cerca de 84 centímetros de comprimento e foi inscrito com um antigo texto hebraico. Embora, pelo menos, uma palavra adicional provavelmente estivesse presente, o texto quebrado pode ser traduzido como "para o lugar da trombeta declarar [...]" (IAA 78-1439).

O comandante judeu que se tornou historiador oficial do Império Romano, Josefo, escreveu que, num ponto alto do complexo do templo em Jerusalém, um dos sacerdotes tocava uma trombeta para anunciar o início e o fim do sábado e de outros momentos importantes (Josefo, *Wars* 4.9.12). Esse toque de trombeta ocorria no século I, antes da destruição do templo em 70 d. C., ponto em que cessou. Todos os quatro Evangelhos afirmam que Pedro negou Jesus três vezes e então o "galo" tocou na madrugada do sábado. Embora muitas traduções em inglês traduzam esta frase como o "canto do galo", a palavra grega *alektor* também foi usada metaforicamente para designar um trompetista nos tempos antigos, e os escritores dos Evangelhos provavelmente se referiam a um trompetista e ao som da trombeta vindo do canto sudoeste do complexo do templo. Também é indicativo que esse "canto do galo" tenha sido o toque de trombeta ouvido em toda Jerusalém porque Mateus, Pedro, João e as testemunhas oculares usadas por Lucas sabiam exatamente quando o toque da trombeta ocorreu e registraram que aconteceu no início da manhã, antes de Jesus ser levado para Pilatos.

Por fim, Jesus foi levado amarrado ao prefeito romano Pôncio Pilatos, que queria evitar as consequências de irritar a liderança religiosa da Judeia, o que colocaria em perigo a sua posição política e o favorecimento do imperador Tibério. Quando Pilatos foi nomeado prefeito da província da Judeia, Tibério era imperador, mas Lúcio Élio Sejano (20 a. C.-41 d. C.), comandante da guarda pretoriana, acabou acumulando tanto poder e influência que governou efetivamente o Império enquanto Tibério vivia na ilha de Capri (Suetônio, *Vida de Tibério* 65). Como essa ascensão ao poder ocorreu pouco antes de Pilatos ser enviado à província da Judeia, Pilatos pode ter sido nomeado prefeito por Sejano, em vez do imperador Tibério (Fílon de Alexandria, *Embassy to Gaius* 159-160).

A inscrição "lugar de trombeta" no canto sudoeste do Monte do Templo.

Depois de uma série de eventos que colocaram Pilatos em conflito com muitos dos judeus, as coisas ficaram ainda mais complicadas quando Sejano foi acusado de uma conspiração em outubro de 31 d. C. e, posteriormente, seguido pela prisão e execução de muitos de seus associados, tornando agora Pilatos diretamente responsável perante um imperador que procurava livrar-se ele mesmo dos inimigos (Josefo, *Antiquities* 18.181-182; Juvenal, *Satire* 10.67-72; Dio, *Roman History* 58.9-11). Moedas raras de Sejano, emitidas em Augusta Bilbilis da Hispânia, em 31 d. C., demonstram a extensão do seu poder e a sua queda drástica, já que muitas das moedas sobreviventes têm o seu nome riscado de acordo com a ordem da *danatio memoriae* (condenação da memória) pelo Senado.

O julgamento de Jesus ocorreu cerca de dezoito meses após essa mudança drástica. Como Pilatos já havia irritado os judeus em diversas ocasiões, e pode ter tido uma associação com Sejano, encontrava-se em uma posição muito delicada, a qual exigia que permanecesse nas boas graças do imperador, para não ser exilado ou mesmo executado. Assim, quando os judeus disseram a Pilatos que, se libertasse Jesus, não seria "amigo de César", Pilatos entendeu isso claramente que como uma ameaça a fim de destruir seu favor político com Tibério e pôr em perigo não apenas sua carreira, mas sua vida (João 19,12-13). Embora Josefo e Fílon descrevam Pilatos como um líder cruel e forte, em vez de um tanto fraco e complacente, como retratado nas narrativas de julgamento dos Evangelhos, essa mudança de atitude é compreensível quando se entende a situação (cf. Lucas 13,1).

Em vez de tomar uma decisão rápida, Pilatos enviou Jesus a Herodes Antipas, o governante local da Galileia (Lucas 23,6-12). Antipas, que teria ficado temporariamente em algum lugar de Jerusalém para a festa da Páscoa, não tinha jurisdição sobre a área de Jerusalém, mas Pilatos pode ter esperado escapar da responsabilidade de lidar com essa situação explosiva de Jesus.

Herodes Antipas, *o Tetrarca*, nomeado como um dos governantes que herdou uma parte do reino após a morte de Herodes, *o Grande*, é conhecido por moedas, pelos escritos de Josefo e por uma alusão nos escritos de Fílon (Josefo, *Antiquities* 18.111-137; Fílon de Alexandria, *Embassy to Gaius* 300; Lucas 3,1). Jesus foi levado a esse governante específico porque Herodes Antipas presidia a Galileia, e Pilatos soube que Jesus era da Galileia. Tal como os outros responsáveis envolvidos no julgamento de Jesus, o tetrarca Herodes Antipas é firmemente atestado como governante local da Galileia durante o tempo de Jesus, e o seu breve envolvimento no julgamento de Jesus é perfeitamente lógico. No entanto, Antipas não recebeu respostas de Jesus e parecia completamente desinteressado em condená-lo, apenas zombando dele antes de mandá-lo de volta a Pilatos, que teria que decidir se Jesus merecia ou não a morte.

Pôncio Pilatos, o prefeito romano da província da Judeia de 26 a 36 d. C., é mencionado inúmeras vezes por escritores antigos do período romano. Cunhou moedas durante seu tempo na Judeia e encomendou uma inscrição monumental em pedra para o imperador Tibério, a qual sobreviveu aos séculos em Cesareia. Um anel com seu nome foi encontrado até mesmo em escavações no Heródio. Os historiadores romanos mencionaram Pilatos como o governador da Judeia no reinado de Tibério e relataram eventos como os escudos de ouro que ele havia colocado em Jerusalém ou o uso do tesouro do templo para construir um aqueduto, o que irritou muitos dos judeus (Tácito, *Annals* 15,44; Josefo, *Antiquities* 18,55 e *Wars* 2,169; Fílon de Alexandria, *Embassy to Gaius* 299).

O julgamento de Jesus perante Pilatos ocorreu num lugar chamado pretório, enquanto Jesus estava no pavimento de pedra, e Pilatos estava situado no bema ou cadeira de julgamento (João 19,8-13). Todas as narrativas evangélicas afirmam que o julgamento ocorreu em Jerusalém, mas João registrou detalhes adicionais.

O pretório era a residência do governador romano e, no caso da província da Judeia, havia um pretório tanto em Cesareia (capital romana) quanto em Jerusalém devido à importância de manter a presença romana no centro do culto ao judaísmo. A estrutura recebeu o seu nome do uso romano anterior, referindo-se ao local onde residia um comandante. De acordo com a documentação do período romano, o local onde Gésio Floro residia antes da guerra e onde Pôncio Pilatos vivia enquanto estava em Jerusalém – a residência do governador ou pretório – ficava no antigo palácio de Herodes, *o Grande*, localizado no extremo oeste das atuais antigas muralhas da cidade de Jerusalém (Fílon de Alexandria, *Embassy to Gaius*; Josefo, *Wars* 2.14.8 e *Antiquities* 15.8.5).

Ruínas do pretório romano de Jerusalém.

Parte dessa área foi escavada, embora muitos dos vestígios do período romano tenham sido destruídos em períodos subsequentes. O Pavimento de Pedra (do grego *lithostrotos*) era um local pavimentado com blocos planos de pedra, como uma rua ou pátio. De acordo com o Evangelho de João (19,13), a designação aramaica para esse Pavimento era *Gabbatha*, que significa "altura, lugar elevado ou cume", e, portanto, oferece um detalhe adicional descrevendo como este Pavimento de Pedra estava situado sobre uma plataforma elevada. Escavações revelaram uma grande plataforma de pedra que parece ter feito parte do palácio de Herodes em Jerusalém, depois reutilizada pelos romanos no pretório. Essa plataforma elevada de pedra com muitas pedras de pavimentação ainda existentes parece ser a localização da Gabbatha no pretório (Marcos 15,16). Embora muitos não tenham conhecimento da sua existência ou significado, uma seção do Pavimento de Pedra do pátio do pretório em Jerusalém foi descoberta durante escavações, depois de ter sido coberta por sujeira e detritos durante séculos.

Gabbatha, o "pavimento de pedra" e o bema no pretório.

A cadeira de julgamento, ou bema, é outra característica arquitetônica mencionada no contexto do pretório de Jerusalém e do julgamento de Jesus. Um bema normalmente também era uma plataforma elevada e, em seu sentido básico, significa "degrau", embora seja frequentemente traduzido como "cadeira de julgamento". Uma tradução mais precisa referindo-se à sua forma e função específicas é tribunal ou "banco" judicial. Teve sua origem na Grécia e foi usado tanto por oradores quanto por tribunais, mas mais tarde foi adotado em todo o mundo romano.

A forma como o bema no pretório de Jerusalém é descrito indica que estava localizado no Pavimento de Pedra ou Gabbatha, mas era uma característica distinta, sugerindo que o próprio bema era um degrau ou plataforma menor elevada no Gabbatha (João 19,13). A análise da arquitetura descoberta nas escavações mostra que o próprio bema também foi provavelmente descoberto entre as ruínas do pretório. Significativamente, o bema em Gabbatha e no pretório foi onde Pilatos pronunciou sua decisão de permitir que Jesus fosse crucificado, e os historiadores romanos oficiais Josefo e Tácito registraram que Jesus foi condenado por Pilatos a ser crucificado na Judeia durante o reinado de Tibério. (Josefo, *Antiquities* 18:63-64; Tácito, *Annals* 15:44).

Jesus, o personagem central nas narrativas do julgamento, é mencionado por vários escritores dos séculos I e II, incluindo Josefo, Tácito, Celso, Justino Mártir, Plínio, *o Jovem*, Suetônio e Luciano. Além disso, Jesus pode até ser atestado por uma inscrição num ossuário em Jerusalém, datada apenas de décadas após o julgamento. Um polêmico, mas importante, ossuário do século I d. C., ou caixa de ossos, datado de antes de 70 d. C., contém uma inscrição mencionando Jesus como irmão do falecido Tiago, filho de José. Em um dos lados longos desse ossuário estava inscrito em aramaico, traduzido como "Tiago, filho de José, irmão de Jesus". Do final do século I a. C. até 70 d. C., na Judeia e na Galileia, era popular o uso de uma caixa de pedra esculpida chamada ossuário, na qual os ossos do falecido eram armazenados e depois colocados dentro de um túmulo. Aproximadamente 25% dos cerca de mil ossuários desse período e região possuem inscrições. O Ossuário de Tiago é uma caixa esculpida em calcário adquirida em circunstâncias misteriosas com uma incrível inscrição em aramaico. Devido à localização, data e nomes, a inscrição foi proposta como referindo-se a Jesus de Nazaré, cujo pai era José e cujo irmão era o famoso líder da Igreja de Jerusalém e autor de epístolas do Novo Testamento chamado Tiago. As possíveis conexões históricas com Tiago e Jesus na Jerusalém do século I d. C. tornaram o artefato imediatamente famoso.

Esse artefato do Ossuário de Tiago fazia parte de um julgamento de falsificação maior e, embora vários estudiosos tenham questionado sua autenticidade ou questionado seções da inscrição, o exame subsequente e as evidências adquiridas demonstraram que não apenas a própria caixa era da Jerusalém do século I, mas também que toda a inscrição parece também ter sido escrita no século I, antes de ser colocada em um túmulo. A análise mostrou que o ossuário (50,5 centímetros x 25 centímetros x 30,5 centímetros) era feito de calcário local de Jerusalém. O artesanato do artefato e o estilo das letras também indicam uma origem na Jerusalém do século I d. C.

Uma inspeção mais aprofundada revelou que a pátina (resíduo antigo) dentro das letras demonstrava que a frase inteira havia sido inscrita na antiguidade, quando o ossuário foi colocado num túmulo no Vale do Cédron, em Jerusalém. Por fim, muitos estudiosos concluíram que a caixa e a sua inscrição são antigas e autênticas. Tiago, o irmão de Jesus, é mencionado várias vezes no Novo Testamento, e a epístola de Tiago é atribuída a ele (Mateus 13,55; Marcos 6,3; Atos 12,17; 1 Coríntios 15,7; Gálatas 1,19; Tiago 1,1; Judas 1). Os escritos de Josefo registram o martírio de Tiago, em Jerusalém, por volta de 62 d. C. e que era irmão de Jesus (Josefo, *Antiquities* 20.200). Como esse ossuário data de antes de 70 d. C., vem de um túmulo em Jerusalém e especifica três nomes e sua relação, ele poderia se referir ao apóstolo Tiago, a Jesus Cristo e a seu pai, José. Além disso, de todos os ossuários inscritos conhecidos, apenas um outro menciona um irmão, o que significa que esse irmão "Jesus" era muito significativo. Historicamente, não há outro Tiago conhecido, filho de José, irmão de Jesus desse período, e um estudo estatístico determinou que esses três nomes naquela relação familiar específica durante o século I em Jerusalém provavelmente representariam menos de duas possíveis pessoas identificadas como Tiago, filho de José, irmão de Jesus, indicando que a inscrição menciona Jesus de Nazaré em vez de outro Jesus desconhecido.

Os dados sugerem, portanto, que a inscrição era de Tiago, o líder da Igreja de Jerusalém, identificando-o com seu pai, José, e seu irmão, Jesus Cristo. Se essa inscrição no ossuário contém uma referência do século I a Jesus de Nazaré, pode ser o artefato material mais antigo que menciona Jesus.

No entanto, outro artefato de origem egípcia também parece ter referências a Jesus Cristo no século I. Ainda mais recentemente, uma "taça do mágico" foi descoberta nas ruínas subaquáticas de Alexandria, durante a escavação do porto. A taça em si foi provavelmente fabricada por volta do final do século II a. C. até o início do século I d. C., com base na tipologia da cerâmica, mas a inscrição grega na taça parece ter sido adicionada no século I d. C. e poderia ser traduzida como "por meio de Cristo, o feiticeiro", embora não se possa afirmar com certeza que esse cálice invoca Jesus Cristo.

CAIFÁS, O SUMO SACERDOTE

José Caifás era o sumo sacerdote interino do judaísmo em Jerusalém, de cerca de 18 a 36 d. C., de acordo com os Evangelhos, Atos e Josefo (Mateus 26,3; Lucas 3,2; João 11,49; Atos 4,6; Josefo, *Antiquities* 18,34-35,95). Também é provável que Caifás seja brevemente mencionado na Mishná e no Talmude babilônico. Embora os Evangelhos o citem com a designação oficial de Caifás, o sumo sacerdote, os escritos de Josefo fornecem informações adicionais ao registrar que seu primeiro nome era José, mas se chamava Caifás, o que explica por que os Evangelhos e Atos usam apenas Caifás para se referirem a ele.

Aparentemente, o prefeito romano Valério Grato nomeou Caifás sumo sacerdote depois de Eleazar; após, com a saída de Pilatos e a chegada de um novo prefeito, Marcelo, Caifás foi deposto e substituído por Jônatas, filho de Ananus. Como sumo sacerdote descendente de uma longa linhagem de sacerdotes e aparentado por casamento com outro sumo sacerdote, Caifás teria sido um homem poderoso e influente na Jerusalém do século I.

Caifás também é conhecido por um ossuário recuperado de um túmulo fora de Jerusalém do século I d. C., descoberto acidentalmente durante uma construção e posteriormente escavado e documentado. Descoberto em 1990 num túmulo na "Floresta da Paz de Jerusalém", cerca de 1,6 quilômetro a sul da Cidade Velha de Jerusalém, o túmulo continha quatro nichos para doze ossuários, mas seis dos ossuários já tinham sido perturbados quando os arqueólogos investigaram o túmulo. Dos seis ossuários intactos, dois continham inscrições em aramaico, ambos mencionando o sobrenome "Caifás". Um ossuário particularmente ornamentado tinha uma inscrição em aramaico onde se lia *Yehosef bar Qayafa* ("José, filho de Caifás"), que se ajusta perfeitamente à grafia do nome de família Kaiafa no Novo Testamento.

O ossuário de Tiago, com uma inscrição em aramaico que diz "Tiago, filho de José, irmão de Jesus" © Paradiso. O ossuário de Tiago esteve em exibição no Museu Real de Ontário de 15 de novembro de 2002 a 5 de janeiro de 2003.

Restos de esqueletos de seis indivíduos foram descobertos dentro do ossuário, incluindo um homem de cerca de sessenta anos, que pode ter sido o sumo sacerdote. Ossuários altamente decorativos normalmente indicam que a pessoa era rica e proeminente na sociedade, ainda que um ossuário simples não indique necessariamente uma pessoa de status social ou financeiro inferior. A forma um tanto tosca da inscrição "José, filho de Caifás" sugere que foi esculpida com um prego de ferro encontrado no túmulo depois que o ossuário já havia sido colocado na prateleira.

Além do nome, localização e qualidade decorativa do ossuário, outras evidências vêm da data do sepultamento. Os ossuários apareceram nos túmulos da região de Jerusalém durante o reinado do rei Herodes, *o Grande*, mas desapareceram por volta de 70 d. C., quando a cidade foi destruída pelos romanos. A presença de uma moeda do rei Herodes Agripa I encontrada com os ossuários, datada de 42/43 d. C., demonstra que o túmulo estava em uso por volta de 43 d. C., não muito depois do fim do mandato de sumo sacerdote de Caifás, mas que o uso deve ter cessado por volta de 70 d. C. Essa moeda foi encontrada no crânio dentro de um ossuário com a inscrição "Miriã, filha de Simeão", tendo sido originalmente colocada na boca, seguindo a antiga tradição grega de pagamento para o barqueiro Caronte cruzar o rio Estige no mundo subterrâneo. Isso demonstra a influência e a adoção de certas práticas helenísticas e romanas, mesmo por uma família sacerdotal, e sugere a identificação com os saduceus, em vez de grupos menos sincretizados, como os fariseus e os essênios.

Outro ossuário do sudoeste de Judá menciona que a família de Caifás era da linhagem sacerdotal de Maazias, um sacerdote da tribo de Levi que foi nomeado durante o tempo de Davi, e parece que os seus descendentes continuaram a servir no sacerdócio durante séculos. (1 Crônicas 24,18; Neemias 10,8). O ossuário de Miriã data do final do século I d. C., provavelmente depois de 70 d. C., o que se correlacionaria bem com a vida de uma filha do sumo sacerdote Caifás.

José Caifás era genro de Anás, outro sumo sacerdote nomeado pelos romanos (João 18,13; Josefo, *Antiquities* 18.34). Lucas menciona Caifás e Anás como sumos sacerdotes no décimo quinto ano do imperador Tibério (Lucas 3,1-2). Caifás era o sumo sacerdote interino naquela época, mas Anás também é mencionado, porque já havia ocupado o cargo antes e ainda estava vivo.

A posição de sumo sacerdote vitalício cessou no período romano, quando a nomeação e remoção de vários sumos sacerdotes por oficiais romanos era a prática (Josefo, *Antiquities* 18.34-35, 95; Lucas 3,2; João 13,18; Atos 4,6).

O ossuário do sumo sacerdote José Caifás.

Mesmo antes da época de Jesus, a posição de sumo sacerdote havia se desenvolvido em um cargo especial nomeado pela liderança política e que detinha grande poder, em vez de descender de Aarão. Mas, nos tempos helenístico e romano, a linhagem tinha pouca importância em comparação com as famílias que estavam no poder ou tinham influência política (Josefo, *Antiquities* 15.22, 20.15-16; 2 Macabeus 4,7-29). Isso contrastava com a Lei mosaica, que nomeava um sumo sacerdote vitalício, embora houvesse um antigo precedente de sumos sacerdotes serem depostos por razões políticas (Números 35,25-28; 1 Reis 2,27). A combinação da tradição do sumo sacerdote e das nomeações romanas explica por que os antigos sumos sacerdotes ainda estavam vivos e desempenhavam um papel menor durante o tempo de Jesus.

Membro do sacerdócio e membro do Sinédrio, Caifás também fazia parte da seita dos saduceus (Atos 4,1-6; 5,17). Geralmente, os saduceus estavam ligados à classe sacerdotal, eram amigos dos romanos, muitas vezes adotavam aspectos do helenismo, não acreditavam na ressurreição ou na imortalidade da alma e serviam em funções políticas e judiciais. Os fariseus, por outro lado, estavam ligados à sinagoga, à Lei mosaica, e se opunham fortemente aos romanos e ao helenismo. Como membros da elite política, os saduceus podem ter-se aliado aos romanos a fim de manterem o seu poder, influência e riqueza.

A casa do sumo sacerdote Anás estaria situada na cidade alta, e a casa de Caifás provavelmente estava localizada nas proximidades, no mesmo bairro, ou pode até ter sido o mesmo conjunto habitacional ou mansão onde ambos moravam (Josefo, *Wars* 2.426). Informações do período bizantino sugerem que a casa de Caifás estava localizada perto do topo do Monte Sião, também chamado de Colina Ocidental. Escavações nesse bairro revelaram casas do século I d. C. que correspondem ao que seria de esperar da residência de um sumo sacerdote, incluindo intrincados pisos de mosaico, afrescos coloridos nas paredes, banhos rituais e muitos vasos de pedra usados para purificação ritual. No entanto, três habitações diferentes que poderiam ser descritas como mansões do sumo sacerdote foram sugeridas como a casa de Caifás, embora nenhuma possa ser definitivamente identificada com Caifás, uma vez que ainda não foi localizada nenhuma inscrição ligando qualquer uma das casas a ele. Esses edifícios, no entanto, fornecem uma ideia de como poderia ter sido a sua casa.

Como o líder religioso de mais alto escalão em oposição a Jesus e uma força importante por trás da tentativa de implicar Jesus sob acusações de blasfêmia ou traição e prendê-lo para execução, Caifás era visto como um inimigo de Jesus e de seus seguidores (Mateus 26,3-5 e 65-66; Marcos 14,55-65; Lucas 20,19-26; João 11,47-53). Como ocupou o cargo de sumo sacerdote até 36 d. C., Caifás também foi um dos principais líderes por trás da perseguição inicial aos cristãos em Jerusalém (Atos 4,1-6; 7,1; 8,1).

A CRUCIFICAÇÃO DE JESUS

Várias formas de crucificação foram usadas como punição por culturas antigas anteriores aos romanos, como os assírios, persas, cartagineses e gregos, mas a República e o Império Romano tornaram a prática uma ciência e uma poderosa ferramenta política. Devido à extrema dor e vergonha associadas à crucificação, normalmente não era permitido seu uso na execução de cidadãos romanos.

As palavras *cruz* e *crucificar* são derivadas do latim *crux*, que significa cruz, árvore ou estaca na qual uma pessoa era empalada, enforcada ou executada, embora o verbo *crucificar* tenha sido originalmente usado para se referir de forma mais geral à tortura ou execução. Nos Evangelhos, a palavra grega equivalente para cruz é *stauros*.

Nenhuma dessas palavras se restringia a um tipo específico de estaca usada para tortura ou execução, mas, na época do Império Romano, quando a morte por crucificação foi empregada em grande escala, dois tipos principais de cruzes passaram a ser mais comuns do que uma simples estaca ou árvore. Os romanos normalmente usavam um mastro vertical com uma viga no topo (*patibulum*), aparecendo como um T latino, ou um mastro vertical com uma viga transversal de intersecção, que, de acordo com a iconografia antiga associada ao cristianismo, parece ter sido o tipo usado na crucificação de Jesus. Independentemente da forma exata da cruz, a vítima da execução, ainda viva ou já morta, era colocada na cruz como um espetáculo público (Josefo, *Wars*; Pseudo-Quintiliano, *The Lesser Declamations* ["As Declamações Menores", em tradução livre]).

Na República e no Império, a punição por crucificação era geralmente reservada a escravos, criminosos de baixa posição social e rebeldes estrangeiros, enquanto a crucificação de um cidadão romano era praticamente inédita (Josefo, *Wars*; Cícero, *Caius Rabirius* ["Caio Rabírio", em tradução livre]). No entanto, quando alguém cometia traição contra o Estado, algo que era considerado um dos maiores crimes pelos romanos, cidadãos e até líderes eram, às vezes, executados por crucificação (Cícero, *Caius Rabirius*; Tito Lívio, *War with Hannibal* ["Guerra com Aníbal", em tradução livre]). Na época romana, as crucificações eram normalmente realizadas fora da fronteira sagrada de uma cidade ou acampamento militar e ao longo das estradas principais para que todos pudessem ver e o efeito máximo sobre o público pudesse ser alcançado (Pseudo-Quintiliano, *The Lesser Declamations*; Apiano, *Civil Wars*

["Guerras Civis", em tradução livre]; Josefo, *Wars*). Em Roma, o local típico para execuções públicas era fora da Porta Esquilino (Tácito, *Annals*).

Uma vez aprovada a sentença, o criminoso condenado seria primeiro submetido a açoites com flagelos ou varas, às vezes colocados em uma *furca* (um jugo em forma de garfo), e, muitas vezes, a outras formas de tortura que enfraqueciam gravemente a vítima e podiam até matá-la antes que fosse colocada na cruz (Josefo, *Antiquities* e *Wars*; Dionísio de Halicarnasso, *Roman Antiquities* ["Antiguidades Romanas", em tradução livre]; Luciano, *Piscator* ["Piscador", em tradução livre]; Cícero, "Contra Verres"). Os condenados eram, então, amarrados à sua trave, que chegava a pesar até 45,5 quilos, e obrigados a carregá-la até o local da execução, se possível (Plutarco, *Coriolanus* ["Coriolano", em tradução livre]; Plautus, *Miles Gloriosus* e *Carbonaria* ["Soldado Glorioso", "Carbonária", em tradução livre]; Clódio, *History*). Depois de chegar ao local onde ocorreria a crucificação, o condenado seria pregado na trave e na estaca, seja sendo levantado para conectar a trave à estaca, ou levantando todo o aparato após a fixação dos pedaços de madeira (Diodorus Siculus, *Bibliotheca Historica* ["Biblioteca Histórica", em tradução livre]; Sêneca, *Dialogue to Marcia on Consolation* ["Diálogo com Márcia sobre Consolação", em tradução livre]; Heródoto, *Histories*; Pseudo Manetho, *Apotelesmatica* ["Apotelesmática", em tradução livre]).

No entanto, posições alternativas também foram utilizadas quando os algozes escolhiam (Josefo, *Wars*). A pregação pode incluir os pés, além dos braços (Plautus, *Mostellaria* ["Albergues", em tradução livre]). O Grafite de Alexamenos e o selo de crucificação de Orpheos Bakkikos indicam que, em alguns casos, uma pequena viga mestra pode ter sido usada para pregar os pés. Os pregos, em vez de cordas, eram o meio padrão de fixação para a crucificação conhecido em registros antigos, incluindo fontes referentes a pessoas que acreditavam que os pregos da crucificação tinham poderes mágicos (Apuleio, *Metamorphoses* ["Metamorfoses", em tradução livre]; Plínio, *Natural History*).

Aqueles que eram pregados e elevados numa cruz, provavelmente, não ficavam muito longe do chão, pois fontes antigas sugerem que os animais podiam alcançar as pernas do cadáver (Fílon, *Against Flaccus* ["Contra Flaco", em tradução livre]; Pseudo Manetão, *Apotelesmatica*; Horácio, *Epistles*). O condenado era despido ou ficava com roupas mínimas (Dionísio de Halicarnaso, *Roman Antiquities*; Melito de Sardes, *Passion* ["Paixão", em tradução livre]; Artemidoro, *Oneirokritikon* ["Oneirocrítica", em tradução livre]; Grafite de Alexamenos).

A morte por crucificação era normalmente lenta e agonizante, a menos que punições severas ou torturas anteriores a ser colocado na cruz acelerassem o processo (Sêneca, *Letters*). No entanto, o grave trauma causado pelos espancamentos preliminares e depois pela pregação na cruz era tão grande que pouquíssimos conseguiram sobreviver, mesmo que fossem resgatados.

No século I, embora três associados de Josefo tenham sido removidos de suas cruzes e recebido cuidados médicos imediatos, apenas um sobreviveu (Josefo, *Life* 420-421). Em última análise, a morte era resultado de choque hipovolêmico (perda de sangue ou líquidos), insuficiência cardíaca, desidratação, asfixia ou esfaqueamento pelos soldados presentes. Os soldados também poderiam quebrar as pernas da pessoa crucificada (*crurifragium*) se desejassem uma morte mais rápida.

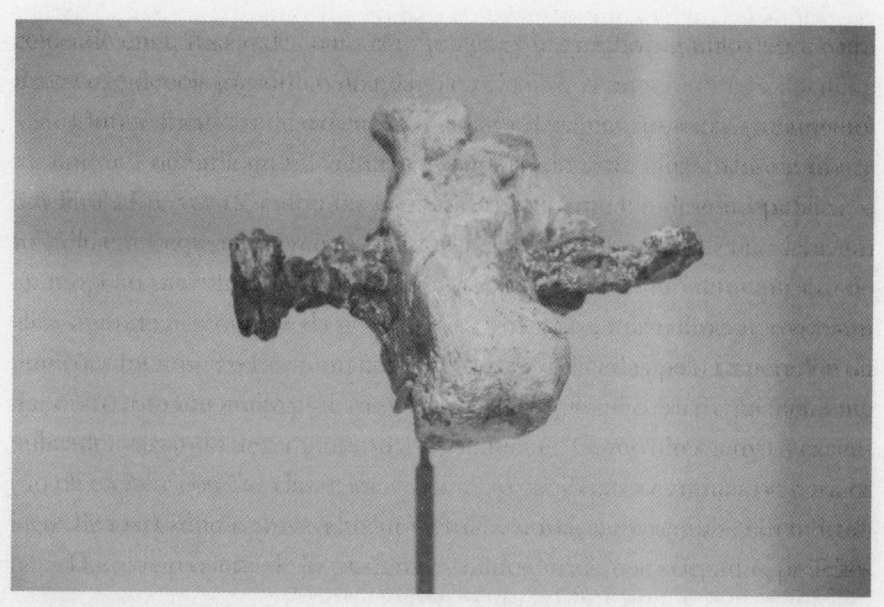

Um osso do calcanhar da vítima da crucificação da Judeia, Yehohanan, com um prego de ferro ainda alojado no osso, encontrado em um cemitério do século I em Jerusalém.

Foram recuperados restos mortais de dois indivíduos que mostram sinais conclusivos do uso de pregos na crucificação durante o século I d. C., na província da Judeia. Os restos mortais de Yehohanan (ou Jehohanan) indicam que foi preso à cruz por meio da colocação de pregos em seus pulsos entre os ossos do rádio e da ulna, e um prego de ferro de 11,5 centímetros ainda presente no osso do calcanhar com restos de madeira demonstrou que os pés foram pregados na cruz. Exames subsequentes concordaram e discordaram das conclusões do estudo primário, mas nenhuma evidência conclusiva foi mostrada para refutar a reconstrução original. Pelo contrário, os restos do esqueleto de outro homem crucificado, recentemente descobertos na Judeia do período romano, demonstram o uso de pregos cravados nos pulsos, já que o prego ainda estava alojado entre os ossos quando foi descoberto. Assim, restos de esqueletos indicam que pregos eram cravados nos pulsos perto das mãos e no pé através do calcanhar. Além disso, a análise do esqueleto indica que as pernas de Yehohonan foram quebradas, provavelmente para causar uma morte rápida.

A maioria das vítimas da crucificação na Jerusalém do período romano provavelmente eram enterradas em covas ou trincheiras, e não em túmulos escavados na rocha com ossuários, e os pregos eram quase sempre arrancados do corpo quando da sua remoção da cruz ou antes do sepultamento. Além disso, a grande maioria das sepulturas do período romano em torno de Jerusalém foram perturbadas antes que os arqueólogos pudessem escavá-las ou analisá-las. Portanto, embora a descoberta e a análise de apenas duas vítimas definitivas da crucificação com pregos cravados nos ossos possam parecer escassas, são descobertas excepcionais.

Depois de confirmado pelos soldados romanos que o crucificado havia morrido, o cadáver poderia ser retirado da cruz e enterrado. A lei romana, em regra e na prática, permitia que os corpos dos crucificados fossem entregues a parentes para sepultamento ou outros ritos fúnebres, embora o corpo também pudesse acabar numa vala comum com outros criminosos (Ulpiano, Digest ["Digerir", em tradução livre]; Philo, *Against Flaccus*). A sobrevivência não era uma opção para os crucificados, mas uma sentença de morte terrivelmente dolorosa e humilhante que se esperava que fosse rápida.

Segundo os Evangelhos, Jesus foi condenado e suportou a morte por crucificação, sofrendo as mesmas punições, protocolos e sequências conhecidas desde a antiguidade e principalmente pelos romanos. Após a conclusão do julgamento de Jesus, ele foi entregue para execução junto com dois criminosos condenados (Mateus 27,22-26; Marcos 15,15; Lucas 23,33). Jesus não era cidadão romano e, portanto, embora não fosse considerado culpado de traição, poderia ser executado por crucificação, em vez de por uma decapitação rápida e limpa.

A tortura preliminar que Jesus suportou incluiu açoites, espancamentos e uma coroa de espinhos, que, exceto pela coroa de espinhos, era uma metodologia comum antes de uma crucificação no Império Romano (Mateus 27,26-28; Marcos 15,17-18; João 19,1-2). Depois de administrarem a Jesus uma surra severa à qual muitos outros nem sobreviveriam, os romanos tentaram forçá-lo a carregar sua trave de madeira até o local da execução (João 19,16-17). No entanto, Simão de Cirene acabou carregando a trave pelo menos parte do caminho, provavelmente porque Jesus estava fraco demais naquele ponto para fazer isso sozinho (Mateus 27,31-32; Marcos 15,20-22; Lucas 23,26).

Esse Simão de Cirene, pai de Alexandre e Rufo, é possivelmente atestado por inscrições em ossuários descobertos em um túmulo no Vale do Cédron, durante um levantamento topográfico de 1941. Os ossuários relevantes podem ter pertencido a dois de seus filhos, ambos especificando que seu pai se chamava Simão, mas um ossuário inclui o nome de seu filho como Alexandre e a possível designação "Cirineu". Especificamente, o ossuário 9 contém uma inscrição grega traduzida como "Alexandre, filho de Simão" e uma inscrição em aramaico que diz "Alexandre QRNYT [Cireneu?]". O ossuário 5 tem uma inscrição grega que menciona "Sara, filha de Simão, de Ptolemaida", o que pode fornecer outra ligação possível, uma vez que Sara era um nome comum em Cirene, e Ptolemaida era o nome de uma das cinco principais cidades (Pentápolis) em Cirene.

Assim que a procissão chegou ao Gólgota, local da execução, Jesus foi pregado na cruz e crucificado (Mateus 27,33-35; Marcos 15,22-24; Lucas 23,33; João 19,17-18). A perfuração dos pulsos e pés com pregos na crucificação de Jesus é especificada por dois dos escritores dos Evangelhos (Lucas 24,39-40; João 20,20-27). Embora geralmente se pense que foram as mãos de Jesus que foram pregadas, as palavras gregas usadas para "mão" nessas passagens (*xeir*) também podem se referir ao pulso ou ao braço, o que seria uma colocação mais lógica de pregos para segurar um corpo numa cruz do que pelas palmas das mãos, e estaria de acordo com o que se sabe de outros textos antigos e descobertas arqueológicas.

Perto do topo da cruz, acima de sua cabeça, um *titulus* inscrito (legenda, título ou inscrição) de Pôncio Pilatos declarava a acusação contra Jesus, identificando-o como Jesus, *o Nazareno*, o rei dos judeus, em aramaico, grego e latim (Mateus 27,37; Marcos 15,26; Lucas 23,38; João 19,19-20). O conteúdo exato da inscrição pode ter variado de idioma para idioma.

Esse aspecto dos relatos da crucificação nos Evangelhos pode ter sido raro nas execuções romanas, mas é conhecido por alguns exemplos desde o século I a. C. até o século II d. C., incluindo uma inscrição declarando o motivo pelo qual um homem condenado seria crucificado em Roma, e inscrições com acusações de outros condenados à morte (Cássio Dio, *Roman History*; Suetônio, *Caligula and Domitian* ["Calígula e Domiciano", em tradução livre]; Eusébio, *Historia Ecclesiae*).

O *titulus* provavelmente foi inscrito em uma placa de madeira e embranquecido, talvez com gesso, e as letras podem ter sido pintadas de preto ou vermelho para serem facilmente visíveis, como era uma prática conhecida para inscrições na época. De interesse histórico e arqueológico, um suposto *titulus* de madeira é mencionado na antiguidade, o qual foi inscrito em aramaico, grego e latim. Esse texto dizia "Jesus, o Nazareno, rei dos judeus" e foi supostamente encontrado no local do Gólgota, no século IV d. C., após a destruição do templo romano (Egéria, *Itinerarium Egeriae*; Macário de Jerusalém; Ambrósio, *Death of Theodosius* ["Morte de Teodósio", em tradução livre]; Rufino, *Church History* ["História da Igreja", em tradução livre]; João Crisóstomo, *Commentary on John* ["Comentário sobre João", em tradução livre]).

Um artefato de madeira de data e origem desconhecidas, supostamente esse mesmo *titulus*, está abrigado na Igreja de Santa Croce em Jerusalém desde, pelo menos, 1145. Recentemente, foi realizado o exame da inscrição e da madeira. A placa fragmentária é feita de madeira de nogueira que parece ter sido pintada de branco, medindo 25 centímetros por 14 centímetros e 2,6 centímetros de espessura, com letras com cerca de 1,3 centímetro de altura. Está inscrito em um lado com o que pode ser aramaico, grego em escrita invertida e latim em escrita invertida, embora muitas das letras não sejam mais visíveis. Vários epigrafistas analisaram a inscrição e situaram a forma das letras do século I ao século IV d. C. No entanto, testes de radiocarbono realizados na madeira dataram-na de por volta do século X d. C. Devido a isso, foi identificado como uma falsificação medieval ou uma cópia medieval do original, ou possivelmente um artefato do período bizantino ou romano que mostra datas posteriores de radiocarbono devido à contaminação do período medieval.

Da mesma forma como as crucificações eram realizadas fora dos muros da cidade de Jerusalém, era prática típica romana realizar execuções fora da fronteira sagrada de uma cidade ou acampamento militar. É óbvio que a execução para os romanos era usada não apenas como uma punição severa para o infrator, mas como uma demonstração pública e dissuasão para todos os observadores, exemplificada por práticas como a realização de crucificações nas estradas mais frequentadas (Pseudo-Quintiliano, *The Lesser Declamations*).

Os cidadãos, e em particular a elite, recebiam geralmente punições mais brandas do que os não cidadãos e os escravos (Justiniano, *Digest*). No entanto, até a elite sofreu a pena de morte por traição e alguns assassinatos. Na verdade, os crimes capitais mais brutalmente punidos na Roma Antiga eram a traição e o parricídio (assassinato de um membro da família), o que reflete a crença cultural romana na primazia do Estado e da família. Embora o método de execução normalmente fosse diferente para os cidadãos e menos extremo, em casos de traição um romano poderia ser crucificado, açoitado até a morte ou queimado vivo. No caso do parricídio, era empregado um tipo especial de pena capital chamada *poena cullei* (punição do saco), em que o infrator era colocado em um saco de couro com um galo, um cachorro, uma cobra e um macaco, e depois jogado no mar, lago ou rio.

Outros métodos de execução incluíam decapitação, estrangulamento, ser lançado de uma grande altura, ser enterrado vivo, afogamento e morte por feras. Em vez de enfrentar a execução iminente e a desonra pública, o suicídio era frequentemente escolhido como o que os romanos consideravam uma opção mais honrosa. No entanto, as classes senatorial e equestre de elite, estando no controle da política e dos tribunais, normalmente recebiam punições menos severas, a menos que fossem aplicadas pelo imperador ou por outro romano muito poderoso. Em vez disso, o exílio era frequentemente utilizado, variando de temporário a permanente. Como alternativa à execução de escravos ou das classes mais baixas, o envio para as minas ou para os jogos de gladiadores provavelmente resultava, mas nem sempre, em morte.

Durante o tempo de Jesus, os magistrados locais, como legados, prefeitos e procuradores, tinham o poder de vida e de morte em suas mãos, nas várias províncias. Os líderes romanos reconheceram que, às vezes, as pessoas eram executadas injustamente, mas, como no caso de Jesus, isso costumava ser intencional e politicamente conveniente. No Império Romano, a pena capital era uma sentença brutal e temida destinada a dissuadir a traição, a rebelião e vários crimes, mas, de vez em quando, até os inocentes enfrentavam a morte pelo que era visto como o bem comum.

Além do retrato detalhado da crucificação romana nos relatos dos Evangelhos, a crucificação de Jesus também é brevemente descrita por alguns escritores do período romano e retratada em uma parede em Roma. No final do século I d. C., enquanto escrevia como historiador romano oficial, Josefo registrou que Pilatos havia condenado Jesus à crucificação (Josefo, *Antiquities*). Luciano, um romano que viveu no século II d. C. e gostava de zombar dos cristãos, achou engraçado como os cristãos adoravam um homem que havia sido crucificado (Luciano, *Death of Peregrinus* ["A Morte do Peregrino", em tradução livre]). Celso, outro romano do século II d. C. que criticou o cristianismo, afirmou que Jesus foi pregado numa cruz (Celso em Orígenes, *Contra Celsum*). Na mesma época, Justino, um pagão que se tornou cristão, escreveu ao imperador Antonino Pio em defesa do cristianismo, mencionando a crucificação de Jesus e como os eventos nos Evangelhos podem ser confirmados verificando os registros romanos, como os Atos de Pilatos (Justino Mártir, *Apology* ["Apologia", em tradução livre]).

Uma antiga fonte judaica contada no Talmude afirma que "na véspera da Páscoa, Yeshu [*o Nazareno*] foi enforcado. Durante quarenta dias antes de ocorrer a execução, um arauto saiu e gritou: "Ele vai ser apedrejado porque praticou feitiçaria e induziu Israel à apostasia. Qualquer um que possa dizer algo a seu favor, apresente-se e implore em seu nome". Mas como nada foi apresentado a seu favor, foi enforcado na véspera da Páscoa" (Sanhedrin 43a).

A escuridão no momento da crucificação de Jesus foi supostamente mencionada em *Histories por Talo* ["Histórias de Talos", em tradução livre], que a explicou como um eclipse, escrevendo aproximadamente em 50 d. C. Essa passagem foi então citada e discutida por Júlio Sexto Africano, por volta de 220 d. C., no contexto da escuridão e do terremoto mencionados nos Evangelhos (*Greek Papyri* ["Papiro Grego", em tradução livre] 10.89; cf. Mateus 27,45; Marcos 15,33; Lucas 23,44).

O véu rasgado do templo no momento da crucificação de Jesus também pode ser mencionado em um livro pseudepígrafo chamado *Lives of the Prophets* ["Vidas dos Profetas", em tradução livre]] (*Habacuque*), provavelmente composto durante o século I d. C., que menciona o rasgo do véu entre o Santo Lugar e Santo dos Santos (cf. Mateus 27,51; Marcos 15,38; Lucas 23,45). Uma passagem enigmática no Talmude de Jerusalém que afirmava que cerca de quarenta anos antes da destruição de Jerusalém (ou seja, por volta de 30 d. C.), as portas do templo, que haviam sido fechadas à noite, seriam encontradas abertas pela manhã também foi sugerida como estando ligada a esse evento do rasgo do véu no momento da crucificação, embora o texto torne essa associação difícil (Tratado Yoma 6:3). O *Toledot Yeshu* provavelmente uma composição medieval que discute Jesus, seus milagres e crucificação é uma compilação substancialmente posterior que parece ser baseada em fontes mais antigas como Celso, a Mishná, o *Infancy Gospel of Thomas* ["Evangelho da Infância de Tomé", em tradução livre] e os quatro Evangelhos de Mateus Marcos, Lucas e João.

O Grafite de Alexamenos de Roma representando um Jesus crucificado.

A representação pictórica mais antiga conhecida da crucificação de Jesus vem de Roma, encontrada inscrita em uma parede do *Paedagogium*, no Monte Palatino, provavelmente por servos. Conhecido como o Grafite de Alexamenos, o desenho mostra Jesus na cruz, com uma cabeça de burro, e um homem olhando para a cruz, enquanto a inscrição grega que o acompanha diz "Alexamenos adora (seu) deus". Dado que o edifício com o qual foi encontrado em associação foi originalmente construído em c. 90 d. C, então modificado e parcialmente enterrado em c. 200 d. C., ele data de algum lugar dentro desse período.

Portanto, não apenas os relatos da crucificação de Jesus nos Evangelhos são perfeitamente consistentes com o que se sabe sobre a crucificação do período romano a partir de várias fontes antigas e descobertas arqueológicas, mas o evento de Jesus ser crucificado em Jerusalém é confirmado por múltiplas fontes dos séculos I e II d. C. e até ilustrado por obras de arte antigas.

33 D. C. E JESUS

A questão do ano do julgamento, crucificação, sepultamento e ressurreição de Jesus tem sido explorada e debatida durante séculos. Ao longo do tempo, novas descobertas arqueológicas e análises de manuscritos antigos aproximaram-nos, cada vez mais, da resposta a essa questão, e, com a informação atualmente disponível, uma data muito provável pode ser determinada com base em múltiplas linhas de evidência de numerosas fontes do século I.

Crucial nessa investigação é que as narrativas evangélicas nomeiam autoridades políticas e religiosas no poder durante os dias finais de Jesus, permitindo apenas um intervalo específico de anos em que os eventos poderiam ter ocorrido. Dados de manuscritos antigos, inscrições e moedas demonstram que, quando ocorreu a crucificação de Jesus, Tibério era o imperador de Roma (14-37 d. C.), Pôncio Pilatos era o prefeito da província da Judeia (26-36 d. C.), José Caifás era o sumo sacerdote em exercício em Jerusalém (18-36 d. C.), Herodes Antipas era governante da Galileia (4 a. C.-39 d. C.), e o sumo sacerdote Anás (6-15 d. C.) também estava vivo, mas não no poder, enquanto Jônatas, filho de Anás (36-37 d. C.) também pode ser mencionado como um espectador importante logo após a época de Jesus (Josefo, *Antiquities* e *Wars*; Tácito, *Annals*; Fílon de Alexandria, *Embassy to Gaius*; Mateus 27,2; Marcos 15,1; Lucas 3,1-2; João 18,13; Atos 4,6).

As descobertas arqueológicas que atestam direta e indiretamente essas pessoas mencionadas incluem estátuas, moedas e inscrições de Tibério oriundas de todo o Império Romano, uma inscrição em latim de Pilatos encontrada em Cesareia e um anel com o nome de Pilatos em grego encontrado no Heródio, o ossuário inscrito de José Caifás e o ossuário da neta do sacerdote Caifás, moedas e várias inscrições oficiais de Herodes Antipas e possivelmente o túmulo de Anás ao sul de Jerusalém. José Caifás e Anás são ambos mencionados como sumos sacerdotes no contexto do ministério de Jesus, porque Caifás era o sumo sacerdote interino naquela época, enquanto seu sogro, Anás, ocupou o cargo antes e ainda estava vivo (Lucas 3,1-2; João 18,24).

Por si só, a nomeação desses indivíduos e suas posições específicas limita os parâmetros dos eventos no final da vida de Jesus ao período de 26-36 d. C., mas a especificação do décimo quinto ano de Tibério e de que o templo estava sendo reconstruído por 46 anos, no início do ministério de Jesus, restringe o ano ao intervalo entre 28-36 d. C. (Lucas 3,1; João 2,20). Como Jesus foi crucificado na véspera da Páscoa, 14 de nissan e uma sexta-feira, cálculos astronômicos demonstram que isso só poderia ter ocorrido nos anos 30, 33 ou 36 d. C. Quando o fator adicional do Evangelho de João registra Jesus observando pelo menos três ou mesmo quatro Páscoas em Jerusalém é contabilizado, isso parece restringir ainda mais o período de tempo aos anos 31-36 d. C., e desqualifica 30 d. C. como uma possibilidade (João 2,23; 5,1; 6,4; 13,1).

Um julgamento e crucificação após 30 d. C. também explica melhor o comportamento de Pôncio Pilatos no julgamento de Jesus devido ao recente assassinato de Lúcio Élio Sejano em 31 d. C. Como Pilatos foi nomeado em 26 d. C. como prefeito da Judeia para substituir Valério Grato, e esse é o mesmo ano em que Tibério retirou-se para Capri e Sejano começou a controlar grande parte do Império, é plausível e até provável que Pilatos e Sejano estivessem politicamente ligados. Independentemente disso, depois de 31 d. C. e da execução de Sejano e dos seus aliados políticos, Pilatos teria sido cada vez mais cauteloso em desagradar a Tibério e a dar-lhe motivos para removê-lo do poder, exilá-lo ou mesmo executá-lo. Pilatos queria ser considerado "amigo de César", ou seja, um político romano favorecido pelo imperador (João 19,12). Essa acusação potencial de não ser considerado amigo de César era uma ameaça direta a Pilatos.

Josefo e Fílon normalmente registram Pilatos como cruel e forte, em vez do retrato de fraco e perdoador visto no julgamento de Jesus (Josefo, *Antiquities* 18.3.1; *Wars* 2.9.2-4; Fílon de Alexandria, *Embassy to Gaius* 301-302). Por essa razão, a narrativa do julgamento tem sido frequentemente criticada por retratar incorretamente Pilatos como sendo medroso e submetendo-se às exigências dos judeus, embora, no início de sua carreira, os Evangelhos retratem Pilatos como um governador romano intransigente e severo (Lucas 13,1; João 19,12-13). Essa mudança de atitude coincide, no entanto, com acontecimentos na política romana e com a escalada dos problemas na província da Judeia. Pilatos, no início de seu mandato como governador, já havia enfrentado reclamações e tumultos ao exibir em estandartes de Jerusalém a imagem do imperador, ao usar recursos do tesouro sagrado para construir um aqueduto, além do misterioso episódio do sangue dos galileus sendo misturado com seus sacrifícios e o dos escudos votivos inscritos para o imperador no pretório de Jerusalém. Embora o incidente dos escudos e a petição resultante a Tibério pelos filhos de Herodes tenham levado Pilatos a resolver o problema e a ter melhores relações com Antipas por volta de 32-33 d. C., muitas pessoas na Judeia teriam tido uma atitude especialmente negativa e até atitude hostil para com Pilatos na época do julgamento de Jesus (Hoehner, *Herod Antipas* ["Herodes Antipas", em tradução livre]; Lucas 23,12).

O escudo votivo pode ter sido uma tentativa de Pilatos de ganhar o favor de Tibério após a execução de Sejano, mas essa ação simplesmente causou mais raiva e atrito com os judeus, provocando uma queixa oficial enviada ao imperador e, por fim, Tibério acabou castigando Pilatos (Fílon de Alexandria, *Embassy to Gaius* 299-305).

Por volta de 33 d. C., Pilatos pode ter estado a apenas um incidente de ser destituído do cargo, como evidenciado pela próxima queixa documentada em 36 d. C., quando a sua forma de lidar com uma rebelião samaritana e a subsequente queixa oficial resultaram na sua chamada de volta a Roma.

Seguindo desastres políticos, e agora envolvido numa situação potencialmente explosiva, Pilatos encontrou-se numa posição precária no julgamento de Jesus. Embora os Evangelhos registrem que Pilatos pensava que Jesus era inocente e até tentou libertá-lo, para se salvar, Pilatos fez a escolha de agradar aos judeus e evitar irritar Tibério ainda mais, o que provavelmente teria resultado em seu exílio ou execução. Considerando as ações passadas de Pilatos, a repreensão de Tibério e o recente caso de Sejano, qualquer agitação e queixas adicionais representavam um risco demasiadamente grande para Pilatos, e esse contexto histórico e político explica a mudança no seu comportamento, ao mesmo tempo que indica que o julgamento de Jesus ocorreu após a execução de Sejano em 31 d. C.

Portanto, tanto as Páscoas observadas registradas no Evangelho de João como o contexto político romano parecem desqualificar o ano 30 d. C. como uma data potencial para o julgamento e crucificação de Jesus. Um julgamento e crucificação em 36 d. C. parece improvável, porque exigiria um ministério de Jesus de aproximadamente oito anos, seria o mesmo ano em que Pilatos e Caifás foram destituídos do cargo e Marcelo e Jônatas foram empossados, o que poderia entrar em conflito com a possível menção de Jônatas, filho de Anás, em Atos, como observador, e não como sumo sacerdote nos meses ou anos seguintes à ressurreição, além de parecer incompatível com as datas da conversão e do ministério do apóstolo Paulo, que são estabelecidas com base em marcadores cronológicos em Atos, nas Epístolas e no mandato de Júnio Gálio como governador da Acaia.

Depois de levar em conta todas essas variáveis, a opção restante para a data do julgamento, crucificação e ressurreição é 33 d. C. Pode-se, portanto, afirmar, com alto grau de confiança, que a crucificação de Jesus provavelmente ocorreu na sexta-feira, 14 de nissan de 33 d. C., pouco antes do sábado da Páscoa.

A LOCALIZAÇÃO DO GÓLGOTA

Após o julgamento e flagelo de Jesus, a execução seria realizada por meio da crucificação, administrada pelos soldados romanos. Carregando sua própria trave, Jesus caminhou até o local onde foi pregado na cruz e morreu. Embora um local tradicional para o Gólgota tenha sido colocado perto do túmulo de Jesus, na Igreja do Santo Sepulcro desde a antiguidade, a identificação é provisória e tem sido contestada devido à falta de clareza nas fontes arqueológicas e históricas. Como consequência, locais alternativos foram propostos, e a confusão sobre o Gólgota é abundante.

No entanto, uma análise das fontes antigas e das evidências disponíveis pode esclarecer detalhes sobre o Gólgota e apontar para uma localização provável. Esse local de crucificação, chamado Gólgota ou Calvário, era uma colina perto da cidade, mas fora dos muros, perto de uma porta, perto de uma estrada, e era visível de longe devido à sua elevação e localização deso-bstruída (Mateus 27,33-39; Marcos 15,21-40; Lucas 23,33; João 19,17-20; Hebreus 13,12). Embora a colina normalmente identificada como Gólgota esteja dentro das muralhas da Cidade Velha de Jerusalém, essas muralhas foram construídas no século XVI pelos otomanos. Na época da crucificação de Jesus, em 33 d. C., esse local do Gólgota estaria ao norte e a oeste da "se-gunda parede" da antiga Jerusalém, construída durante a época de Herodes, *o Grande*, enquanto a "terceira parede" construída por Agripa I, por volta de 44 d. C., estendia-se a parte murada da cidade para o norte e abrangia muito além da área do Gólgota (Josefo, *Wars* 5.140-155).

Golgotha [Gólgota] significa "lugar de uma caveira" em aramaico, rela-cionado a palavras hebraicas muito semelhantes que se referem a uma roda, forma redonda e uma caveira, enquanto *Calvary* [Calvário] é a palavra latina equivalente (Mateus 27,33; Marcos 15,22; João 19,17). O local foi identificado em escritos antigos como uma colina que lembra o topo de uma caveira, e não a face de uma caveira, o que concorda com a forma redonda transmitida pelas palavras hebraicas equivalentes. Além disso, todos os quatro Evangelhos referem-se à colina usando a palavra grega *kranion*, que significa crânio ou a parte superior arredondada do crânio. Tratava-se, portanto, apenas uma colina arredondada, e não a face de uma caveira.

A compreensão equivocada da descrição levou a identificações incorretas da localização do Gólgota. Por volta de 383 d. C., Egéria mencionou o Gólgota como uma área, o que é congruente com a descrição nos Evangelhos de que o Gólgota era um lugar fora da cidade e que era uma colina em forma de crânio, em vez de apenas um ponto específico em uma colina (Egéria, *Itinerarium Egeriae*).

Na era moderna, entretanto, identificações alternativas foram sugeridas. O século XIX trouxe muitos exploradores que procuravam identificar locais antigos, e outra localização do Gólgota foi proposta ao norte da Porta de Damasco em razão de um pequeno penhasco rochoso que lembra ligeiramente a face de uma caveira, com buracos interpretados como olhos e uma boca. Proposto em 1842 pelo estudioso alemão Otto Thenius (1801-1876) e depois promovido pelo general Charles Gordon (1833-1885) em 1882, o local passou a ser conhecido como Calvário de Gordon. Infelizmente para essa teoria, o Gólgota original não só era uma colina arredondada em forma de crânio, mas a face do penhasco pode ter se assemelhado vagamente a um crânio apenas em tempos muito posteriores, devido às atividades de mineração durante o período otomano.

A Porta Gennath (Jardim) mencionada por Josefo como parte do "primeiro muro" e início da extensão do "segundo muro" é atualmente a única porta conhecida localizada próximo ao local tradicional da crucificação de Jesus (Josefo, *Wars* 5.146). É claro que as estradas levavam para dentro e para fora das portas da cidade, então a estrada que passava perto da colina e entrava nessa porta seria uma escolha lógica para um lugar onde as pessoas pudessem ver a colina da crucificação enquanto caminhavam pela estrada.

Escrevendo por volta de 160 d. C., quando o templo romano estava sendo construído há apenas cerca de trinta anos, Melito afirmou que Jesus foi crucificado no meio de Jerusalém e em uma ampla área (*plateia*) ou praça (Melito de Sardes, *Peri Pascha* ["Sobre a Páscoa", em tradução livre]). A Aelia

Capitolina (Jerusalém) do século II d. C. teria sido a área do fórum, ladeada pelas ruas principais do Cardo e do Decumanus, onde também se localizava o templo de Vênus.

O local do Gólgota ainda era conhecido perto do final do século III d. C., quando Eusébio soube dele e, por fim, acabou mencionando sua localização geral em Jerusalém "em, exatamente sobre, ou próximo" da encosta norte do Monte Sião, que seria o Monte Sião nos períodos romano e bizantino localizado no sudoeste de Jerusalém (Eusébio, *Onomasticon*; Josefo, *Antiquities*). Essa informação geográfica é um tanto ambígua, embora concorde com o local estar nas proximidades da Igreja do Santo Sepulcro, e não muito mais ao norte, além da "terceira muralha" da cidade.

Cirilo, bispo cristão e residente em Jerusalém no século IV, também localizou a colina do Gólgota perto do túmulo de Jesus e dentro da cidade naquela época (Cirilo de Jerusalém, *Catechetical Lectures*). Jerônimo escreveu que uma estátua de Vênus havia sido colocada no topo da colina durante o reinado de Adriano, a qual teria ficado no topo do local da crucificação, permanecendo lá até a época de Constantino (Jerônimo, *Letter to Paulinus* ["Carta a Paulino", em tradução livre]). Isso serviu como um marcador útil na colina para a identificação do Gólgota durante a época de Constantino. O local onde se pensava que a crucificação ocorreu foi, então, mais claramente marcado depois que Helena de Constantinopla (c. 250-330) chegou a Jerusalém e ordenou a destruição do templo romano, fazendo com que a colina não ficasse mais obscurecida.

Por volta desse período, em 333 d. C., o Peregrino de Bordeaux afirmou que a pequena colina do Gólgota ficava a sul e a poucos passos do túmulo de Jesus (Peregrino de Bordeaux, *Itinerarium Burdigalense*). Por volta de 335 d. C., a Basílica do Martírio foi concluída como uma igreja comemorativa em homenagem à cruz e crucificação de Jesus, eternizando o que havia sido identificado como a localização da colina do Gólgota. No início do século V, depois de os locais terem sido claramente marcados, Eucário escreveu que o Gólgota estava muito perto do túmulo, na igreja que Constantino tinha construído, e que a rocha sobre a qual a cruz esteve ainda era visível (Eucário, *Letter to Faustus* ["Carta a Fausto", em tradução livre]).

A atual Igreja do Santo Sepulcro abrange agora tanto a área do túmulo como esse local tradicional do Gólgota. Dentro do complexo da igreja, estão os restos de uma colina de pedra, ficando agora visível apenas cerca de 16 pés (5 metros) de altura devido à elevação do nível do piso, embora a altura real seja de aproximadamente 30 pés (9 metros) acima do nível da igreja bizantina original, e parte dessa colina rochosa foi provavelmente cortada devido à construção de Aelia Capitolina.

Embora a localização tradicional cumpra os requisitos das referências textuais antigas e dos achados arqueológicos, dependendo da localização exata das principais ruas do período romano tardio, também é possível que o local da crucificação de Jesus estivesse localizado ligeiramente a leste ou ligeiramente ao sul do local tradicional, mas ainda próximo.

Uma teoria alternativa situa o local da crucificação a cerca de 200 metros ao sul da tradicional colina do Gólgota, com base em uma hipotética reconstrução das ruas e da Porta Gennath, mas as evidências arqueológicas e históricas não exigem uma mudança do local. Outro estudo recente sugere que o Gólgota ficava perto do local tradicional da cruz, mas essencialmente na mesma colina rochosa. Escavações arqueológicas também revelaram que o local tradicional do Gólgota estava fora dos muros da cidade durante a época de Jesus, já que vários túmulos de cerca do século I a. C. e do século I d. C. foram descobertos na área sem evidências de habitações até o século II d. C. No entanto, por volta de 44 d. C., os muros de Jerusalém expandiram-se para norte e incluíram essa área dentro dos muros da cidade, levando eventualmente à construção numa área que outrora tinha sido usada para túmulos e um jardim.

O Evangelho de João descreve tanto o túmulo de Jesus quanto o local da crucificação na mesma área do jardim, indicando curta distância (João 19,41). A análise arqueológica demonstrou que a área ao redor do túmulo de Jesus, no Santo Sepulcro, e de outros túmulos do século I era o antigo local de uma pedreira que havia sido preenchida com terra no século I, sugerindo a possibilidade da localização do jardim.

Além disso, a Porta do Jardim nessa área foi finalmente descoberta por meio de escavações, ligando os achados arqueológicos de uma porta, um jardim e túmulos do século I à descrição do local da crucificação e mostrando que a colina rochosa próxima considerada pela tradição antiga como o local da crucificação é plausível (Josefo, *Wars* 5.141-146; Hebreus 13,12). Portanto, o local marcado como Gólgota no século IV d. C. é o local mais provável da crucificação de Jesus, pelo menos aproximadamente, devido à sua concordância com as fontes históricas antigas e análises arqueológicas.

Embora os dois criminosos crucificados ao lado de Jesus tenham tido as pernas quebradas para garantir uma morte rápida, os soldados viram que Jesus parecia já morto, confirmando isso perfurando seu lado com uma lança para ver o sangue e a água escorrerem separados. Depois o corpo foi retirado da cruz e levado para sepultamento (Marcos 15,43-45; João 19,33-38).

Várias teorias médicas foram sugeridas sobre o sangue e a água que fluíram depois que o lado de Jesus foi perfurado, mas a causa exata parece indecisa, com possibilidades como acúmulo de líquido ao redor dos pulmões e ruptura do coração. A remoção da cruz e o subsequente sepultamento foram especialmente importantes em observação à Lei mosaica (João 19,31; Deuteronômio 21,22-23; Josefo, *Wars*). Após a sua morte, o corpo de Jesus foi retirado da cruz e sepultado num túmulo novo, que agora se encontra dentro da edícula (uma pequena estrutura ou santuário usado para proteger um importante objeto religioso) da Igreja do Santo Sepulcro.

BIBLIOGRAFIA SELECIONADA
(CAPÍTULO 7)

AVIGAD, Nahman. *Discovering Jerusalem*. Jerusalem: Shikmona, 1980.

BAHAT, Dan. "Does the Holy Sepulchre Church Mark the Burial of Jesus?". *Biblical Archaeology Review* 12:3, 1986.

BAHAT, Dan e BROSHI, Magen. "Excavations in the Armenian Garden". Yadin (ed.), *Jerusalem Revealed. Archaeology in the Holy City 1968-1974*. Jerusalem: Israel Exploration Society, 1976.

BALL, David. "The Crucifixion and Death of a Man Called Jesus". *Journal of Mississippi State Medical Association* 30, 1989.

BARBET, Pierre. *A Doctor at Calvary*. New York: Image, 1963.

BELLA, Francesco e AZZI, Carlo. "14C Dating of the Titulus Crucis". *Radiocarbon 44*, issue 3, 2002.

BLOMBERG, Craig. *Jesus and the Gospels*. Nashville: Broadman and Holman Academic, 2009.

BROSHI, Magen e BARKAY, Gabriel. "Excavations in the Chapel of St. Vartan in the Holy Sepulchre". *Israel Exploration Journal* 35, 1985.

BROWN, Francis *et al. Enhanced Brown-Driver-Briggs Hebrew and English Lexicon*. Oak Harbor, WA: Logos, 2000.

CHANCEY, Mark e PORTER, Adam. "The Archaeology of Roman Palestine". *Near Eastern Archaeology* 64.4, 2001.

COOK, John. "Envisioning Crucifixion: Light from Several Inscriptions and the Palatine Graffito". *Novum Testamentum* 50, fasc. 3, 2008.

CORBO, Virgilio. *Il Santo Sepolcro Di Gerusalemme: Aspetti Achaeologici Dalle Origini Al Periodo Crociato*. Jerusalem: Franciscan, 1981.

CROSSAN, John Dominic e REED, Jonathan. *Excavating Jesus: Beneath the Stones, Behind the Texts*. New York: HarperCollins, 2001.

CURRAN, John. "'The Long Hesitation': Some reflections on the Romans in Judaea". *Greece and Rome*, second series, vol. 52, n° 1, 2005.

EDWARDS, William, GABEL, Wesley e HOSMER, Floyd. "On the Physical Death of Jesus Christ". *Journal of the American Medical Association* 255, 1986.

EGMOND, Florike. "The Cock, the Dog, the Serpent, and the Monkey. Reception and Transmission of a Roman Punishment, or Historiography as History". *International Journal of the Classical Tradition* 2, n° 2, 1995.

EVANS, Craig. "Excavating Caiaphas, Pilate, and Simon of Cyrene: Assessing the Literary and Archaeological Evidence". *Jesus and Archaeology*, ed. James Charlesworth. Grand Rapids: Eerdmans, 2006.

_____. *Jesus and the Manuscripts*. Peabody: Hendrickson, 2020.

GEVA, Hillel. *Jewish Quarter Excavations in the Old City of Jerusalem, vol 1: Architecture and Stratigraphy*. Jerusalem: Israel Exploration Society, 2000.

GIBSON, Shimon. *The Final Days of Jesus: The Archaeological Evidence*. New York: Harper-Collins, 2009.

_____. "New Excavations on Mount Zion in Jerusalem and an Inscribed Stone Cup/Mug from the Second Temple Period". Amit *et al.* eds. *New Studies in the Archaeology of Jerusalem and Its Region: Collected Papers*, volume IV. Jerusalem: IAA, Hebrew University, Moriah, 2010.

_____. "The Trial of Jesus at the Jerusalem Praetorium: New Archaeological Evidence". Evans ed. *The World of Jesus and the Early Church*. Peabody, MA: Hendrickson, 2011.

GIBSON, Shimon e TAYLOR, Joan. *Beneath the Church of the Holy Sepulchre*. London: Palestine Exploration Fund, 1994.

GOREN, Yuval e ZISSU, Boaz. "The Ossuary of Miriam Daughter of Yeshua Son of Caiaphas, Priests Ma'aziah from Beth 'Imri". *Israel Exploration Journal* 61, n° 1, 2011.

GREEN, William. "An Ancient Debate on Capital Punishment". *Classical Journal* 24.4, 1929.

GREENHUT, Zvi. "Burial Cave of the Caiaphas Family". *Biblical Archaeology Review* 18:5, 1992.

_____. "The 'Caiaphas' Tomb in North Talpiyot. Jerusalem". *'Atiqot* 21, 1992.

HARDEN, John. *Dictionary of the Vulgate New Testament*. New York: Macmillan, 1921.

HAAS, Nico. "Anthropological Observations on the Skeletal Remains from Giv'at ha-Mivtar". *Israel Exploration Journal* 20, 1970.

HENGEL, Martin. *Crucifixion in the Ancient World and the Folly of the Message of the Cross*. Philadelphia: Fortress, 1977.

HOEHNER, Harold. *Chronological Aspects of the Life of Christ*. Grand Rapids: Zondervan, 1978.

_____. *Herod Antipas: A Contemporary of Jesus Christ*. Grand Rapids: Zondervan, 1980.

KANAEL, Baruch. "Ancient Jewish Coins and Their Historical Importance". *Biblical Archaeologist* 26, n° 2, 1963.

KENNEDY, Titus. "The Trial of Jesus in Archaeology and History". *Bible and Spade* 25:4, 2012.

KENYON, Kathleen. *Digging Up Jerusalem*. London: Ernest Benn, 1974.

KOSKENNIEMI, Erkki *et al.* "Wine Mixed with Myrrh (Mark 15,23) and Crurifragium (John 19,31-32): Two Details of the Passion Narratives". *Journal for the Study of the New Testament* 27, 2005.

LEMAIRE, Andre. "Burial Box of James the Brother of Jesus". *Biblical Archaeology Review* 28:6, 2002.

LIDDELL *et al.* *A Greek-English Lexicon*. Oxford: Clarendon. 1996.

MAIER, Paul. "The Inscription on the Cross of Jesus of Nazareth". *Hermes* 124, 1996.

_____. "Sejanus, Pilate, and the Date of the Crucifixion". *Church History* 37, n° 1, 1968.

MAGNESS, Jodi. "Ossuaries and the Burials of Jesus and James". *Journal of Biblical Literature* 124, 2005.

MASLEN, Matthew e MITCHELL, Piers. "Medical Theories on the Cause of Death in Crucifixion". *Journal of the Royal Society of Medicine* 99, 2006.

MCRAY, John. *Archaeology and the New Testament*. Grand Rapids: Baker Academic, 1991.

NAZENIE DE VARTAVAN, Garibian. *La Jerusalem Nouvelle et les premiers sanctuaires chrétiens de l'Arménie. Méthode pour l'étude de l'église comme temple de Dieu*. London: Isis Pharia, 2008.

PELEG, Yifat. "Gender and Ossuaries: Ideology and Meaning". *Bulletin of the American Schools of Oriental Research* 325, 2002.

REICH, Ronny. "Caiaphas' Name Inscribed on Bone Boxes". *Biblical Archaeology Review* 18:5, 1992.

RETIEF, F. P. e CILLIERS, L. "Medical History: The History and Pathology of Crucifixion". *South African Medical Journal* 93, 2003.

ROSENFELD, Amnon, FELDMAN, Howard e KRUMBEIN, Wolfgang. "The Authenticity of the James Ossuary". *Open Journal of Geology* 4, 2014.

RÜPKE, Jörg. "You Shall Not Kill: Hierarchies of Norms in Ancient Rome". *Numen* 39, 1992.

TAYLOR, Joan. "Golgotha: A Reconsideration of the Evidence for the Sites of Jesus' Crucifixion and Burial". *New Testament Studies* 44, issue 2, 1998.

THENIUS, Otto. "Golgatha et Sanctum Sepulchrum". *Zeitschrift fïr die Historische Theologie*, 1842.

VAANANEN, Veikko, ed. *Graffiti Del Palatino I. Paedagogium*. Helsinki: Institutum Romanum Finlandiae, 1966.

VARDAMAN, Jerry. "A New Inscription which Mentions Pilate as 'Prefect'". *Journal of Biblical Literature* 81, 1962.

WOLFF, Samuel. "Archaeology in Israel". *American Journal of Archaeology* 100, n° 4, 1996.

YADIN, Yigael. "Epigraphy and Crucifixion". *Israel Exploration Journal* 23, 1973.

ZIAS, Joe e SEKELES, E. "The Crucified Man from Giv'at ha-Mivtar: A Reappraisal". *Israel Exploration Journal* 35, 1985.

Capítulo 8

O SEPULTAMENTO, O TÚMULO E A RESSURREIÇÃO DE JESUS

⋯⋯ ⪢ ∝ ✠ ☘ ⪡ ⋯⋯

A
pós a crucificação de Jesus, o corpo foi colocado em um túmulo de acordo com práticas e rituais típicos da Judeia no século I d. C. As tradições funerárias comuns na Judeia, durante o período romano, seguiram os mandamentos básicos da Lei mosaica, combinadas com o uso de túmulos de pedra locais e sepultamentos secundários, ao passo que certas pessoas até adotaram alguns costumes helenísticos e romanos. Após a morte, o cadáver era preparado para o sepultamento por meio de lavagem e unção com óleos, depois era envolto em uma mortalha de linho antes de ser colocado no túmulo o mais rápido possível (Mateus 26,12; 27,59-60; Marcos 15,46; Lucas 23,53-56; João 11,44; 19,38-40; Atos 5,6; 9,36-37). Em alguns casos, o cadáver também pode ter sido colocado num caixão, pois os caixões de madeira parecem ter sido usados pouco antes da época de Herodes, no período asmoneu, embora a prevalência dessa prática seja desconhecida (Lucas 7,12-15).

Descobertas de túmulos do século I a. C. a 70 d. C. na área de Jerusalém indicam que as práticas típicas incluíam túmulos rochosos esculpidos artificialmente na rocha, túmulos fora dos muros da cidade, túmulos usados por famílias ao longo de gerações, e não apenas por um indivíduo, corpos inicialmente envoltos em uma mortalha e colocados no túmulo individualmente, e que apenas as pessoas mais ricas tinham túmulos esculpidos na rocha, enquanto aqueles com menos recursos financeiros usavam covas e valas.

As vítimas de crucificação na Judeia do século I eram autorizadas a um enterro adequado, pelo menos, ocasionalmente, como evidenciado pela descoberta do túmulo de Yehohanan e de seu ossuário, embora a maioria dos corpos dos crucificados, geralmente criminosos ou rebeldes, eram provavelmente enterrados em covas ou valas, em vez de túmulos caros escavados na rocha. De acordo com a Lei mosaica, teria sido protocolo que Jesus fosse sepultado no mesmo dia em que foi crucificado, e isso precisava ser feito antes do início da Páscoa, na noite de sexta-feira (Deuteronômio 21,22-23).

Como esse calcário fácil de cortar estava disponível em toda a região, as pessoas utilizavam túmulos escavados em uma encosta rochosa ou em um poço no solo, cortado com cinzéis. A maioria desses túmulos tinha uma entrada que podia ser fechada e aberta movendo a pedra rolante ou a pedra de bloqueio, uma câmara central, múltiplas câmaras de extensão ou bancos funerários, ossuários e vários tipos de cerâmica (Mateus 27,60; Marcos 15,46; 16,5; Lucas 23,53-24,2; João 11,38-39; 19,41-20,1).

O ritual de colocação de bens mortuários não parece ser atestado em todos os túmulos e, em muitos casos, provavelmente tinha apenas um significado sentimental, em vez de uma reflexão sobre as visões da vida após a morte. A parte externa de um túmulo geralmente não tinha marcadores ou decorações, e os enterros eram tradicionalmente considerados simples, exceto no caso dos ricos ou daqueles que imitavam as práticas helenísticas e romanas, que geralmente incluíam famílias sacerdotais (Josefo, *Antiquities* e *Wars*).

A câmara principal de uma tumba era normalmente flanqueada em três lados por bancos elevados esculpidos na pedra, enquanto extensões para sepulturas adicionais seriam escavadas nessa câmara principal. Os túmulos com nichos funerários que se estendem para fora da câmara principal são frequentemente chamados de túmulos *loculi*, e eram os mais comuns durante o período. Uma família poderia continuar a adicionar mais nichos funerários à medida que mais membros da família fossem enterrados no túmulo.

A parte externa dos túmulos era ocasionalmente decorada, enquanto a parte interna poderia conter cerâmica e,

Corte em pedra do século I, túmulo de pedra rolante da família herodiana fora dos muros de Jerusalém, semelhante ao túmulo no qual Jesus foi enterrado.

raramente, inscrições nas paredes. Em alguns casos, moedas foram encontradas associadas a crânios, refletindo a adoção da prática helenística de colocar uma moeda na boca para pagar ao barqueiro Caronte pela passagem através do rio Estige até o mundo subterrâneo.

Os enterros menos elaborados e menos caros consistiam em um simples poço ou vala escavada no solo onde apenas uma pessoa seria enterrada. Muitos foram encontrados no período romano na Judeia, mas apenas uma pequena porcentagem está escavada profundamente na rocha, o que obviamente exigia muito mais trabalho.

A análise de esqueletos demonstrou que os túmulos na Judeia do século I eram usados principalmente para grupos familiares, que os enterrados podiam ser de qualquer faixa etária ou sexo e que, com o tempo, ossuários ou nichos funerários passaram a ser usados em sepultamentos secundários para vários indivíduos, provavelmente devido a restrições de espaço. A tradição dos túmulos ancestrais remonta pelo menos à época dos patriarcas e está incorporada nas frases "reunido ao seu povo" ou "reunido ao seu pai" (Gênesis 25,8; 49,29-33; Juízes 2,10; 2 Reis 22,20; 2 Crônicas 34,28). O túmulo de Jesus, porém, era um túmulo novo onde ninguém havia sido enterrado e ninguém usou depois.

Normalmente, depois que a carne se decompunha no túmulo, os restos do esqueleto eram colocados em ossuários para sepultamento secundário. Um ossuário é uma caixa, geralmente esculpida em pedra, que servia para guardar os ossos do falecido. Os ossuários na Judeia tinham geralmente cerca de 77 centímetros por 30 centímetros x 30 centímetros, projetados para conter apenas uma coleção de ossos. O surgimento e uso de ossuários na Judeia e na Galileia parece ter feito parte da adoção de práticas romanas e helenísticas, e, em particular, o uso de urnas cinerárias e caixas de pedra para guardar os restos mortais dos falecidos.

Embora provavelmente tenha sido adotado o uso de uma caixa-contêiner, a prática romana de cremação não o foi. Em vez disso, os ossos dos falecidos eram preservados para acomodar antigas práticas funerárias e crenças do judaísmo, incluindo a ressurreição. Os ossuários aparecem, pela primeira vez, durante a época de Herodes, *o Grande*, que foi nomeado rei pelos romanos, e o uso de ossuários quase cessou após a destruição de Jerusalém em 70 d. C. pelos romanos.

São conhecidas centenas de inscrições em ossuários, embora a maioria não tenha inscrição. Normalmente, a inscrição menciona o nome do falecido e talvez de seu pai, embora, em raros casos, apareçam localizações geográficas, maldições, mães, avôs, avós e até irmãos. As inscrições nos ossários variam de rudimentares a altamente artísticas, incluindo pigmento azul ou vermelho nas letras. As decorações são geralmente geométricas, mas rosetas e palmeiras também eram bastante comuns.

Na Judeia, os ossuários foram usados principalmente desde cerca de 20 a. C. até a destruição de Jerusalém em 70 d. C., enquanto na região mais ampla seu uso persistiu até o século III d. C. De acordo com alguns estudos, mesmo os primeiros cristãos na área de Jerusalém usavam ossuários no século I, como os encontrados nos túmulos de Dominus Flevit. O controverso Ossuário de Tiago parece também atestar essa prática.

O SUDÁRIO

Quando Jesus foi sepultado, seu corpo foi envolto em uma mortalha e colocado no banco funerário de pedra dentro do túmulo esculpido na rocha, que foi então selado com uma pedra enorme (Mateus 27,59; Marcos 15,46; Lucas 23,53; 24,12; João 19,40; 20,3-7). O "túmulo do sudário" na área de Aceldama, ao sul da antiga Jerusalém, forneceu evidências arqueológicas dessa prática de mortalha na Judeia do período romano, quando um homem adulto sepultado com uma mortalha no século I d. C. foi descoberto. Os restos de tecido encontrados nesse túmulo incluem uma toalha funerária e uma toalha facial separada. A tecelagem era um método simples de duplo sentido.

Em contraste, o famoso e, ainda assim, misterioso Sudário de Turim tem uma proveniência desconhecida, uma vez que não foi recuperado numa escavação arqueológica, falta a toalha de rosto separada e a sua trama é mais complexa. É um artefato, ou talvez uma relíquia, cuja idade de origem, método de imagem e relevância para a história ainda são debatidos após extensos testes, análises e pesquisas históricas. Essa mortalha mede 4,4 metros por 1,1 metro e foi tecida em linho em um padrão de sarja quebrada 3:1.

A análise das imagens do sudário, principalmente dos negativos fotográficos, mostra que parece retratar um homem barbudo com feridas consistentes com o processo de crucificação romana e a crucificação de Jesus registrada nos Evangelhos. A imagem consiste em fibras amareladas localizadas apenas na parte superior dos fios que parecem não apresentar evidências de tintas, corantes, manchas ou corantes aplicados. Os testes de radiocarbono em 1988 dataram o Sudário de 1260-1390 d. C., mas, posteriormente, vários cientistas argumentaram que a contaminação poderia ter prejudicado os resultados dos testes, como o teste de uma seção reparada durante a Idade Média ou o incêndio em 1532 que danificou o Sudário e pode ter contaminado os resultados.

Outra evidência poderia indicar uma origem no século I, como o fato desse tipo de trama sendo conhecido a partir de tecidos descobertos em Masada, datando do período romano da Judeia. Amostras de pólen do Sudário também sugerem um ponto de origem no Oriente Médio e no Mediterrâneo, incluindo a guirlanda de crisântemo encontrada na área da Judeia. A análise de partículas de sujeira encontrou calcário travertino aragonita, que correspondia às assinaturas químicas dos túmulos de Jerusalém.

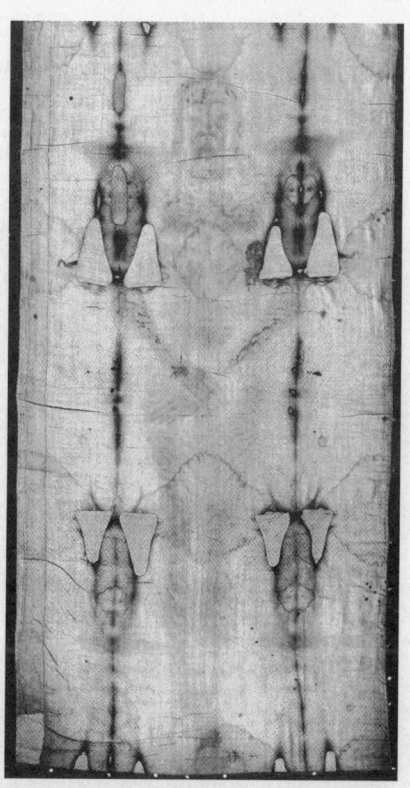

O enigmático e debatido Sudário de Turim.

Uma reconstrução histórica remonta o sudário até Constantinopla, Edessa e, por fim, Jerusalém, identificando-o como um objeto conhecido de fontes antigas já no século II e geralmente referido como a Imagem de Edessa ou Mandylion[24]. Uma das substâncias testadas no Sudário foi sangue, e provavelmente sangue humano, embora os resultados não tenham sido definitivos.

---

24 *Mandylion* ou Imagem de Edessa é "uma relíquia lendária que supostamente traz a marca milagrosa do rosto de Jesus Cristo. Mandylion é uma palavra grega bizantina medieval não aplicada nem encontrada em qualquer outro contexto, composta pelo termo grego para 'toalha' ou 'guardanapo' (*mandyl*) e uma espécie de diminutivo francês (íon). É, então, 'o pequeno pano', como se aludisse à existência de um pano maior – talvez o Santo Sudário". Para mais informações, consulte https://aleteia.org/2023/04/13/the-mandylion-the-legendary-image-of-edessa/. (N. R.)

Devido à antiga tradição histórica, à imagem do que parece ser um homem crucificado e à presença de sangue num pano de linho centenário, uma hipótese afirma que o Sudário de Turim era a mortalha (*sindon*) de Jesus. Foram levantadas objeções de que, mesmo que tenha se originado na Judeia do século I, esse não poderia ser o Sudário de Jesus, porque João mencionou uma toalha de rosto separada, embora, talvez, um lençol de linho pudesse ter sido colocado sobre toda a cabeça, além de uma toalha facial.

No entanto, os químicos e os físicos ainda não conseguiram explicar claramente como a imagem foi formada, nenhum consenso foi alcançado, e o mistério e o debate sobre o Sudário provavelmente continuarão até que novos dados sejam trazidos à luz. Independentemente de a quem pertencia o Sudário de Turim ou de onde se originou, outras descobertas arqueológicas demonstraram o uso de mortalhas e de uma toalha facial separada para indivíduos sepultados na Jerusalém do século I.

O TÚMULO DE JESUS

Segundo os Evangelhos, o túmulo de Jesus, que teria sido bastante caro, foi financiado por um homem rico chamado José de Arimateia, que era membro do Sinédrio. O túmulo foi descrito como um novo nos arredores da cidade, escavado na rocha, com uma única câmara, tendo um banco ou cocho onde colocar o corpo e selado com uma grande pedra (Mateus 27,57-60; Marcos 15,42-46; 16,5; Lucas 23,50-53; João 19,38-41; 20,11-12). Os túmulos escavados na rocha e selados em pedra com um banco são de um tipo conhecido na Judeia e na área de Jerusalém durante o período romano, e vários exemplos foram descobertos quase intactos. Os detalhes sobre o túmulo registrados nos Evangelhos permitem a aplicação de critérios específicos na avaliação de túmulos antigos, além de quaisquer fontes históricas da antiguidade e tradições antigas do local.

Depois que o corpo de Jesus foi colocado no túmulo, este foi selado com uma pedra e guardas foram colocados do lado de fora da entrada para impedir que os discípulos de Jesus levassem o corpo. Sendo uma província governada por um prefeito romano, é lógico que a aplicação da lei seria romana. A guarda do templo não teria jurisdição verdadeira fora do templo, razão pela qual os sumos sacerdotes e outros líderes religiosos pediram a Pôncio Pilatos "que desse ordens", mas não lhe pediram permissão para usar os seus guardas do templo. Mateus usou a palavra grega *stratiotes* que significa "soldado, soldado profissional, oficial do serviço imperial" para esses guardas, mas, quando os oficiais ou guardas do templo são mencionados nos Evangelhos, essa palavra não é usada. Fílon, a Mishná e o Talmude descrevem os deveres dos guardas do templo como sendo principalmente no recinto do templo, guardando ou agindo como porteiros para garantir que as pessoas erradas não entrassem onde não eram permitidas (Mateus 28,12; Fílon, *The Special Laws*).

Quando os soldados falharam em sua missão de guardar o túmulo, os líderes religiosos prometeram mantê-los longe de problemas – o que poderia incluir a execução – se o prefeito romano soubesse a respeito do desaparecimento do corpo de Jesus durante sua vigília (Mateus 28,14). Portanto, as fontes evangélicas indicam que o túmulo teria sido guardado por soldados romanos, e que o conhecimento da localização do túmulo no século I era generalizado, inclusive entre os discípulos de Jesus, o Sinédrio e os romanos.

Laje de mármore cobrindo o banco funerário original esculpido em calcário dentro do túmulo da Igreja do Santo Sepulcro.

A comunidade cristã reverencia esse local do túmulo de Jesus desde a antiguidade, lembrando o acontecimento e o local e transmitindo essa informação de geração em geração. A tradição para a localização do túmulo de Jesus provavelmente remonte a 33 d. C., uma vez que uma comunidade cristã substancial permaneceu em Jerusalém desde a época de Jesus até o período bizantino, exceto por uma breve partida por volta de 66-73 d. C., durante a Primeira Revolta da Judeia contra Roma, quando muitos cristãos se mudaram para Pela e outras áreas próximas não envolvidas na revolta.

Múltiplas fontes históricas da antiguidade mencionam o túmulo de Jesus e os edifícios que foram colocados sobre ele nos períodos romano e bizantino, mostrando que o local não foi esquecido mesmo quando foi obscurecido. Eusébio, um historiador romano e bispo cristão de Cesareia que viveu nos séculos III e IV d. C., registrou que o túmulo de Jesus escavado na rocha havia sido coberto por um templo a Vênus (também conhecido pelo nome grego da deusa Afrodite) pelo imperador Adriano, por volta de 135 d. C. (Eusébio, *Life of Constantine*). Jerônimo, um padre da Igreja dos séculos IV e V, que viveu grande parte de sua vida em Belém, também afirma que um templo romano ocupou o local do túmulo de Jesus, embora Jerônimo mencione Júpiter, em vez de Vênus (Jerônimo, *Letter to Paulinus*). Esses dois estudiosos viviam na área e estavam muito familiarizados com a cidade de Jerusalém, com a história romana e com a história da Igreja, além de obterem informações de moradores e líderes da Igreja e de fontes às quais não temos mais acesso.

Mesmo antes da construção da igreja e possivelmente antes da construção do templo romano, peregrinos cristãos vindos de longe podem ter visitado o local e deixado a sua marca. Escavações na Capela de São Vartan, na Igreja do Santo Sepulcro, descobriram um desenho interessante, mas enigmático, de um navio acompanhado de uma inscrição em latim *domine ivimus*, possivelmente significando "Senhor, nós fomos", referindo-se a uma peregrinação e talvez do século II d. C. (cf. Salmos 122,1). No entanto, a data do navio e o significado exato da inscrição que o acompanha são contestados.

A referência aparentemente problemática a Vênus e Júpiter pode ser explicada pela possibilidade de um templo duplo para Júpiter e Vênus no local. Esse conceito de templo duplo construído num eixo leste-oeste, em especial, envolvendo Vênus, tem precedente em outros projetos de construção de Adriano, como o famoso templo duplo de Vênus e Roma, dedicado em 135 d. C., situado entre o Foro e o Coliseu de Roma. O templo de Vênus e Júpiter em Jerusalém erguido por Adriano também ficava próximo ao Foro Romano de Jerusalém, o que está de acordo com a prática romana típica e também está de acordo com a localização da Igreja do Santo Sepulcro.

Eusébio obviamente conhecia a tradição do túmulo de Jesus já no século III d. C., mas, se a informação que transmite estiver correta, então o imperador Adriano também sabia a localização do túmulo de Jesus, ou pelo menos onde os cristãos do início do século II d. C. consideravam que o túmulo estava localizado. Não é apenas provável, mas quase certo, que os cristãos teriam transmitido uma memória contínua da localização do túmulo desde o momento do sepultamento, por volta de 33 d. C., visto que o túmulo foi o local do evento mais importante no cristianismo – a ressurreição de Jesus.

Ruínas do templo duplo de Vênus e Roma, em Roma.

Essa cobertura de locais associados a Jesus foi parte de um esforço concentrado de Adriano para suprimir e eliminar o cristianismo por meio da construção de templos e santuários pagãos em locais importantes para os cristãos, o que também ocorreu em Belém, no Tanque de Betesda e, provavelmente, no Tanque de Siloé. Escavações sob a Igreja do Santo Sepulcro revelaram que um templo romano, para Vênus e, aparentemente, também para Júpiter, foi construído sobre um túmulo do século I, na época do imperador Adriano, durante a reconstrução de Jerusalém como Aelia Capitolina por volta de 135 d. C.

Mesmo que alguns estudiosos tenham sugerido que pode ter havido outro templo na cidade dedicado a Júpiter Capitolino, de quem a cidade recebeu parcialmente o nome, a presença de um segundo templo romano localizado em outro lugar da cidade desde a época de Adriano não foi confirmada por fontes escritas ou arqueológicas. Embora Adriano possa ter pretendido construir outro templo romano no Monte do Templo, isso parece ter sido frustrado pela Revolta de Bar Kokhba, e a construção nunca foi concluída. Não há evidências de qualquer templo romano no Monte do Templo, mas apenas de estátuas dos imperadores Adriano e Antonino Pio colocadas na plataforma remanescente.

Uma moeda emitida por ordem do imperador Adriano em Jerusalém diz "COL(onia) AEL(ia) KAP(itolina)" e mostra um templo com três figuras dentro. Essas figuras são normalmente identificadas como as divindades Júpiter, Juno e Minerva, que compunham a Tríade Capitolina. Como o templo que ficava sobre o túmulo de Jesus pode ter sido um templo duplo a Vênus e Júpiter, comum no período romano, e, especialmente, durante o reinado de Adriano, que acreditava que sua família tinha uma ligação com Vênus, a moeda pode até estar representando parte do templo que foi colocada sobre o túmulo de Jesus. Uma dessas moedas foi até encontrada em escavações sob a igreja, que também revelaram vestígios do templo romano.

Não muito depois da época de Jesus, o cristianismo já causava problemas ao Império Romano devido à sua visão de mundo e cultura radicalmente diferentes, as quais não combinavam com as crenças e práticas romanas tradicionais. Por volta de 116 d. C., o historiador romano Tácito escreveu que, em um esforço para suprimir o boato de Jesus e da ressurreição, que se originou na Judeia e se espalhou por Roma, o imperador Nero acusou falsamente os cristãos e os puniu com tortura e morte pelo menos já em 64 d. C. (Tácito, *Annals* 15.44).

De acordo com outro notável historiador romano, o imperador Cláudio já havia expulsado os judeus de Roma, porque faziam "perturbações" sobre Cristo (Suetônio, *As Vidas dos Doze Césares*; Atos 18,2). Os envolvidos eram provavelmente cristãos, os quais, nos primeiros anos do cristianismo, os romanos identificaram erroneamente como praticantes do judaísmo até que a distinção se tornou mais clara para eles, e aos judeus que se opunham a Jesus e ao cristianismo. Os romanos também estavam familiarizados com as reivindicações singulares de Jesus ressuscitando dos mortos e deixando o túmulo, como é demonstrado pelos registros de Josefo no final do século I d. C., observando que as pessoas haviam relatado a respeito da ressurreição de Jesus.

Além disso, um decreto emitido por um dos imperadores, provavelmente Cláudio, que parece reconhecer o túmulo vazio, impôs a pena de morte a qualquer pessoa que tentasse roubar um corpo desse tipo de túmulo. A "Inscrição de Nazaré", como costuma ser chamada a inscrição em pedra desse decreto, concentra-se nos perpetradores que retiraram um cadáver de um túmulo por "intenções perversas" e, em particular, de um tipo de túmulo escavado na rocha que está selado com uma pedra, que só foi usado na província da Judeia

A entrada adornada do túmulo de Jesus na Igreja do Santo Sepulcro.

até cerca de 70 d. C. As políticas de muitos dos imperadores continuaram a tentar livrar o Império do cristianismo por meio da lei, da propaganda, da perseguição e do programa de construção de Adriano, incluindo o seu templo romano sobre o local do túmulo de Jesus.

O cristianismo no Império Romano não apenas persistiu, mas cresceu a tal ponto que foi legalizado em 313 d. C. pelo Édito de Milão durante o reinado do imperador Constantino. Logo depois, a construção da Igreja do Santo Sepulcro começou sob o comando do arquiteto Zenóbio, por volta de 326 d. C. Evidências arqueológicas e históricas parecem apontar para o túmulo de Jesus como estando localizado dentro dessa igreja.

Embora nenhum outro local tenha uma tradição antiga como o túmulo de Jesus, nem todos concordam que a Igreja do Santo Sepulcro marca a localização desse túmulo. Devido a mal-entendidos sobre a localização dos muros de Jerusalém na antiguidade, vários estudiosos do passado pensaram erroneamente que a Igreja do Santo Sepulcro estava localizada dentro de Jerusalém na época de Jesus. Na realidade, durante a vida de Jesus, os muros de Jerusalém não se estendiam tão a oeste quanto a área da Igreja do Santo Sepulcro até que a construção do "terceiro muro" começou, por volta de 41-44 d. C., por Herodes Agripa I, e pode não ter sido concluída até pouco antes da Primeira Revolta Judaica (Josefo, *Wars* 5.148-155). No entanto, devido a entendimentos errados, foram procuradas opções alternativas.

A Tumba do Jardim, que está localizada fora da muralha da Cidade Velha, longe dos muros ou portas de Jerusalém que datam da época de Jesus, foi investigada e apresentada, no final do século XIX, pelo estudioso alemão Conrad Schick depois que Charles Gordon, em 1883, propôs o Calvário vizinho de Gordon como local alternativo para o local da crucificação. No entanto, a análise arqueológica da Tumba do Jardim demonstrou que foi originalmente construída, ou escavada, na Idade do Ferro II, por volta do século VII ou VIII a. C., e que, portanto, é centenas de anos muito antecipada para ser o túmulo de Jesus. Mais de mil anos depois, esse túmulo foi reutilizado pelos cristãos como local de sepultamento no período bizantino, por volta do século V ou VI, como evidenciado pelos restos de esqueletos humanos encontrados em seu interior.

O exterior da Tumba do Jardim em Jerusalém.

Além disso, a Tumba do Jardim tinha duas câmaras em vez de uma, e a construção não é do tipo que permitiria uma pedra rolante para selar a tumba – por exemplo, os tetos dos túmulos da Idade do Ferro II, como a "Tumba do Jardim", eram planos, em vez de abobadados, ao contrário do túmulo de tipo arcossólio do século I em que Jesus foi sepultado. Assim, a Tumba do Jardim não corresponde às descrições antigas do túmulo de Jesus em data, desenho ou localização. Em vez disso, a área da Tumba do Jardim pode servir como um exemplo visual geral de como seria a área do jardim ao redor do túmulo de Jesus no século I d. C.

Recentemente foi proposta outra localização alternativa para o túmulo de Jesus, num local conhecido como Tumba de Talpiot, embora esse local tenha recebido pouca aceitação tanto nas comunidades cristãs como nas comunidades acadêmicas. Os nomes encontrados gravados em seis dos dez ossuários de Talpiot são interessantes, embora sejam nomes comuns durante o período romano em Jerusalém e arredores. Os nomes inscritos nos ossuários incluem um "[…?] filho de José", que foi proposto como "Jesus filho de José", mas vários estudiosos preferem "Hanun filho de José" ou que a primeira parte da inscrição é, principalmente, indecifrável. Os nomes por si sós não sugerem nada além de que o túmulo foi usado pelos judeus durante o período romano.

Também não há marcas cristãs na Tumba de Talpiot, e nenhuma tradição antiga ou registro associando à Tumba de Talpiot a Jesus ou ao cristianismo primitivo. Os dados demonstram que nem a Tumba do Jardim nem a Tumba de Talpiot eram o túmulo de Jesus, nem foram considerados como tal até os tempos modernos.

Antes de construir a Igreja do Santo Sepulcro, Constantino mandou desmanchar o templo de Vênus, e, uma vez removido, o que foi identificado como o túmulo de Jesus embaixo ficou visível novamente. Esse túmulo de particular interesse, escavado em calcário, data de antes da construção do templo romano e foi claramente considerado como o túmulo de Jesus tanto no século II d. C. como no século IV d. C. pelo governo romano e pela comunidade cristã, conforme evidenciado pela construção do templo e da igreja acima e ao redor do túmulo.

De acordo com as escavações, esse túmulo tinha um único e curto corredor que ligava a entrada a uma única sala quadrada onde o corpo ficaria. A arquitetura da entrada sugere que uma grande pedra circular selou o túmulo, embora existam tumbas semelhantes que têm pedras de vedação quadradas em vez de redondas. A descrição do túmulo nos Evangelhos deixa claro que se tratava de um túmulo de câmara única escavado na rocha, e que foi usada uma pedra de selamento redonda e circular, o que estaria de acordo com os achados arqueológicos (Mateus 27,59-60; Marcos 15,46; Lucas 24,2).

A Igreja do Santo Sepulcro foi erguida em torno do local do túmulo, e não acima dele, mas, durante a construção, parece que os construtores cortaram grande parte da colina rochosa ao redor do túmulo para que pudesse ser mais facilmente integrada à igreja. A igreja foi inaugurada em setembro de 335 d. C. pelo bispo Macário de Jerusalém. Devido à destruição da igreja e do túmulo pelo califa islâmico conhecido como Hakim, *o Louco*, em 1009, o que resta hoje requer muito mais imaginação do que era óbvio durante o período bizantino.

A tradicional rocha do Calvário ou Gólgota, que se encontra no extremo da atual igreja, também não existia no edifício original. Fontes antigas têm muito menos a dizer sobre esse local, embora a colina rochosa, que é pelo menos 9 metros mais alta que o chão da igreja do século IV, e a sua proximidade com o túmulo a tornem uma candidata plausível para a colina em forma de crânio da crucificação (João 19,17,41).

Investigações arqueológicas em Jerusalém também mostraram que a Igreja do Santo Sepulcro fica fora e a oeste dos muros de Jerusalém desde a época de Jesus, portanto enterros teriam sido permitidos na área. Na verdade, as escavações revelaram a existência de vários túmulos antigos escavados na encosta, a qual pode ter sido chamada de "Gareb" (Jeremias 31,39). Um desses túmulos, aproximadamente 20 metros a oeste do túmulo de Jesus e chamado de Túmulo de José de Arimateia, parece ter sido escavado entre o século I a. C. e 44 d. C. Tratava-se de uma tumba com várias câmaras que tinha nove reentrâncias ovais ao longo das paredes.

Os outros túmulos escavados na rocha, nas imediações, datam principalmente do século I a. C. e do século I d. C. Alguns outros túmulos antigos nas proximidades da igreja parecem ter sido do tipo *loculi* mais comum, que utiliza fendas nas paredes para colocar corpos ou ossuários, e, muitas vezes, têm vários corredores e câmaras. Por volta de 44 d. C., porém, Herodes Agripa I expandiu os muros de Jerusalém para o norte e o oeste, abrangendo a área ao redor do túmulo. A Igreja do Santo Sepulcro também foi construída numa área que foi pedreira até ao século I a. C., quando foi preenchida com terra e convertida em jardim.

Parece que José de Arimateia mandou escavar um túmulo numa colina rochosa nessa área do jardim, e Jesus foi colocado nesse túmulo após a crucificação. Evidências da arqueologia, de fontes históricas antigas, da geografia e da tradição cristã apontam que a Igreja do Santo Sepulcro abriga os restos do túmulo de Jesus, que ainda hoje pode ser visitado.

Outra tumba do século I perto do túmulo de Jesus na Igreja do Santo Sepulcro.

A ressurreição foi registrada em detalhes em todos os quatro Evangelhos e mencionada em Atos e em várias Epístolas, o que significa que, pelo menos, sete autores diferentes escreveram a respeito cerca de três décadas ou menos após o evento. De acordo com Mateus, Marcos, Lucas e João, no início da manhã do terceiro dia após estar no túmulo, Jesus ressuscitou dos mortos, deixou o túmulo selado com pedra e começou a aparecer a muitos de seus seguidores (Mateus 27,59-28,17; Marcos 15,46-16,14; Lucas 23,52-24,43; João 19,41-20,20). A ressurreição física de Jesus também é atestada em Atos, e tanto Paulo quanto Pedro afirmam a ressurreição e as aparições de Jesus aos seus seguidores (Atos 1,3; 17,2-3; Romanos 1,1-4; 1 Coríntios 15,3-20; 1 Tessalonicenses 1,8-10; 1 Pedro 1,3).

O registro histórico preservado do evento é bastante antigo, provém de depoimentos de testemunhas oculares, foi amplamente divulgado, o que permitiria uma análise crítica, e é atestado por múltiplas fontes escritas. Dois notáveis historiadores romanos que viveram no século I, Josefo e Tácito, também sinalizam conhecimento da ressurreição de Jesus em seus escritos. Outro texto importante é uma inscrição romana do século I que também pode estar ligada à história do túmulo vazio e da ressurreição de Jesus. Esse artefato é conhecido como a Inscrição de Nazaré.

A INSCRIÇÃO DE NAZARÉ

No século XIX, uma laje de mármore de aproximadamente 60 centímetros de altura, 37,5 centímetros de largura e 6 centímetros de espessura com 22 linhas em grego inscritas em um lado foi comprada e, em 1878, acabou em Paris na posse de um colecionador de antiguidades chamado Wilhelm Froehner. Segundo nota encontrada em seu acervo, a inscrição foi enviada de Nazaré. Desde a morte de Froehner em 1925, está na posse da Biblioteca Nacional de Paris.

Embora a localização exata da descoberta ou escavação original seja desconhecida, uma vez que provavelmente foi saqueada, ela foi declarada como autêntica e a maioria dos estudiosos propôs que provavelmente ela tenha sido emitida na Judeia, Galileia ou na área de Decápolis. Com base na epigrafia, a inscrição dataria de entre o século I a. C. e o século I d. C. A ortografia, a gramática e o uso das palavras, entretanto, restringem consideravelmente a data.

Vários estudos foram feitos sobre a inscrição nos últimos noventa anos, com os estudiosos geralmente datando-a nos reinados de Augusto, Tibério, Cláudio, Calígula ou Nero, abrangendo aproximadamente os primeiros 68 anos do século I d. C. (Tsalampouni, "A Inscrição de Nazaré"). Os períodos de Tibério e Cláudio são os mais acordados pelos estudiosos para a composição do édito, embora alguns tenham sugerido reinados posteriores, como os de Adriano ou mesmo Septímio Severo.

De acordo com os paralelos romanos, a Inscrição de Nazaré pode ter sido uma tradução da ordem latina original enviada por carta do imperador ao governador (ou ao rei Agripa I). Ela compartilha semelhanças com as respostas do imperador Trajano a Plínio, governador da Bitínia. No entanto, é ainda mais semelhante a uma carta de Cláudio escrita a Alexandria no ano 41 d. C., proibindo os judeus de Alexandria de trazerem ou de convidarem outros judeus da província da Síria, e é classificada como um "rescrito" como a Inscrição de Nazaré.

Se o rescrito foi enviado para a área da Galileia onde ele apareceu, uma data no início do reinado de Cláudio é particularmente provável devido à expansão do reino de Herodes Agripa para incluir a Judeia e a Galileia em 41 d. C. e à urgência de resolver os problemas que se desenvolveram no Império após o reinado desastroso e negligente de Calígula. Assim, a data da composição foi, provavelmente, por volta de 41 d. C., quando Cláudio assumiu o poder como imperador e começou a agir, ou talvez em 44 d. C., quando a área foi transferida de volta para o controle romano direto sob um procurador. Sabe-se que Cláudio tomou medidas extremas em relação ao cristianismo, incluindo a expulsão dos judeus de Roma devido a constantes perturbações envolvendo Cristo (Suetônio, *Divus Claudius* ["Cláudio, o Grande", em tradução livre]; cf. Atos 18,1-2).

O conteúdo da inscrição, no entanto, é de longe o seu aspecto mais interessante. O decreto se concentra em qualquer pessoa que tenha retirado um cadáver de um túmulo por "intenções perversas", especificamente um tipo de túmulo de pedra que é selado com uma pedra. Anteriormente, o roubo de cadáveres não era uma questão importante e a pena normalmente era resolvida com o pagamento de uma multa. No entanto, esse decreto elevou drasticamente o status de um determinado tipo de roubo de cadáveres, determinando a pena final de morte para a prática do crime.

Por causa da localização, período de tempo e conteúdo da inscrição, vários estudiosos argumentaram que esse decreto foi emitido pelos romanos em reação à história da ressurreição de Jesus. Em vez de afirmar que Jesus de Nazaré não ressuscitou dos mortos, o decreto, em vez disso, dá a entender que a história de que os soldados romanos foram pagos pelos sacerdotes e anciãos do judaísmo para espalharem que foram supostamente os discípulos de Jesus que roubaram seu corpo do túmulo enquanto os soldados dormiam foi a explicação aceita na administração imperial (Mateus 28,11-15). O decreto diz o seguinte:

> Decreto de César: esta é a minha decisão [em relação] aos túmulos. Quem quer que os tenha feito para as observâncias religiosas dos pais, ou filhos, ou membros da família, que estes permaneçam intactos para sempre. Mas, se alguém acusar legalmente que outra pessoa destruiu ou que, de qualquer maneira, tenha extraído aqueles que foram enterrados, ou, com intenção perversa, movido aqueles que foram enterrados para outros lugares, cometendo um crime contra eles, ou movido pedras de selamento do sepulcro, contra tal pessoa, ordeno que um tribunal judicial seja criado, assim como [é feito] em relação aos deuses nas observâncias religiosas humanas. Será sobretudo obrigatório tratar com honra aqueles que foram sepultados. Não se deve absolutamente permitir que ninguém mova [aqueles que foram sepultados]. Mas se [alguém o fizer], quero que esse [violador] sofra a pena capital sob o título de "quebrador de túmulos".

O decreto sobre a Inscrição de Nazaré registra detalhes que sugerem uma ligação com a ressurreição de Jesus: o roubo de um cadáver de um túmulo de pedra, particularmente um túmulo selado com pedra, e uma reação extrema sem precedentes ao crime como um impedimento contra possíveis problemas semelhantes no futuro. O conhecimento romano das reivindicações da ressurreição correlaciona-se perfeitamente com a preocupação do decreto sobre as pessoas roubarem um cadáver de um túmulo com "intenções perversas", em vez de saquearem o túmulo em busca de itens valiosos, que era a prática normal dos ladrões de túmulos. A expressão "com intenções perversas" implica que havia uma agenda específica por trás da remoção do cadáver da tumba, e que essa agenda estava em desacordo com as crenças e a cultura romanas.

O rescrito conhecido como a Inscrição de Nazaré.

O segundo detalhe correspondente é que o tipo de túmulo mencionado é um túmulo selado em pedra, demonstrando que o decreto se referia a um túmulo com pedra sepulcral, que era comumente usada para túmulos escavados na rocha na província da Judeia apenas até a Primeira Revolta da Judeia por volta de 66-73 d. C. Esse tipo de túmulo de arcossólio escavado na rocha e selado em pedra era exatamente o tipo de túmulo em que Jesus de Nazaré foi enterrado (Mateus 27,59-60).

O terceiro detalhe notável é a reação extrema ao crime de roubar um cadáver de um túmulo. Normalmente, os ladrões de túmulos procuravam bens valiosos que foram enterrados com as pessoas, como joias, moedas, cerâmica e vidros. No entanto, se um corpo fosse roubado e o perpetrador fosse preso, a punição geralmente era uma multa paga à família ofendida. No entanto, o decreto ordena uma nova punição, que é a punição mais severa possível para qualquer crime.

A combinação de indicadores de análise epigráfica, conteúdo e contexto sugere uma época de emissão no século I d. C., e mais especificamente, talvez por volta de 41-44 d. C., quando Cláudio assumiu o poder como imperador e toda a área da Judeia, Samaria e Galileia estava sob a mesma jurisdição – primeiro governada por Herodes Agripa I a partir de 41 d. C., depois transferida para o controle romano sob um procurador em 44 d. C. (Atos 11,28).

Vale ressaltar que Herodes Agripa I passou grande parte de sua vida em Roma entre a família Júlio-Claudiana e os futuros imperadores Calígula e Cláudio que fizeram amizade com ele, e ainda teve um papel importante na ascensão de Cláudio quando este se tornou o próximo imperador de Roma (Cássio Dio, *Roman History*; Josefo, *Antiquities* e *Wars*). Uma moeda relevante e significativa representa Herodes de Cálcis e Herodes Agripa I coroando o imperador romano Cláudio. Herodes Agripa I também era um fanático do judaísmo e se opôs violentamente ao cristianismo, com exemplos como a prisão e abuso de cristãos, a prisão de Pedro e a execução de Tiago, filho de Zebedeu, por causa de sua pregação sobre Jesus (Fílon de Alexandria, *Embassy to Gaius*; Josefo, *Antiquities*; Atos 12,1-4).

Essa informação de base torna provável que Herodes Agripa I teria conversado com Cláudio a respeito de Jesus e dos cristãos, e que teria solicitado ao imperador que o apoiasse na sua tentativa de suprimir o cristianismo. Cláudio, que também é conhecido por ter lidado com tensões no Império Romano devido ao cristianismo, como a expulsão de judeus de Roma relacionada a uma disputa sobre Cristo em 48 d. C., é, portanto, um candidato contextualmente óbvio para o César que ordenou a nova lei (Suetônio, *Divus Claudius*; Atos 18,2).

Se o texto da Inscrição de Nazaré abordasse especificamente o problema do cristianismo e a questão da ressurreição de Jesus, então a sua presença em Nazaré seria lógica, uma vez que os primeiros cristãos eram conhecidos por serem chamados de "seita dos Nazarenos" e Jesus era, muitas vezes, referido como sendo de Nazaré (Atos 24,5).

O "Decreto de César" na Inscrição de Nazaré, provavelmente enviado como uma carta de Roma e depois inscrito na pedra, abordava um problema sério e proibia especificamente a movimentação ou roubo com "intenções perversas" de corpos de túmulos selados em pedra. Afirmava que o seu propósito dizia respeito a qualquer pessoa que "extraísse aqueles que foram enterrados, ou que, com intenções perversas, transportasse para outros lugares aqueles que foram enterrados [...] ou que movesse as pedras de selamento do sepulcro [...]. Não se deve absolutamente permitir que qualquer pessoa mova aqueles que foram sepultados". Consequentemente, o decreto descreve o mesmo tipo de túmulo em que Jesus foi sepultado, de acordo com o costume judaico – um túmulo escavado na rocha e selado com uma grande pedra. Também não há referência a caixão, sarcófago ou cemitério.

Os romanos, por outro lado, tipicamente eram cremados, usavam sarcófagos, e os cemitérios eram o local comum de sepultamentos. Esse crime estava ligado à esfera religiosa e era considerado uma ofensa aos deuses, e a sua gravidade aparentemente fez com que o governo proibisse uma nova e extrema pena de morte no decreto. O roubo de bens funerários foi um problema desde as primeiras civilizações, e a profanação de um cadáver era uma violação grave na cultura romana, mas essa movimentação intencional de um corpo de um tipo específico de túmulo parece ser uma questão completamente diferente. É uma distinção importante que a Inscrição de Nazaré parece estar muito mais preocupada com a movimentação de corpos de tipos específicos de sepulturas ou túmulos, em vez de saques ou profanação de sepulturas.

Segundo Mateus, a falsa história de que os discípulos roubaram o corpo de Jesus foi espalhada pelos líderes religiosos do judaísmo por meio dos soldados romanos, e esse boato talvez tenha chegado aos ouvidos do imperador. "Você deve dizer: 'Seus discípulos vieram de noite e o roubaram enquanto dormíamos'. [...] E pegaram o dinheiro e fizeram como foram instruídos; e essa história foi amplamente divulgada entre os judeus e permanece até hoje" (Mateus 28,11-15).

Na época de Cláudio, o conhecimento do cristianismo e da história da ressurreição de Jesus havia se espalhado por muitas áreas do Império Romano, começando a causar problemas nos domínios da religião, da política e da sociedade. Uma improvável coincidência, a Inscrição de Nazaré foi provavelmente uma reação aos rumores sobre a ressurreição de Jesus de Nazaré e, em particular, à versão de que os soldados romanos que guardavam o túmulo foram pagos para contar. Depois de ouvir a história de Jesus e o quão difundida se tornou, o imperador Cláudio parece ter tentado evitar quaisquer reivindicações futuras da ressurreição dos mortos que desencadeariam uma revolução religiosa e um afastamento das crenças romanas padrão. Portanto, o decreto registrado na Inscrição de Nazaré parece ser a resposta romana à história da ressurreição de Jesus Cristo.

Uma nova hipótese relativa à Inscrição de Nazaré afirma que a pedra foi inscrita na ilha de Cós como parte de um decreto emitido pelo imperador Augusto em resposta à profanação do túmulo de Nícias de Cós, por volta de 30 a. C. Nícias, o governador local de Cós, foi descrito como um governante tirano da ilha (Estrabão, *Geography*). Após sua morte, os furiosos moradores da ilha invadiram seu túmulo, arrastaram seu corpo para fora e o profanaram como forma de exigir justiça, já que não conseguiram fazê-lo enquanto estava vivo e no poder.

A análise química realizada em uma pequena amostra retirada da laje de mármore da Inscrição de Nazaré apresentou uma correspondência bastante próxima à composição do mármore de uma pedreira em Cós, uma ilha imediatamente ao largo da costa ocidental da Turquia e a apenas alguns quilômetros da cidade de Akyarlar, Turquia, a oeste do famoso Mausoléu de Halicarnasso. A análise nos diz que a origem da laje de mármore utilizada para a Inscrição de Nazaré pode ser Cós, uma vez que a assinatura química "combinou de modo muito próximo" por meio do enriquecimento de carbono 13 e esgotamento de oxigênio 18. Por outro lado, também é possível que possa ter vindo de outro lugar que tenha uma assinatura química muito semelhante. No entanto, mesmo que o mármore tenha sido proveniente de uma pedreira em Cós, isso não demonstra que a Inscrição de Nazaré tenha tido origem no local ou que se aplicasse a uma situação de lá.

Além disso, durante o período romano na Judeia, Galileia e arredores, o mármore foi importado, e grande parte dele veio da região vizinha da Turquia. Na verdade, sabe-se que Herodes, *o Grande*, importou mármore especificamente de Cós. Se essa mesma lógica fosse aplicada a todas as inscrições e obras de arte em mármore do período romano, teríamos de sugerir que todos os tipos de artefatos tiveram origem em locais para onde não foram realmente feitos ou enviados, simplesmente porque o mármore foi proveniente de outro lugar.

Como o surgimento da Inscrição de Nazaré ocorreu na Galileia, é mais do que provável que tenha sido descoberta nas áreas da Galileia ou da Judeia, ou possivelmente nas proximidades de Samaria ou Decápolis. No momento da sua redescoberta e aparecimento em 1878, Nazaré era uma pequena e insignificante aldeia no Império Otomano, conhecida apenas pela sua ligação com Jesus, e certamente não um centro do mercado de antiguidades.

Como Nícias provavelmente era aliado de Marco Antônio, o inimigo de Augusto, é improvável que Augusto tivesse emitido um decreto drástico em resposta à profanação do túmulo e do cadáver de Nícias. Se Nícias morreu por volta de 30 a. C., esse cenário é quase impossível, uma vez que Augusto só foi declarado imperador em 27 a. C. e, provavelmente, não se daria ao trabalho de fazer uma nova lei ligada à profanação do cadáver de um dos seus inimigos menores, que havia ocorrido alguns anos antes. Mesmo que Nícias tenha morrido perto de 20 a. C., ainda é extremamente improvável que Augusto enviasse um decreto especial a Cós em resposta a tal ato, que não teve qualquer efeito sobre a situação política vigente.

Existem outros problemas quanto à possibilidade de a Inscrição de Nazaré ser um decreto relacionado com Nícias de Cós, tomando como base o conteúdo do decreto. A linguagem usada na inscrição não corresponde à forma como os túmulos romanos ou gregos eram tipicamente construídos, nem corresponde especificamente ao túmulo de Nícias, nem sequer corresponde à narrativa sobre a profanação de Nícias conhecida a partir de fontes históricas. Considere como Crinágoras de Mitilene descreveu o evento em uma epigrama: "Vejam o destino de Nícias de Cós. Havia ido descansar no Hades, e agora seu cadáver voltou à luz do dia. Pois seus concidadãos, forçando os ferrolhos de sua tumba, arrastaram o pobre coitado moribundo para o castigo".

Se isso for comparado com a linguagem e as circunstâncias da Inscrição de Nazaré, diferenças marcantes podem ser facilmente notadas: "[...] as observâncias religiosas dos pais, ou filhos ou membros da família – que estes permaneçam inalterados para sempre [...] movidos por intenções perversas aqueles que foram enterrados em outros lugares [...] mudaram as pedras de selamento do sepulcro [...]. Não se deve absolutamente permitir que ninguém se mova [...]".

A Inscrição de Nazaré gira em torno de mover um corpo e levá-lo, com "intenções perversas", para outro lugar, escondendo-o talvez; menciona pedras de selamento de sepulcros e é um discurso para a população em geral. Nada disso se aplica a Nícias, cujo túmulo era diferente e seu corpo foi arrastado para a luz do dia para que seu cadáver pudesse ser profanado e visto publicamente, e não transferido secretamente para outro lugar com motivos "nefastos" causando alvoroço no Império.

Essa nova informação de que o mármore usado para a Inscrição de Nazaré pode ter sido proveniente de uma pedreira em Cós não faz nada para desacreditar a teoria de que o decreto foi emitido em resposta às histórias espalhadas por soldados romanos e outros sobre o túmulo vazio e o corpo desaparecido de Jesus de Nazaré.

A RESSURREIÇÃO DE JESUS

Várias explicações alternativas foram propostas por estudiosos que procuram interpretar a história da ressurreição de um ponto de vista materialista. A sugestão de que Jesus não estava realmente morto e de que, no terceiro dia, no túmulo, acordou e saiu é uma explicação comum, mas é historicamente indefensável. De acordo com essa sugestão, Jesus não morreu quando foi executado por crucificação e, portanto, não houve uma ressurreição, mas simplesmente um despertar após ter sido colocado no túmulo.

No entanto, essa não só é uma explicação que não aparece nos antigos relatos de Jesus, como também é histórica e cientificamente implausível. Devido à severidade do castigo, muitas pessoas morriam antes mesmo de chegarem à cruz, e os romanos sempre se certificavam de que os crucificados estivessem mortos antes de deixá-los pendurados ou de retirá-los da cruz. As pessoas não sobreviviam à crucificação, exceto em raros casos em que eram perdoadas ou imediatamente removidas da cruz e recebiam cuidados médicos imediatos – mas, mesmo assim, muitos morriam, como pode ser visto na história, quando dois dos três amigos de Josefo não sobreviveram mesmo nessas circunstâncias (Josefo, *Life*).

O perdão não foi o caso de Jesus. A prática romana era matar ou confirmar a morte de cada um dos crucificados e, por fim, entregar o cadáver à família para o enterro, jogá-lo numa vala comum ou exibi-lo como um aviso (Ulpiano, *Digest*; Philo, *Against Flaccus*). Além disso, que Jesus foi crucificado e realmente morreu é afirmado por múltiplas fontes romanas que vão do cético ao sarcástico e ao hostil em relação ao cristianismo.

No final do século I d. C., enquanto escrevia como historiador romano oficial, Josefo registrou que Pilatos havia condenado Jesus à crucificação (Josefo, *Antiquities*). Luciano, um romano que viveu no século II d. C. e que gostava de zombar dos cristãos, achou engraçado como os cristãos adoravam um homem que havia sido crucificado (Luciano, *Death of Peregrinus*). Celso, outro romano do século II d. C. que se opôs profundamente e criticou o cristianismo, afirmou que Jesus foi pregado numa cruz (Celso em Orígenes, *Contra Celsum*). Por volta de 73 d. C., o filósofo estoico sírio Serapião escreveu ao seu filho e mencionou a execução do "rei sábio" dos judeus e a eventual destruição de Jerusalém e a dispersão dos judeus como consequência (Serapião, *Letter to His Son* ["Carta a Seu Filho", em tradução livre]). O famoso historiador romano Cornélio Tácito escreveu por volta de 116 d. C. que Jesus Cristo foi morto por Pôncio Pilatos (Tácito, *Annals* 15.44). Décadas mais tarde, Justino, um romano e pagão que se tornou cristão, escreveu ao imperador Antonino Pio sobre o cristianismo, mencionando a crucificação de Jesus e como esses eventos nos Evangelhos podem ser confirmados verificando os registros romanos, como os Atos de Pilatos (Justino Mártir, *Apologia*).

Portanto, é claro que mesmo de acordo com fontes históricas romanas e os escritos daqueles que se opunham ao cristianismo nos séculos I e II d. C., a crucificação de Jesus resultou em morte, anulando a hipótese de que Jesus não morreu e apenas acordou no túmulo.

Outras explicações da ressurreição afirmam que os discípulos experimentaram alucinações psicologicamente induzidas que eles explicaram como aparições da ressurreição, ou que toda a história foi falsificada como um mito para apoiar a fundação do cristianismo, ou que a ressurreição de Jesus deveria ser totalmente simbólica, e não histórica. Essas interpretações alternativas circulam desde a antiguidade.

Já no século II d. C., o filósofo romano Celso estava ciente da história da ressurreição de Jesus, mas sugeriu ideias como as de que os seguidores de Jesus não eram mentalmente sãos ou que talvez tenham visto um espectro que pensaram ser Jesus (Celso em Orígenes, *Contra Celsum*). A hipótese da falsificação, muitas vezes, sugere que a história da ressurreição foi adotada a partir de mitos pagãos anteriores a Jesus. No entanto, estes mencionam alegados mitos de ressurreição que, na verdade, são apoteose ou reencarnação ou renascimento ou aparecimento num sonho, os quais são todos bastante diferentes da ressurreição física de Jesus registrada nos Evangelhos. Muitas alegações de aparições de pessoas presumivelmente ressuscitadas após suas mortes datam de séculos depois da escrita dos Evangelhos e não têm mais do que uma única fonte com poucos detalhes para avaliação. Não têm corroboração histórica e podem até terem sido influenciadas pela história da ressurreição de Jesus.

A referência à ressurreição corporal de Jesus também é encontrada em fontes romanas escritas apenas décadas após a crucificação de Jesus. Numa monumental obra histórica escrita por Josefo ao longo de muitos anos e concluída por volta de 93 d. C., registrou como os discípulos relataram que Jesus lhes apareceu vivo três dias após a crucificação (Josefo, *Antiquities*). Embora uma versão desse texto pareça ter sido ligeiramente modificada pelos cristãos e pareça que Josefo tenha se tornado cristão, uma cópia árabe descoberta mais recentemente parece refletir o tom original, observando que a ressurreição de Jesus foi o que as pessoas relataram sem endossarem uma crença em Jesus como o Messias.

O historiador romano Tácito também fez referência à afirmação da ressurreição de Jesus por volta de 116 d. C., escrevendo que a "superstição maliciosa" sobre Jesus e sua ressurreição causou problemas em todo o Império, mesmo depois de terem sido feitas tentativas de reprimir o cristianismo e as afirmações sobre a ressurreição de Jesus (Tácito, *Annals* 15.44).

Embora nem Josefo nem Tácito declarassem a sua crença numa ressurreição física de Jesus, os seus escritos deixam claro que as pessoas relataram esse evento, acreditaram nele e que o conhecimento dele se espalhou rapidamente por todo o Império Romano. Isso sugere não apenas que as afirmações da ressurreição eram conhecidas, mas que não foram refutadas nas várias décadas após Jesus.

Parte do fracasso dos romanos e dos líderes religiosos da Judeia em refutar a ressurreição de Jesus parece ter sido resultado da falta do corpo. A proposta moderna de que o cadáver de Jesus ainda estava no túmulo muitos dias após a sua morte está em conflito com as fontes históricas e a lógica. Nenhum escrito antigo, mesmo aqueles altamente críticos do cristianismo, afirmou que o corpo de Jesus ainda estava no túmulo dias após a sua morte. Fazer uma afirmação de ressurreição quando as autoridades romanas podiam exibir o corpo ou refutar as reivindicações, ou os curiosos podiam abrir o túmulo e olharem lá dentro, teria resultado numa rápida refutação da ideia da ressurreição na província da Judeia e fora dela. Em vez disso, como sugerem o Evangelho de Mateus e um decreto romano do século I d. C., o corpo de Jesus estava ausente do túmulo e circulou um boato de que os discípulos de Jesus haviam roubado o corpo e o escondido.

A Inscrição de Nazaré indica que tudo o que aconteceu na província da Judeia em associação com o roubo de um cadáver antes do reinado de Cláudio causou um problema suficientemente significativo para que o governo romano interviesse e promulgasse uma nova lei que tentaria impedir qualquer repetição desse tipo de evento. Um rescrito imperial emitido nas regiões da Judeia e da Galileia, e talvez especificamente estabelecido em Nazaré, apenas alguns anos após a ressurreição de Jesus, sugere que houve um conhecimento generalizado do evento.

O governo romano parece ter reagido à história da ressurreição de Jesus, que se espalhava rapidamente na esperança de que os discípulos e a mensagem pudessem ser frustrados e que nenhum incidente futuro dessa natureza acontecesse. A adoração do imperador e a obediência total a Roma eram do interesse da Roma imperial, e a crença e a adoração de Jesus de Nazaré como Deus eram vistas como uma ameaça.

É claro que os romanos não tiveram sucesso em impedir a propagação da mensagem de Jesus usando novas leis e até mesmo duras perseguições. Esse decreto romano, juntamente com os registros de Josefo e Tácito, demonstra que, em todo o Império, se sabia que o cadáver de Jesus havia desaparecido misteriosamente do túmulo. Apenas duas explicações foram dadas nos tempos antigos: ou os discípulos, de alguma forma, roubaram o corpo de Jesus enquanto selado num túmulo guardado por soldados romanos, ou Jesus ressuscitou milagrosamente dos mortos e deixou o túmulo.

A história divulgada por aqueles soldados romanos de que os discípulos executaram com sucesso uma conspiração para roubar o corpo de Jesus do túmulo a fim de fazer parecer que Jesus havia ressuscitado e saído é problemática à luz da proficiência dos soldados romanos e, especialmente, à disposição de tantas testemunhas oculares de Jesus de morrerem por acreditarem que ele realmente havia ressuscitado dentre os mortos.

De acordo com fontes dos séculos I e II d. C., testemunhas oculares da vida de Jesus, como Pedro, Estêvão, Tiago, filho de Zebedeu, e até mesmo Tiago, *o Justo*, e Paulo de Tarso, que se converteu após a ressurreição, todos acreditavam positivamente na divindade e ressurreição de Jesus e estavam preparados para morrer, e de fato foram executados por causa de sua crença e relutância em negá-lo (Josefo, *Antiquities*; Inácio, *Letter to the Ephesians* ["Carta aos Efésios", em tradução livre]; Tertuliano, *Prescription Against Heretics* ["Prescrição contra Hereges", em tradução livre]; Atos 7,58-60; 12,1-2). Fontes um pouco posteriores registram o martírio de outros discípulos que também foram testemunhas oculares (Eusébio, *Historia Ecclesiae*).

O comprometimento total com a crença na ressurreição de Jesus por parte daqueles que o conheceram pessoalmente, até mesmo ao ponto da morte para muitos deles, não prova necessariamente que Jesus ressuscitou dos mortos, mas demonstra que os seguidores de Jesus realmente acreditavam na história da ressurreição e que não era uma história de conspiração fictícia que criaram.

Numerosos estudiosos analisaram os argumentos a favor e contra a ressurreição de Jesus como um evento histórico, e, embora muitos céticos de vários graus continuem a subsistir, há outros que sugerem que a ressurreição corporal de Jesus, conforme registrada nos Evangelhos, é a melhor explicação com base em fontes antigas, contexto histórico, medicina, psicologia e lógica. Eles normalmente se concentram em aspectos-chave, como a morte de Jesus por crucificação, o túmulo vazio, as reivindicações dos discípulos e apóstolos, as conversões de Tiago e Paulo e a disposição das testemunhas oculares de morrerem por sua crença na ressurreição de Jesus.

Uma análise lógica das possibilidades históricas do túmulo vazio e da ressurreição de Jesus, combinada com as evidências históricas disponíveis, demonstra que os únicos cenários plausíveis são: 1) o corpo de Jesus foi roubado do túmulo, e foi feita uma alegação de que ressuscitou e apareceu a muitas pessoas por meio de uma vasta e improvável conspiração envolvendo soldados romanos, muitos seguidores de Jesus e adeptos do judaísmo em Jerusalém que se opunham ou eram céticos em relação às reivindicações de Jesus; 2) de alguma forma, Jesus ressuscitou da morte depois de dias devido a uma anomalia científica que não é atestada clinicamente; 3) Jesus ressuscitou por meios sobrenaturais ou milagrosos que desafiam uma visão de mundo materialista.

Se negarmos a possibilidade do sobrenatural, então apenas uma causa naturalista, como uma vasta conspiração ou uma ressuscitação anômala, e não atestada, pode ser aceita, por mais inverossímeis ou improváveis que sejam essas explicações. No entanto, se Deus existe e, portanto, os milagres são possíveis, então a ressurreição física de Jesus, conforme registrada nos Evangelhos, nas Epístolas, mencionada pelos primeiros historiadores e filósofos, aludida por um decreto romano e testemunhada pelo martírio de muitos seguidores testemunhas oculares de Jesus é mais lógica, plausível e consistente com as evidências.

O CAMINHO DE EMAÚS

O caminho para Emaús foi o local de um evento registrado em detalhes por Lucas e também mencionado por Marcos, no qual dois discípulos que viajavam para longe de Jerusalém no dia da ressurreição encontraram Jesus sem saber (Lucas 24,13-35; Marcos 16,12-13). Cléopas (cf. João 19,25) e um discípulo não identificado estavam na estrada que levava à aldeia de Emaús, onde inicialmente pretendiam passar a noite (Lucas 24,18). A essa altura, parece que a maioria dos seguidores de Jesus estava voltando para casa depois de ouvir falar ou de ver o túmulo vazio (João 20,9-10). Embora uma mensagem para irem para o norte, para a Galileia, tenha sido transmitida aos onze discípulos, esses outros dois seguidores de Jesus podem ter voltado para suas casas em outros lugares da região (Mateus 28,10; Marcos 16,7).

Emaús, que significa "primavera quente" em aramaico, é mencionado pelo nome apenas uma vez nos Evangelhos, mas a informação geográfica dessa passagem especifica que ficava a sessenta estádios de Jerusalém (Lucas 24,13). No entanto, a identificação desse local é mais complicada, porque várias cidades durante o período romano tinham o nome de Emaús. No entanto, o historiador e nativo da Judeia, Josefo, parece registrar essa mesma cidade chamada Emaús ou Amaus na Judeia, na qual os romanos acamparam após a destruição de Jerusalém em 70 d. C., e a qual ficava a sessenta estádios de Jerusalém – exceto para manuscritos latinos que registram a distância incorretamente como sessenta estádios (Josefo, *Wars*).

Por volta de 300 d. C., o conhecimento da localização de Emaús já poderia ter sido perdido. No século IV, Eusébio registrou o que pensava ser a localização de Emaús mencionada no Evangelho de Lucas, situando-a na cidade bizantina de Nicópolis, a cerca de 160 estádios de Jerusalém (Eusébio, *Onomasticon*). Esse erro parece ter sido o resultado de uma variante textual em alguns manuscritos antigos de Lucas que têm 160 estádios em vez de 60 estádios, e aparentemente Eusébio consultou um manuscrito com esse erro de impressão para a distância de Jerusalém e, portanto, calculou mal a localização de Emaús. Ainda segundo Eusébio e Jerônimo, Quiriate-Jearim (Abu Ghosh ou Deir el-Azar), preservação em árabe da memória de Eleazar, que era despenseiro da arca da aliança quando esta chegou a Quiriate-Jearim (cf. 1 Samuel 7,1- 2), ficava a 9 milhas romanas (cerca de 9,3 milhas ou 15 quilômetros) de Jerusalém, no caminho para Dióspolis, o que se ajusta à distância a pé da estrada romana da antiga Jerusalém até Abu Ghosh.

A possível localização da antiga Emaús em Qubeiba.

O comprimento da unidade de medida chamada estádio poderia variar ligeiramente nos tempos antigos, mas a afirmação de Heródoto de que um estádio era equivalente a 600 pés gregos é mais frequentemente usada em cálculos modernos. Um estudo que comparou os estádios em escritos antigos com a distância calculada chegou a 157,7 metros ou 517,4 pés como um estádio médio. Esse cálculo colocaria Emaús a cerca de 9,5 quilômetros dos muros da antiga Jerusalém. No entanto, também é possível que o estádio de 185 metros tenha sido usado na província da Judeia, o que significa que Emaús poderia estar a cerca de 11 quilômetros de Jerusalém. Portanto, qualquer local identificado como Emaús deve estar localizado a cerca de sessenta estádios ou aproximadamente 9 quilômetros a 11 quilômetros de Jerusalém e ter os vestígios de uma cidade do século I d. C.

Muitos candidatos para o antigo local de Emaús foram propostos, mas a maioria está muito longe ou muito perto de Jerusalém. Escavações em Abu Ghosh, provável localização de Quiriate-Jearim, demonstraram que o antigo local era uma cidade durante o período israelita, e que, mais tarde, teve paredes maciças de até 3 metros de espessura construídas no século II a. C., possivelmente pelo Império Selêucida, que governou a área antes da revolta dos Macabeus em 167-160 a. C. que introduziu a dinastia dos asmoneus. Essas paredes foram, então, reutilizadas pelos romanos para um posto militar avançado no século I d. C., como evidenciado por achados como uma inscrição em latim mencionando um destacamento da *Legio* X (a 10ª Legião) do exército romano na fortaleza.

No entanto, a localização de Abu Ghosh nos tempos antigos ficava a cerca de noventa estádios de Jerusalém, e não a sessenta estádios. Emaús também era uma cidade para a qual os dois discípulos de Jesus estavam retornando, enquanto as recentes descobertas demonstram que o local era usado como posto militar avançado para os romanos, e não como uma cidade da Judeia. No entanto, dois outros locais, Qubeiba e Artas, estão ambos a aproximadamente sessenta estádios de Jerusalém, com Qubeiba localizado a noroeste, e Artas localizado a sul. Em Artas, não foram descobertos vestígios conhecidos do período romano. O sítio de Qubeiba foi considerado a Emaús dos Evangelhos durante os períodos das Cruzadas (*Castellum Emmaus*) e, embora tenham sido encontrados vestígios bizantinos na área, as tradições anteriores são desconhecidas. No entanto, existe uma estrada romana que atravessa Qubeiba, e achados do período romano foram descobertos adjacentes à aldeia moderna, indicando que esse local cumpre os requisitos de distância e de uma cidade do século I d. C. Portanto, perto de Qubeiba parece ser o candidato mais plausível para Emaús, enquanto Abu Ghosh é a localização provável da antiga Quiriate-Jearim e de uma fortaleza romana posterior.

A GRANDE COMISSÃO, O MONTE ARBEL E A ASCENSÃO

Uma das mensagens finais de Jesus foi uma instrução para os onze discípulos restantes se encontrarem com ele em um monte designado na Galileia. Lá, disse aos seus seguidores mais próximos para levarem sua mensagem a todas as nações, fazerem mais discípulos, batizarem e ensiná-los a seguir seus mandamentos (Mateus 28,16-20; Marcos 16,14-18; Lucas 24,46-49; cf. Atos 1,7-8). A localização dessa Grande Comissão não foi especificada além de uma montanha na Galileia, portanto as identificações propostas são provisórias. Sendo o pico mais alto da região, o distante, mas maciço, Monte Hermon tem sido uma sugestão. No entanto, o topo do Monte Arbel, com vista para o lado oeste do Mar da Galileia, parece ser uma possibilidade provável e tem sido um marco histórico há milênios.

No final do século I, Josefo notou as muitas cavernas na encosta dessa montanha e a aldeia de Arbela, perto do Mar da Galileia (Josefo, *Life*, *Antiquities* e *Wars*). O Monte Arbel é a montanha mais óbvia ao redor do Mar da Galileia e também a montanha mais alta adjacente ao lago, com uma proeminência de cerca de 1.250 pés (380 metros). Ela está também muito perto de lugares como Cafarnaum e do lado ocidental do mar, onde Jesus e os discípulos passaram a maior parte do tempo durante o ministério dele na Galileia.

Após a Grande Comissão numa montanha na Galileia, os discípulos regressaram à área de Jerusalém, onde Jesus os conduziu à aldeia de Betânia, no Monte das Oliveiras, como local da ascensão (Marcos 16,19; Lucas 24,50-51; Atos 1,3-12; cf. João 6,62). Embora os pagãos no Império Romano possam ter feito uma conexão inicial da ascensão de Jesus ao céu como *apotheosis* (tornar divino) de um mortal, depois de ler os Evangelhos seria claramente visto que Jesus foi apresentado como divino desde o início, em vez de um humano transformado em deus ou governante deificado após a morte, distinguindo-o das proclamações do Senado imperial ou de histórias mitológicas populares (Políbio, *Histories*; Plutarco, *Numa*).

Os escritos de Lucas descrevem o local da ascensão de Jesus próximo à área de Betânia, no Monte das Oliveiras (Lucas 24,50; Atos 1,12). Mesmo antes da construção de igrejas comemorativas por Constantino no século IV d. C., os cristãos designaram um local no Monte das Oliveiras, perto de Betânia, como o local da ascensão.

Depois que Helena conheceu os vários locais associados a Jesus ao redor da área de Jerusalém, a Basílica de Eleona[25] foi construída no Monte das Oliveiras sobre uma caverna no local onde os cristãos haviam transmitido a memória de Jesus ensinando seus discípulos pouco antes da ascensão (Anônimo, *Itinerarium Burdigalense*; Eusébio, *Life of Constantine*). Essa localização também foi notada no Monte das Oliveiras pela peregrina cristã Egéria após a sua visita, no século IV (Egéria, *Itinerarium Egeriae*).

Hoje, a moderna Igreja do *Pater Noster* foi construída ao lado das ruínas da basílica bizantina do século IV. Algum tempo depois de 370 d. C., outra igreja próxima foi financiada por Poimenia para comemorar a ascensão. Após destruições e reconstruções, resta apenas uma pequena edícula octogonal chamada Capela da Ascensão. Embora a localização do local referido por Lucas seja especulativa, a Basílica de Eleona tem a tradição mais antiga, sugerindo que essa seja a localização aproximada mais provável.

---

25 Eleona, a primeira das três basílicas que Santa Helena mandou construir em Jerusalém. As demais são a da Natividade e o Santo Sepulcro. (N. R.)

BIBLIOGRAFIA SELECIONADA

(CAPÍTULO 8)

BARUCH, Yuval, LEVI, Danit e REICH, Ronny. "The Tomb and Ossuary of Alexa Son of Shalom". *Israel Exploration Journal* 61, 2011.

BERLIN, Andrea. "Jewish Life Before the Revolt: The Archaeological Evidence". *Journal for the Study of Judaism in the Persian, Hellenistic, and Roman Period* 36, n° 4, 2005.

BILLINGTON, Clyde. "The Nazareth Inscription: Proof of the Resurrection of Christ?". *Artifax*, 2020.

CLERMONT-GANNEAU, Charles. *Archaeological Researches in Palestine*. London: Palestine Exploration Fund, 1899.

COOK, John. "Envisioning Crucifixion: Light from Several Inscriptions and the Palatine Graffito". *Novum Testamentum* 50, fasc. 3, 2008.

CUMONT, Franz. "Un rescrit imperial sur la violation de sepulture". *Revue Historique* 163, 1930.

DAVIES, J. G. "The Peregrinatio Egeriae and the Ascension". *Vigiliae Christianae* 8, n° 1/2, 1954.

EHRLICH, M. "The Identification of Emmaus with Abu Gos in the Crusader Period Reconsidered". *Zeitschrift des Deutschen Palästina-Vereins* 112, 1996.

ENGELS, Donald. "The Length of Eratosthenes' Stade". *American Journal of Philology* 106, n° 3, 1985.

FISCHER, Moshe e TAXEL, Itamar. "Yavne, Survey Map". *Hadashot Arkheologiyot: Excavations and Surveys in Israel* 118, 2006.

GIBSON, Shimon. *The Final Days of Jesus: The Archaeological Evidence*. New York: Harper-Collins, 2009.

GRZYBEK, E. e SORDI, M. "L'Edit de Nazareth et la politique de Néron à l'égard des Chré- tiens". *Zeitschrift für Papyrologie und Epigraphik* 120, 1998.

HABERMAS, Gary. "Resurrection Claims in Non-Christian Religions". *Religious Studies* 25, 1989.

HABERMAS, Gary e LICONA, Michael. *The Case for the Resurrection of Jesus*. Grand Rapids: Kregel, 2004.

HACHLILI, Rachel. "A Second Temple Period Jewish Necropolis in Jericho". *Biblical Archaeologist* 43, 1980.

_____. *Jewish Funerary Customs, Practices and Rites in the Second Temple Period*. Leiden: Brill, 2005.

HARPER, Kyle, MCCORMICK, Michael, HAMILTON, Matthew, CHANTAL, Peiffert, RAYMOND, Michels e ENGEL, Michael. "Establishing the Provenance of the Nazareth Inscription: Using stable isotopes to resolve a historic controversy and trace ancient marble production". *Journal of Archaeological Science: Reports* 30, 2020.

LICONA, Michael. *The Resurrection of Jesus: A New Historiographical Approach*. Downers Grove, IL: InterVarsity Press, 2010.

LIDDELL *et al*. *A Greek-English Lexicon*. Oxford: Clarendon, 1996.

LOKE, Andrew. "The Resurrection of the Son of God: A Reduction of the Naturalistic Alternatives". *Journal of Theological Studies* 60, n° 2, 2009.

LUEDEMANN, Gerd. *The Resurrection of Jesus: History, Experience, Theology*. Minneapolis: Fortress Press, 1995.

MAGNESS, Jodi. "Ossuaries and the Burials of Jesus and James". *Journal of Biblical Literature* 124, 2005.

_____. *Stone and Dung, Oil and Spit: Jewish Daily Life in the Time of Jesus*. Grand Rapids: Eerdmans, 2011.

METZGER, Bruce. *A Textual Commentary on the Greek New Testament*. New York: United Bible Societies, 1994.

MEYERS, Eric e CHANCEY, Mark. *Alexander to Constantine: Archaeology of the Land of the Bible*, vol. 3. New Haven, CT: Yale, 2012.

NAGAR, Yossi e TORGEE, Hagit. "Biological Characteristics of Jewish Burial in the Hellenistic and Early Roman Periods". *Israel Exploration Journal* 53, 2003.

PRICE, Robert e LOWDER, Jeffery, eds. *The Empty Tomb: Jesus Beyond the Grave*. Amherst, NY: Prometheus Books, 2005.

RAHMANI, Levi. "Ancient Jerusalem's Funerary Customs and Tombs". *Biblical Archaeologist* 44, 1981.

SANDERS, E. P. *The Historical Figure of Jesus*. New York: Penguin, 1996.

SUKENIK, E. L. "The Earliest Records of Christianity". *American Journal of Archaeology* 51, 1947.

TSALAMPOUNI, Ekaterini. "The Nazareth Inscription. A Controversial Piece of Palestinian Epigraphy (1920–1999)". TEKMHPIA 6, 2001.

VERMES, Geza. *The Resurrection: History and Myth*. New York: Doubleday, 2008.

WRIGHT, N. T. "Jesus' Resurrection and Christian Origins". *Gregorianum* 83, n° 4, 2002.

_____. *The Resurrection of the Son of God*. Minneapolis: Fortress, 2003.

ZISSU, Boaz e KLEIN, Eitan. "A Rock-Cut Burial Cave from the Roman Period at Beit Nattif, Judaean Foothills". *Israel Exploration Journal* 61, 2011.

ZISSU, Boaz. "'Qumran Type' Graves in Jerusalem: Archaeological Evidence of an Essene Community?". *Dead Sea Discoveries* 5, n° 2, 1998.

CONCLUSÃO

A pós o breve ministério de Jesus, o cristianismo começou a se espalhar rapidamente por todo o Império Romano. No início, apenas aqueles ao redor da Judeia e da Galileia estavam familiarizados com ele e com o cristianismo, mas, em questão de anos, esse evangelho foi levado a muitas províncias do Império. Em vez de uma mensagem inventada pela Igreja quase um século depois, o conhecimento romano do cristianismo demonstra que essa informação era amplamente conhecida décadas após a época de Jesus, e aparentemente devido à dedicação dos apóstolos e de vários discípulos em levar o evangelho para as nações, mesmo numa época em que as comunicações e as viagens eram relativamente limitadas.

Pouco mais de uma década depois de Jesus, durante o reinado de Cláudio, no final dos anos 40, é claro que o cristianismo já se tinha espalhado até Roma. Segundo Suetônio (69-141), a mensagem sobre Cristo estava causando distúrbios em Roma, aparentemente em conflito com o judaísmo. Devido a isso, aqueles que praticavam o judaísmo, e possivelmente até mesmo os cristãos erroneamente identificados como uma seita do judaísmo, foram expulsos de Roma (Suetônio, *Divus Claudius*; Atos 18,2).

A Inscrição de Nazaré também sugere que, na década de 40, o Cristianismo já causava problemas ao Império, e, por isso, foi emitido um decreto para evitar ocorrências semelhantes no futuro. Símbolos cristãos como a âncora, o barco e a cruz também começaram a aparecer em várias partes do Império no final do século I e início do século II.

Josefo (c. 37-100), que viveu na província da Judeia antes de se mudar para Roma como historiador do Império, não só conhecia os cristãos muito antes de 93 d. C., mas comentou que não haviam desaparecido perto do final do século I d. C., muito embora Jesus tivesse sido crucificado sessenta anos antes, e a perseguição ao cristianismo já durasse décadas (Josefo, *Antiquities*).

Durante o reinado de Nero em 64 d. C., um grande incêndio, que ele provavelmente iniciou de modo intencional, destruiu grande parte de Roma (Cássio Dio, *Roman History*; Suetônio, *Nero*). Tácito (c. 56-c. 117) narrou que Nero culpou os cristãos por esse incêndio, começando a grande perseguição inicial contra o cristianismo em Roma (Tácito, *Annals*). Na época, os romanos pagãos geralmente odiavam os cristãos e consideravam suas crenças e práticas uma afronta aos deuses, ao imperador e ao sistema religioso romano.

Décadas mais tarde, a situação não tinha mudado, e não só as pessoas em Roma e nas províncias periféricas estavam familiarizadas com o cristianismo, mas o governo procurava novas formas de eliminá-lo. Plínio, *o Jovem* (c. 61-114), enquanto legado da Bitínia e do Ponto, escreveu uma carta ao imperador Trajano, por volta de 112 d. C., na qual comunicava amplo conhecimento do cristianismo devido aos julgamentos de cristãos acusados. Isso incluía familiaridade com práticas como reunir-se aos domingos, cantar hinos, adorar a Cristo como Deus, e seu código moral, que era incompatível com a cultura romana (Plínio, *o Jovem*; *Letter to Trajan* ["Carta a Trajano", em tradução livre]).

Pouco depois dessa época, por volta de 124 d. C., o imperador Adriano pensou que o cristianismo tinha se tornado tão prolífico no Império que teve de tomar medidas imediatas para eliminá-lo, embora os seus antecessores não tivessem tido sucesso. Como as perseguições violentas não foram eficazes, Adriano pensou que poderia destruir o cristianismo por meio da filosofia e da adoção de Cristo no panteão, primeiro debatendo com os estudiosos cristãos Quadratus e Aristides em Atenas (Aristides, *Apology*; Eusébio, *Historia Ecclesiae*).

No entanto, a fase inicial dessa estratégia falhou, por isso, alguns anos mais tarde, Adriano tentou remover a memória do cristianismo e substituí-la pelo paganismo por meio da construção de templos e santuários em locais significativos relacionados a Jesus. Ainda assim, o cristianismo persistiu e, mais tarde, no século II d. C., Luciano zombou dos cristãos por adorarem um homem crucificado e negarem os deuses pagãos (Luciano, *Passing of Peregrinus* ["Passagem de Peregrino", em tradução livre]). Para aqueles que seguiam as crenças helenísticas e romanas, a crucificação de Jesus era uma tolice, e a negação dos deuses era considerada um ateísmo blasfemo (1 Coríntios 1,23).

Embora possa ter levado várias décadas para que o cristianismo alcançasse os limites do Império e mais além, trinta anos depois de Jesus já tinha se espalhado até Roma, a oeste, e tinha um número tão grande de seguidores que até o imperador procurou destruir os cristãos. Em vez de um grupo relativamente pequeno centrado numa parte do Império, florescendo apenas depois de Constantino legalizar e endossar o cristianismo, as fontes romanas demonstram que o evangelho de Jesus Cristo se expandiu tão rápido e tão longe que as potências imperiais de Roma tentaram destruir o cristianismo por qualquer meio necessário.

Por fim, o cristianismo prevaleceu, adotado pela Armênia em 301 d. C., legalizado pelo imperador Constantino em 313, decretado como a religião oficial de Roma por Teodósio I em 380, e, por fim, sobrevivendo ao Império e espalhando-se por todo o mundo.

As descobertas da arqueologia e os escritos antigos preservados, exaustivamente pesquisados e analisados, proporcionaram uma janela excepcionalmente clara para o mundo e a vida de Jesus de Nazaré, a raiz desse movimento cristão sem precedentes. Ainda que os relatos evangélicos sobre Jesus sejam frequentemente referidos pelos céticos e críticos como escritos teológicos míticos, embelezados e historicamente não confiáveis, ou mesmo como propaganda na forma de uma biografia, a arqueologia e os textos antigos do período romano demonstraram a precisão e a confiabilidade histórica dos Evangelhos.

O mito, que vem da palavra grega *muthos*, que significa "história", tinha uma ampla gama de significados e nenhuma implicação específica sobre a verdade histórica nos tempos antigos. No entanto, no uso moderno, um mito refere-se a uma história lendária que geralmente contém divindades e possui elementos fictícios. Portanto, referir-se aos Evangelhos como míticos sugere que são severamente limitados em sua precisão e valor histórico.

No entanto, os Evangelhos registam eventos que ocorreram em locais reais com figuras históricas reais, e não em terras míticas com personagens desconhecidos de quaisquer registros históricos ou provas físicas. Antes do desenvolvimento da arqueologia e da ampla integração de descobertas arqueológicas e de manuscritos antigos na avaliação do Novo Testamento, muitos estudiosos e escritores críticos promoveram uma visão dos Evangelhos como virtualmente desprovidos de história, com os mais radicais até negando a existência de um Jesus histórico. No entanto, devido às descobertas arqueológicas e de manuscritos ao longo do último século, tem havido uma reavaliação e ajuste de muitas perspectivas acadêmicas sobre Jesus e os Evangelhos.

Um exame de pessoas e lugares nos Evangelhos demonstra que as narrativas registram acontecimentos que se passaram em locais conhecidos, com pessoas históricas e num tempo específico. Pelo menos dezesseis pessoas mencionadas nos Evangelhos foram confirmadas como figuras históricas por meio de artefatos antigos e fontes manuscritas não associadas ao cristianismo na janela de tempo de aproximadamente quatro décadas dos Evangelhos, incluindo todas as principais figuras políticas e religiosas mencionadas.

Além disso, grupos de pessoas como os discípulos de Jesus, herodianos, judeus, fariseus, romanos, saduceus, samaritanos, o Sinédrio e os zelotes são todos conhecidos de fontes históricas externas. Se as antigas fontes cristãs fossem contadas, e se fossem incluídas identificações provisórias, o número de figuras históricas atestadas aumentaria significativamente.

Quase todas as cidades, povoamentos, aldeias e regiões, e até mesmo muitas estruturas mencionadas nos Evangelhos, foram confirmadas como locais históricos existentes durante esse período por fontes arqueológicas e históricas antigas do período romano. Esses lugares incluem grandes cidades, como Jerusalém e Cesareia de Filipe; cidades, como Belém, Cafarnaum e Nazaré; estruturas, como o Poço de Jacó, o Tanque de Siloé e o Complexo do Templo; e características geográficas, como o Monte das Oliveiras, o rio Jordão e o Mar da Galileia.

Os escritores dos Evangelhos, embora focados em apenas uma pessoa da periferia do Império que não era um líder político, militar ou religioso, e principalmente apenas em alguns anos selecionados de sua vida, incluíram, de propósito, nomes e posições específicas de pessoas e nomes e descrições de locais para demonstrar a natureza histórica dos escritos, o que permite a análise histórica a fim de confirmar a precisão e a exatidão da história.

O resultado da exatidão demonstrada de locais, pessoas e cenário histórico geral sugere fortemente não apenas as intenções dos autores de registrar a história, mas a confiabilidade desses relatos. Um exame minucioso e uma comparação com o material arqueológico e histórico dos eventos registrados nos Evangelhos e no cenário cultural, econômico, religioso e político revelam que os livros não se qualificam como mitos ou meramente tratados teológicos, mas como narrativa histórica precisa ambientada na Judeia e Galileia do século I.

Apesar das constantes novas descobertas ligadas a Jesus e aos Evangelhos, narrativas específicas sobre Jesus são frequentemente aceitas como históricas apenas quando evidências externas demonstram claramente a exatidão de uma seção específica do texto. Embora essa visão reconheça um grau de historicidade presente nos Evangelhos, muitos ainda classificam os livros como míticos ou não confiáveis. Desconsiderando as descobertas da arqueologia e da história, a afirmação extrema de que não existe evidência de Jesus fora do Novo Testamento continua a ser repetida em certos círculos. E, no entanto, a investigação demonstra claramente que a existência de Jesus e de informações importantes sobre a sua vida foram até confirmadas em escritos do período romano dos séculos I e II por historiadores, pagãos, filósofos, teólogos e polemistas. Ocasionalmente, céticos desinformados afirmam que não há evidência histórica da vida de Jesus de Nazaré fora dos Evangelhos ou do Novo Testamento. No entanto, concentrando-nos apenas nele e nos principais acontecimentos da sua vida registrados nos Evangelhos, é possível reconstruir informações importantes utilizando apenas fontes romanas antigas e artefatos arqueológicos.

No início da vida de Jesus, os Evangelhos fazem referência ao seu nascimento em Belém, uma pequena aldeia da Judeia. Além disso, os Evangelhos registram que ele nasceu de uma virgem que vivia numa área rural, Nazaré, e era casada com um carpinteiro ou artesão, José (Mateus 1,20-2,1; 13,55; Lucas 2,3-7; João 7,42). De acordo com um filósofo romano e declarado crítico do cristianismo que viveu em Alexandria por volta de 177 d. C., essa informação era amplamente conhecida e aceita. Embora Celso contestasse a afirmação do nascimento virginal e dissesse que Jesus "inventou" essa história, Celso reconheceu a existência de Jesus e seu nascimento em uma aldeia da Judeia por uma mulher de uma área rural da província da Judeia que era casada com um carpinteiro (Celso, *The True Word*).

Depois que o rei Herodes ordenou que esse bebê e futuro rei fosse encontrado e executado, a família fugiu para o Egito para manter Jesus seguro até a morte de Herodes (Mateus 2,13-23). Celso também reconheceu que Jesus viveu no Egito quando criança antes de voltar para casa (Celso, *The True Word*). No início do ministério de Jesus, quando era relativamente desconhecido e tinha poucos seguidores, as pessoas ficavam surpresas com o que dizia e fazia, pois só o conheciam como filho de José e Maria, e irmão de Tiago, José, Simão e Judas (Mateus 13,55; Marcos 6,3).

De acordo com os escritos de Josefo do século I, Jesus de Nazaré era de fato o irmão desse Tiago que se tornou um líder da Igreja em Jerusalém (Josefo, *Antiquities*). Além disso, um ossuário de antes de 70 d. C., em Jerusalém, examinado quanto à sua autenticidade, mas que se revelou genuíno, nomeia Tiago como filho de José e irmão de Jesus.

Assim que Jesus começou a viajar pela região, ensinando e realizando milagres, sua fama se espalhou. Em vez de negar ou ignorar as afirmações sobre a sabedoria de Jesus e os milagres que realizou, quatro fontes do mundo romano nos séculos I e II reconhecem que Jesus foi um professor sábio e um milagreiro que teve muitos discípulos (Serapião, *A Letter of Mara*; Josefo, *Antiquities*; Justino Mártir, *Acts of Pontius Pilate, Letter to Antoninus Pius*; Celso, *The True Word*). Devido aos seus ensinamentos e milagres, a liderança religiosa do judaísmo viu Jesus como uma ameaça e um blasfemador e procurou prendê-lo e eliminá-lo (João 11,57).

De acordo com a Mishná, que possivelmente só pode relacionar reações a Jesus após a propagação do cristianismo, em vez de registros do século I, os líderes religiosos alegaram que Jesus praticava feitiçaria e levou o povo à apostasia e que, portanto, deveria ser preso e executado por apedrejamento (Sinédrio 43a).

Por fim, Jesus foi preso e levado a julgamento perante Pôncio Pilatos, o prefeito romano da província da Judeia, que consentiu com o pedido para que Jesus fosse crucificado. O julgamento perante Pilatos e a morte de Jesus por crucificação são todos corroborados por várias fontes romanas dos séculos I e II (Josefo, *Antiquities*; Serapião, *A Letter of Mara*; Tácito, *Annals*; Luciano, *Passing of Peregrinus*; Justino Mártir, *Letter to Antoninus Pius*). Além disso, obras de arte encontradas em Roma, que podem datar do final do século I, retratam Jesus na cruz com um homem olhando para ele, sendo ridicularizado por adorar um deus que foi crucificado (Grafite de Alexamenos).

Após a crucificação e sepultamento de Jesus, surgiram reivindicações de ressurreição e surgiu a remoção do corpo do túmulo (Mateus 28,11-15). Os romanos parecem ter respondido a isso com um decreto que ordenava a pena de morte para o roubo de um corpo de uma tumba selada em pedra (a Inscrição de Nazaré). Contudo, a história da ressurreição de Jesus continuou a se espalhar e foi relatada por dois historiadores romanos (Josefo, *Antiquities*; Tácito, *Annals*).

O cristianismo continuou a crescer, agregando novos discípulos, estabelecendo a Igreja e tornando-se conhecido pelas autoridades romanas, que nunca negaram a existência de Jesus ou os principais acontecimentos de sua vida (Plínio, *o Jovem*; *Letter to Trajan*). Muitos dos locais associados a Jesus também foram marcados pelos habitantes locais, que tiveram santuários pagãos construídos sobre si numa tentativa de supressão, mas que acabaram por se tornar locais de igrejas comemorativas.

Portanto, apenas a partir de escritos romanos e inscrições arqueológicas, pode-se estabelecer que Jesus nasceu em uma aldeia da Judeia (Belém) de uma mulher (Maria) de uma área rural (Nazaré) que afirmava ser virgem no momento do nascimento, que ele e sua família viveram brevemente no Egito quando era jovem, que tinha um irmão chamado Tiago que se tornou um líder na Igreja, que foi um grande e sábio professor, que realizou milagres, que muitos discípulos o seguiram, que Pôncio Pilatos conduziu seu julgamento e permitiu que fosse crucificado, que seu corpo desapareceu do túmulo e muitos alegaram que havia ressuscitado, e que seus discípulos o adoraram como Deus e continuaram a espalhar a mensagem por todo o Império Romano.

Em vez de ser um personagem mítico, Jesus de Nazaré é, na verdade, uma das personalidades mais amplamente atestadas na antiguidade, e as narrativas dos Evangelhos foram confirmadas como relatos historicamente confiáveis por descobertas arqueológicas cada vez maiores. Embora Jesus só tenha percorrido esses caminhos até 33 d. C. e tenha sido executado injustamente numa pequena província à margem do Império, o conhecimento da sua vida e dos seus ensinamentos espalhou-se rapidamente pelo vasto mundo romano e para além dele. Séculos depois, as antigas ruínas, artefatos e manuscritos continuam a contar sua incrível história.

Apêndice 1

HISTORIADORES E FILÓSOFOS DOS SÉCULOS I E II QUE MENCIONAM JESUS CRISTO

FLÁVIO JOSEFO
(c. 37-100 d. C.)

"Nesse tempo, havia um homem sábio chamado Jesus, e sua conduta era boa, e era conhecido por ser virtuoso. Muitas pessoas entre os judeus e outras nações tornaram-se seus discípulos. Pilatos o condenou a ser crucificado e a morrer. Mas aqueles que se tornaram seus discípulos não abandonaram o seu discipulado. Relataram que lhes apareceu três dias após sua crucificação e que estava vivo. Consequentemente, ele talvez fosse o Messias, a respeito de quem os profetas relataram maravilhas. E a tribo dos cristãos, assim chamada em sua homenagem, não desapareceu até hoje" (*Antiquities* 18.63-64, Versão Agapiana c. 93 d. C).

"Festo estava agora morto, e Albino estava na estrada; ele, então, reuniu o Sinédrio dos juízes e trouxe diante deles o irmão de Jesus, que se chamava Cristo, cujo nome era Tiago" (Josefo, *Antiquities* 20.200, c. 93 d. C.).

TÁCITO
(c. 56-117 d. C.)

"Portanto, para suprimir o boato, ele falsamente culpou, e puniu com as mais requintadas torturas, as pessoas comumente chamadas de cristãos, que eram odiadas por seus atos reprováveis. Christus, o fundador do nome, foi executado por Pôncio Pilatos, procurador da Judeia no reinado de Tibério; mas a superstição perniciosa, reprimida por um tempo, irrompeu novamente, não apenas pela Judeia, onde o mal se originou, mas também pela cidade de Roma" (Tácito, *Annals*, 15.44, c. 116 d. C.).

SUETÔNIO
(c. 69-130 d. C.)

"Como os judeus constantemente causavam distúrbios por instigação de Cresto, ele os expulsou de Roma" (Suetônio, *Divus Claudius* 25, c. 121 d. C.).

PLÍNIO, O JOVEM
(c. 61-113 d. C.)

"[E]les tinham o hábito de se reunir em um determinado dia fixo antes do amanhecer, quando cantavam em versos alternados um hino a Cristo como a um deus [...]" (*Letter to Emperor Trajan*, c. 112 d. C.).

LUCIANO DE SAMÓSATA
(c. 125-180 d. C.)

"Ele aprendeu a maravilhosa tradição dos cristãos, associando-se com seus sacerdotes e escribas na Palestina. [...] eles ainda adoram o homem que foi crucificado na Palestina, porque introduziu esse novo culto no mundo [...] negando os deuses gregos e adorando o próprio sofista crucificado e vivendo sob suas leis" (Luciano, *Passing of Peregrinus* 11-13, c. 166 d. C.).

CELSO
(c. 120-190 d. C.)

"Pois ele o representa disputando com Jesus e refutando-o, no seu modo de pensar, em muitos pontos; e, em primeiro lugar, acusa-o de ter 'inventado seu nascimento de uma virgem', e o repreende por ter 'nascido em uma certa aldeia judaica, de uma mulher pobre do campo, que ganhava sua subsistência fiando, e que foi expulsa de casa pelo marido, carpinteiro de profissão, porque foi condenada por adultério; a qual, depois de ser expulsa pelo marido e vagar por um tempo, vergonhosamente deu à luz Jesus, um filho ilegítimo, que, tendo se empregado como servo no Egito por causa de sua pobreza, e tendo lá adquirido alguns poderes milagrosos, do que os egípcios muito se orgulham, retornou ao seu próprio país, altamente exultante por causa deles, e, por meio deles, proclamou-se um deus'" (Orígenes citando Celso, *The True Word* c. 176 d. C., em *Contra Celsum* 1.28).

TALO
(c. 50 d. C.)

"[Em] todo o mundo, uma escuridão terrível se impunha, e as rochas foram dilaceradas por um terremoto, e muitos lugares na Judeia e em outros distritos foram derrubados. Talo chama essa escuridão de eclipse do sol, no terceiro livro de histórias, ao que me parece, sem razão. Pois os hebreus celebram a Páscoa no 14º dia de acordo com a lua, e a paixão de nosso Salvador cai na véspera da Páscoa; mas um eclipse do sol ocorre apenas quando a lua fica sob o sol" (Talo, registrado em Sexto Júlio Africano c. 220 d. C.).

MARA BAR-SERAPIÃO
(Século I d. C.)

"Que vantagem obtiveram os judeus ao executar o seu sábio Rei? Foi pouco depois disso que o seu reino foi abolido [...] Deus vingou justamente esses três sábios [...] os judeus, arruinados e expulsos da sua terra, vivem em completa dispersão [...]. Nem o Rei sábio morreu para sempre; ele viveu nos ensinamentos que deu" (Serapião, *Letter to His Son*, cerca de 73 d. C.).

JUSTINO MÁRTIR
(c. 100-165 d. C.)

"[Tanto] está escrito para provar que Jesus, o Cristo, é o Filho de Deus e Seu Apóstolo, sendo desde a antiguidade o Verbo, e aparecendo, às vezes, na forma de fogo, e, às vezes, na semelhança de anjos; mas agora, pela vontade de Deus, tendo-se tornado homem para a raça humana, Ele suportou todos os sofrimentos que os demônios instigaram os judeus a infligirem sobre Ele [...]" (Justino, *First Apology* 63).

"'Traspassaram-me as mãos e os pés', uma descrição dos pregos que foram fixados nas Suas mãos e nos Seus pés na cruz; e depois que foi crucificado, os que O crucificaram lançaram sortes sobre Suas vestes e as dividiram entre si; e que essas coisas foram assim, você pode aprender nos 'Atos' que foram registrados sob Pôncio Pilatos. (Justino, *Letter to Emperor Antoninus Pius*, c. 150 d. C.).

GALENO DE PÉRGAMO
(c. 129-200 d. C.)

"Poder-se mais facilmente ensinar novidades aos seguidores de Moisés e de Cristo do que aos médicos e filósofos que se apegam firmemente às suas escolas" (Galeno, *De Differentiis Pulsuum* ["Sobre as Diferenças de Pulsos", em tradução livre] 3.3, c. 180 d. C.).

MISHNÁ
(editada c. 200 d. C.)

"Acusação contra: Jesus, o Nazareno. Ele será apedrejado, porque praticou feitiçaria e atraiu Israel à apostasia. Qualquer um que possa dizer algo a seu favor, que se apresente e implore em seu nome. Qualquer um que saiba onde ele está, que declare isso ao Grande Sinédrio em Jerusalém" (Tratado da Mishná, Sinédrio 43a).

Apêndice 2

OS PRIMEIROS MANUSCRITOS EVANGÉLICOS SOBRE JESUS

MATEUS

P103 (Oxy 4403) a. C. 100-200
P104 (Oxy 4404) a. C. 100-200
P64+67 (Magdalen Greek 17+ Barc. Inv. 1) a. C. 150-200
P77 (Oxy 2683 e 4405) a. C. 150-200
P1 (Oxy 2) a. C. 200-250
P45 (P. Chester Beatty I) a. C. 200-250
P37 (Michigan #1570) a. C. 250

MARCOS

P137 (Oxy 5345) a. C. 100-200
P45 (Chester Beatty I) a. C. 200-250

LUCAS

P4 (Suppl. Gr. 1120) a. C. 150-200
P75 (Bodmer XIV-XV) a. C. 175-225
P45 (Chester Beatty I) a. C. 200-250
P111 (Oxy 4495) a. C. 200-250

JOÃO

P52 (Rylands Greek 457) a. C. 90-175
P66 (Bodmer II) a. C. 100-200
P90 (Oxy 3523) a. C. 100-200
P75 (Bodmer XIV-XV) a. C. 175-225
P5 (Oxy 208 + 1781) a. C. 200-250
P22 (Oxy 1228) a. C. 200-250
P45 (Chester Beatty I) a. C. 200-250
P119 (Oxy 4803) a. C. 200-250

LINHA DO TEMPO

63 a. C. Pompeu, *o Grande*, conquista Jerusalém para a República romana.

40 a. C. Herodes, *o Grande*, é proclamado rei pelo Senado.

37 a. C. Herodes, *o Grande*, captura Jerusalém (Mateus 2,1).

27 a. C. Otaviano torna-se imperador (Lucas 2,1).

19 a. C. Começa a reconstrução do templo de Jerusalém (João 2,18-21).

8 a. C. Censo de César Augusto (Lucas 2,1-3).

7 a. C. João Batista nasce seis meses antes de Jesus (Lucas 1,36-66).

7 a. C. Jesus nasce em Belém (Lucas 2,4-21).

5 a. C. Magos, fuga para o Egito; Herodes mata bebês de Belém (Mateus 2,1-16).

4 a. C. Morte de Herodes; José e família retornam do Egito (Mateus 2,19-23).

6 d. C. Arquelau é exilado, e a Judeia se torna uma província romana.

12 d. C. Tibério recebe poderes iguais aos do imperador.

14 d. C. Augusto morre, e Tibério torna-se o único imperador (Lucas 3,1).

15 d. C. Anás é removido do cargo de sumo sacerdote por Valério Grato.

18 d. C. Caifás é nomeado sumo sacerdote (Lucas 3,2).

23 d. C. A capital da Galileia muda-se para Tiberíades (João 6,23).

26 d. C. Pôncio Pilatos é nomeado prefeito da Judeia (Lucas 3,1).

28 d. C. Batismo de Jesus em Betânia além do Jordão (João 1,24-34).

28 d. C. Água é transformada em vinho em Caná (João 2,1-12).

29 d. C. O Sermão da Montanha (Mateus 5,1-8,1).

31 d. C. João Batista é decapitado (Mateus 14,1-12).

31 d. C. Sejano é executado em Roma.

33 d. C. Crucificação e sepultamento de Jesus de Nazaré (Lucas 23,1-24,12).

34 d. C. Estêvão é martirizado em Jerusalém (Atos 7,54-60).

39 d. C. Antipas é exilado na Espanha.

41 d. C. Reinados de Cláudio e Agripa I, a Inscrição de Nazaré é emitida (Atos 11,28).

44 d. C. Tiago Zebedeu é executado, morte de Herodes Agripa I (Atos 12,1-23).

62 d. C. Tiago, filho de José, é martirizado em Jerusalém, Ossuário de Tiago (Mateus 13,55).

64 d. C. Grande incêndio de Roma, e Pedro é crucificado (João 21,15-19).

66 d. C. Começa a revolta na Judeia.

70 d. C. Jerusalém e o templo são destruídos (Lucas 19,41-44).

93 d. C. Josefo completa seu livro *Antiquities of the Jews* ["Antiguidades dos Judeus", em tradução livre].

Acompanhe a LVM Editora nas Redes Sociais

 https://www.facebook.com/LVMeditora/

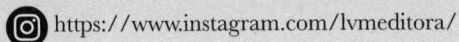 https://www.instagram.com/lvmeditora/

Esta edição foi preparada pela LVM Editora com
tipografia Baskerville e Montecatini Pro, em agosto de 2024.

Impressão e Acabamento | Gráfica Viena
Todo papel desta obra possui certificação FSC® do fabricante.
Produzido conforme melhores práticas de gestão ambiental (ISO 14001)
www.graficaviena.com.br